MARKETING
마케팅을
부탁해

SERI.org
'마케팅' 포럼 개발
마케팅 입문서

처음 배우는
마케팅의 기본

마케팅을 부탁해

김기완 · 차영미
지음

다산북스

들어가며

무조건 이기는 것, 마케팅 생존의 법칙이다!

이제부터 우리는 마케팅을 향한 긴 여정을 시작하려고 한다.

그 첫 번째 목적지는 마케팅의 거시환경이다.

경기가 호황일 때와 저성장기나 불황기일 때, 둘 중 언제 마케팅을 집중적으로 하는 것이 더 효과적일까? 의견은 항상 분분하고 답은 늘 차이가 있다. 그런데 불황기일 때 마케팅 예산을 늘리면 불황기 이후 투자 수익률은 꽤 높아지지만 마케팅 비용을 삭감하면 나중에 투자 수익률이 감소한다는 통계는 정설 중 하나로 통한다. 환경의 관점에서는 불황기일수록 아끼는 것보다는 타깃에 집중하는 마케팅 예산을 반드시 써야 한다는 것이다.

그렇다고 해서 마케팅 비용을 마구 쓰면 될까? 절대 아니다. 비용은 지출하되 효율적으로 써야 한다. 그렇다면 어떻게 효율적으로 대처할 수 있을까? 바로 목표에 집중하면 된다. 이 책에서는 바로 이 이야기를 하려고 한다. 불황이나 호황에 상관없이 목표 고객을 충성고객으로 만들기 위한 환경분석에서부터 최종 충성고객을 만드는 CRM 과정을 연애 이야기로 풀었으며, 응용을 할 수 있도록 마케팅 원론에 관해서도 충분히 담았다.

두 번째 목적지는 마케팅의 방법론이다.

마케팅의 방법론에 관해 이야기하자면, 내로라하는 전문가조차 알다가도 모르는 것이 마케팅이라고 한다. 어렵게 성공을 하더라도 오늘의 큰 성공이 내일까지 이어질지는 아무도 모른다. 얼마나 많은 상품들이 떴다가 스러지는가? 주위에는 온통 경쟁자이고 바로 코앞에는 과거보다 빠르게 변하는 고객과 환경이 있다. 이 속에서 살아남고 성장하는 방법은 이기는 길밖에는 없다. 다른 방법이 있었으면 좋겠지만 이것만이 어쩔 수 없는 마케팅 생존의 법칙이다. 그렇다면 이기는 방법은 무엇이 있을까? 이 질문에 대한 답을 찾을 수 있도록 책을 쓰려고 노력했다.

이번에는 방법론에서의 마케팅 환경, 미시환경을 생각해보자. 마케팅 환경은 10여 년 전과 비교해서 어떻게 변했을까? 그리고 마케팅을 공부하는 학생과 직장인들의 생각은 어떻게 변했을까? 답은 하나도 안 변하기도 했고 모든 게 변하기도 했다. 여전히 변하지 않은 것은 마케팅 원론이고 급격히 변하고 있는 것은 소비자이고 미시환경이다. 잘 팔리는 상품유형이 변했고(마케팅의 목표는 평생 가는 상품과 브랜드 이미지를 만드는 것이긴 하지만 그래도 변했다) 우리가 고객과 소통해야 하는 채널은 급격히 증가해버렸다.

마케터 또는 마케팅을 꿈꾸는 이들은 그 사이에서 어떻게 마케팅을 공부하고 적용시켜나가면 될까? 그리고 살아남는 방법은 무엇일까? 답답한 대답일 수 있겠지만 충분히 원론을 공부하고 변화하는 소비자와 환경에 맞추어 적용해야 한다. 원론에 충실한답시고 4P와 4C만 외치지 말고 충분히 숙지하고 소화해내야 한다. 각자 요소의 채널을 한두 가지만 외치지 말고 고객에게 최적으로 다가설 수 있도록 고민에 고민을 거듭해야 한다.

그중에서도 가장 중요한 것은 소비자에게 맞는 상품이고 그 상품은 지속적으로 개선되어야 한다는 것이다. 이 책을 읽는 당신이 직장인이라면 회사의 상품을, 학생이라면 공부하고 있는 상품을 다시 보자. 그 상품은 철저히 고객 중심적이며 끊임없이 개선되고 있는가? 브랜드 이미지 역시 마찬가지다. 이것이 급변하는 시장에서 마케팅으로 살아남는 방법이고, 얼마든지 가능할 수 있다는 것을 이 책에 담아내려 노력했다.

독자 분들께 꼭 열린 마음으로 책을 읽어달라고 부탁드린다. 마케팅 이론과 연애의 상관 관계를 분석하고 평가하려는 입장으로 책을 보지 말고 마케팅 원론을 적용하고 활용하는 데 있어서 인사이트를 받는 관점에서 봐야 더 도움이 된다.

아직도 꽤 많은 마케터들이 원론을 실전에 응용하는 것을 어려워한다. 마치 원론과 마케팅 전략의 실행이 따로 노는 듯한 느낌을 받는 것이다. 이럴 때 전문가들이라면 답답함에서 벗어날 수 있는 관점을 갖기 위해 책을 읽어보았으면 한다. 책 속 내용을 어떻게 실전에 응용하면 될까 하는 생각을 품고 읽는다면 더 많은 도움이 될 것이다. 이 책을 읽는 당신이 마케팅 입문자라면 '마케팅, 정말 재미있겠다. 딱딱한 것만은 아니구나. 제대로 한번 공부해보자' 하는 생각을 가지게 되길 바란다.

자기가 사랑하는 사람의 마음을 얻기 위에 최선을 다하듯이 고객을 대하면 고객이 그 마음을 몰라줄 리 없다(여기서 '대한다'의 의미는 고객에게 맞는 상품 개발부터 가격, 유통경로, 그리고 프로모션까지 모두 믹스가 되어 고객을 대한다는 뜻이다).

한없이 험난하고 멋진 마케팅 세계로 들어오신 것을 환영한다. 마케팅을 연애와 연결하듯 마케팅을 자사의 환경과 고객들에게 신나게 한번 적용해보자. 마케팅을 하기로 마음먹은 여러분은 늘 공부해야 하고 트렌드에 민감해야 하고 끊임없이 경험하고 성공하고 실패해야 한다. 그 과정에 있어 이 책이 이론과 실무, 그 중간 접점이 되기를 희망해본다.

_김기완

등장 인물

8년차 마케터 나도전. 마케팅 이론이라면 자다가도 술술 욀 정도로 이론에 도사가 됐다. 그런데 왜 실전에서는 마케팅 이론대로 성공할 수 없는 걸까? 그동안 현장에서 쌓아온 마케팅 지식으로 일에도, 연애에도 성공하고야 말겠다는 나도전의 마케팅 비밀 노트를 훔쳐보자. 마케팅을 부탁해!

1. 상품

나도전

특징: 8년차 마케터. 복부 비만이 진행되고 있는 샐러리맨

경쟁력: 책임감이 강하고 주변에 대한 배려가 많음

약점: 친화력이 강하지만 결정적인 순간에 눈치가 부족함
30대 중반 피하기 어려운 복부 비만 진행 중

목표: 마케팅적 능력을 발휘해 일과 사랑 모두 성공하고 싶어!

2. 고객

유사랑

특징: 일과 사랑 모두 욕심 많은 2년차 디자이너

경쟁력: 똑 부러지는 성격, 단정한 이목구비에 귀여운 외모

약점: 섣불리 결정하지 못하는 고민 많은 성격

목표: 한꺼번에 다가오는 세 남자, 나만의 연인을 찾아 함께하고야 말겠어!

3. 경쟁자

송정도

특징: 유사랑의 맞선남, 한의사

경쟁력: 준수한 외모, 빼어난 패션 감각

약점: 부족할 것 없이 자랐지만 모성애에 약한 마마보이, 유사랑과 공유하는 관심사가 없고 대화가 부족함

목표: 올해 안에 결혼해 안정적으로 자리 잡고 싶어

4. 경쟁자

김필승

특징: 유사랑의 힘든 유학생활을 도와준 절친한 동생

경쟁력: 뛰어난 영어 실력, 세련된 패션 감각, 장래가 기대되는 미술 재능 소유. 유사랑이 믿고 마음을 터놓는 정신적 지지대

약점: 유사랑에게 남자로서 매력 어필 부족, 편안한 남동생으로서의 위치

목표: 유사랑이 이제 여자로 보이기 시작한다, 나와 함께해주오!

5. 잠재적 경쟁자

민현우

특징: 도전의 대학친구, 패션업계 종사자

경쟁력: 뛰어난 패션 감각, 다정다감한 성격

약점: 나도전의 연애코치를 자처하지만 정작 실속은 없음

목표: 나도 나지만, 나도전 저 녀석 제대로 연애해 결혼해야 할 텐데?

6. 잠재적 고객

도연아

특징: 새로 부임한 디자인 팀장. '메두사'라는 별명으로 유명

경쟁력: 독하게 일하기로 소문이 자자함. 강한 승부욕과 추진력 겸비. 화려한 골드미스

약점: 완벽함을 추구하는 성격 탓에 괜한 미움을 사고 외로움이 많음

목표: 결혼은 관심 없어, 연애는 좋지!

차 례

3장

저절로 떠오르게 만들어라

4장

처음부터 대박을 바라지 마라

5장

특별해야 살아남는다

6장

영원한 적도 동지도 없다

7장

결정의 순간 마음이 리드한다

8장

안심하는 순간 매출은 없다

MARKE

1장

고객은 점점 더 똑똑해진다

'안 산다'는 방패를 뚫고
'관심 없다'는 철벽을 넘어라

내가 사랑할 사람은 누구인가?

나도전

여름 맞이 몸 만들기 프로젝트는 올해도 실패다. 결심만 굳게 하고 오늘 내일 미루다가, 결국 찬바람 부는 계절이 되었다.

이번 여름도 그럴 듯한 연애 한 번 못 하고 지나가는 바람에, 서른다섯 번째 하반기마저 홀로 맞이하고야 말았다.

7~8년차 대리급 마케터라고 하면 사람들은 이미 고객의 니즈를 파악하는 데는 도사가 다 된 줄 안다. 그러니 그 능력을 왜 썩히고 애인 하나 못 만드느냐고들 하지만 실전이 이론대로만 흘러간다면 얼마나 좋겠는가.

문제는 내 니즈조차 내가 정확히 파악 못 한다는 거다. 막연히 이상형을 그려왔지만 이상은 이상일 뿐, 상상 속 그녀는 현실에 없다. 정말 내가 간절히 함께하길 원하는 사람은 어떤 사람일까? 어디 있을지 모를 그녀의 마음을 얻고, 일에서도 성공하는 것. 이것이 요즘 나, 인간 나도전의 최대 과제다.

오밤중에 고민을 좀 했더니 배가 슬슬 고프다. 역시 야식은 열무김치에 고추장이랑 참기름 몇 방울 넣고 쓱쓱 비벼 먹는 양푼 비빔밥이지.

유사랑

"내년 여름은 제발 우리 각자 지내자."

미선이의 굳은 각오를 들으면서 올해의 늦은 휴가도 마무리되어간다.

"나이 서른 넘어서까지 내가 너랑 단둘이 휴가를 와야겠냐?"

"야! 이 나이 돼서야 우리 둘이 처음 외국 놀러 왔잖아. 모처럼 왔으면 좀 좋게 놀다 가지, 막판에 초를 치냐!"

미선이는 작년까지 애인과 보냈다. 캠퍼스 커플이었으니 함께 한 세월만 10년이 코앞이었다. 그런데 같이 준비하던 공무원 시험에서 미선이 혼자 붙은 후에도 계속 용돈 주고 뒷바라지했더니 9살이나 어린 여대생이랑 바람이 났다. 잘 먹고 잘살라고 놔줬는데 받아 쓰던 용돈이 그리운지 가끔 전화해서 너만 한 여자가 없다고 징징거린단다. 이런 꼴을 옆에서 보다 보면 어릴 때 꿈꾸던 영원한 사랑 같은 건 이젠 사라져버린 가치인가 싶기도 하다.

그래서 기분 전환이라도 하자고 연차까지 내가면서 큰맘 먹고 보라카이에 왔더니 하는 말 보라지.

"그래 내가 치사해서라도 내년 이맘때는 연애하고 있을 테니까, 너도 그 쓰레기는 확실하게 분리수거하고 새로 시작해보라고!"

 **나도전**

"잠시만요!"

엘리베이터에 올라타자마자 다급한 목소리가 들려온다. 반사적으로 열림 버튼을 눌렀더니 한 여자 분이 허겁지겁 올라탄다. 휴대전화를 들여다보느라 정신이 팔려 버튼을 가린 줄도 모르고 무심히 서 있었는데 곧바로 높은 톤의 목소리가 들려온다.

"14층 좀 눌러주시겠어요?"

"아…… 네…… 14층이요……."

어? 그런데 이게 누군가. 고개를 들어보니 평소 마음이 가던 그녀가 서 있었다! 꾹 다문 입술이 야무져 보이는 저 여자, 유사랑.

"아, 회의실 가시는 거죠? 저랑 같은 데 가시네요."

말을 건네자 그녀가 눈을 들어 바라본다.

젊은 여성 직원 비율이 높은 디자인팀에서도 유독 유사랑 씨가 눈에 쏙 들어왔다. 처음부터 그랬던 건 아니다. 원래는 뉴욕 유학파라는 말에 콧대깨나 높겠군 하며 관심 밖이었다. 그런데 배경에 기대지 않고 열심히 일하는 모습에 눈길이 가기 시작했다. 유사랑 씨는 디자인팀의 에이스였다. 외모도 훌륭하고 일도 잘하는 그녀에게 관심이 있었지만 빈틈이 없을 것만 같아서 다가가기 힘들었다.

그런데 그런 그녀에게도 빈틈이 있었다! 며칠 전 전체 회의 시간이었다. 지난밤에 잠이라도 설쳤는지 사람들 눈을 피해 고개를 콕 박는 게 아닌가. 그 모습이 어찌나 귀엽던지. 물론 야무진 그녀니까 바로 정신 차리고 회의에 집중했지만 내 마음은 이미 콩밭에 가버려서 회의가 귀에 들어오지 않았다.

'저렇게 야무지고 귀여운 애인이 있으면 참 좋을 텐데…….'

그런데 바로 오늘, 그녀와 한 공간에 있다니!

신이시여. 제가 특별히 잘한 건 없지만 그래도 불쌍히 여기셨군요.

유사랑

기획팀 나도전 씨는 어딘가 항상 나사가 반쯤 풀려 있는 것 같다. 볼 때마다 실실 웃기나 하고 말도 더듬고……. 마케터라면 똑 부러지게 설명하고 표현해야 하는 거 아니야? 업무 협조 좀 받으러 가면 도대체가 우물우물거려 뭘 말하고 싶은지를 모르겠다. 더욱 싫은 건 그 알 수 없는 미소다. 지난번 회의는 전날 마신 술이 덜 깬 상태라 정말 힘들었다. 깜박 존 것 같아서 얼른 고개를 드니, 나도전 씨가 나를 보며 씨익 웃고 있는 게 아닌가! 그 모습에 순간 오싹해져서 잠이 확 달아났다.

그런 사람과 단둘이 한 엘리베이터에 타다니, 회의 시간이 촉박한 것만 아니었으면 먼저 보내고 다음에 오는 엘리베이터를 탔을 거다.

들어오기 힘들다는 이 회사에서 저런 사람이 안 잘리고 다니는 게 신기한 일이다. 왠지 오늘 일진이 안 좋다.

어렵게 생각하지 마,
마케팅은
연애 같은 거야!

나도전

"자, 내년 여름을 겨냥한 다이어트 애플리케이션 개발에 대한 아이디어를 모읍시다."

오늘 회의는 새로 개발에 들어가는 다이어트 애플리케이션에 대해 브레인스토밍하는 시간이다.

올해 여름도 이제야 끝나가는데 내년 여름을 고민해야 한다니!

"다이어트 애플리케이션이라는 게 다 똑같지 않나요? 음식 칼로리나 운동할 때 소모하는 칼로리 같은 거 계산해주고 활동량 지정해주고. 여기저기서 다운받아도 다 비슷비슷한 것 같아요."

"그러니까 우리는 그런 타사 애플리케이션과 완전히 다르게 차별화해야죠. 어디서나 접할 수 있는 뻔한 상품이 아니라 전혀 다르다는 걸 내세울 겁니다."

"요즘은 다이어트에 대해서 개개인이 지닌 지식이 워낙 많아서 차별화도 쉽지 않아요."

"사실 다들 살을 빼고 싶어 하지만, 가장 큰 문제는 게으름이라고 생각합니다. 누가 관리해줬으면, 누가 식단 좀 대신 짜줬으면 하는 생각들을 하잖아요. 그래서 요새 퍼스널 트레이닝을 받는 사람들도 점점 많아지고요."

"그러면서도 강제적인 부분에 대해서는 거부감을 느끼기도 해요. 타사의 다이어트 애플리케이션에 대한 사용자의 불만을 살펴보면, 개개인의 사정에 상관없이 일정 기간의 운동 할당량이나 식사량 같은 걸 기계적으로 표기한다는 거죠. 하지만 감시 기능은 없으니 금방 포기하게 되죠."

"사람 맘이란 게 한 번 삐끗하면 그다음부터는 쭉 포기하기가 쉬워요. 그걸 어떻게 다시 하게끔 만드느냐, 그 방법이 중요할 거 같아요."

다이어트는 역시 말로만 쉽다. 올해 나도 다이어트, 다이어트 하다가 결국 포기하지 않았는가. 바쁜 직장 생활에 시간 내서 운동할 수 있는 사람이 얼마나 되겠냐고. 날이면 날마다 야근 인생. 오로지 내 일상의 오아시스는 맥주 한 캔 마시며 보는 미국 드라마 한 편이 아닌가. 도대체 살을 빼는 족속들은 얼마나 독하길래 이런 즐거움마저 포기한단 말이야?

유사랑

그래, 이건 소개팅일 뿐이야. 내가 설마 재고 처리되듯 선 자리에 끌려 나갈 리가 없잖아.

소개해준 사람이 마담뚜나 결혼 정보업체도 아니잖아. 호텔 커피숍도 아니고 그냥 친구들 하고도 종종 가던 이탈리안 레스토랑인 걸. 거기 알리오 올리오 파스타와 고르곤졸라 피자는 정말 맛있으니까 먹으러 가자고. 맛난 걸 먹으면 어떻게든 기분 정리는 되겠지.

아무리 마음을 다잡아도 측은한 마음이 치밀어 오르는 건 어쩔 수가 없다. 20대가 끝남과 동시에 사랑받던 막내딸에서 아직 못 판 떨이상품, 천덕꾸러기로 대우가 변한 느낌이 드는 건 자격지심일 뿐일까.

"당장 결혼을 하란 것도 아니고, 우선 만나서 밥이나 먹어봐. 전에 한 번 송 원장네 한의원에서 봤는데 외모도 나쁘지 않고, 사람도 괜찮은 것 같더라고."

"아우, 그 집 아들이 어른들한테 예의 바르고 환자들한테도 인기가 좋다면서요?"

"아빠야 우리 막내 공주님이랑 평생 살아도 되니까, 굳이 싫으면 할 수 없지만……. 뭐, 사람이 괜찮다니까 한 번 만나나 보면 어떨까 해서 그러지."

이런 어른들의 말은 가서 꼭 만나라는 말보다 반박하기가 더 힘들다.

"그 집 아들 서른다섯, 우리 딸 서른 넘을 때까지 결혼 안 하고 있으면 만나게 하자고 농담 삼아 말했는데, 그게 현실이 될 줄은 우리도 몰랐다."

"아니, 아빠는 왜 그런 걸 저한테 묻지도 않고 정하시냐고요."

이것 봐, 처음부터 나에게 거절의 권리 따위는 없던 거였다.

사실 나이 서른에 친구들을 둘러봐도, 결혼한 친구보다 안 한 친구가 더 많은데다가, 다들 자기 직업과 취미 생활에 바쁘다 보니 결혼을 서두르지 않는 편이다. 하지만 연애를 쉰 지도 벌써 3년째에 접어든다. 서른이 늦은 나이는 아니지만 긴 싱글 생활은 사람을 초라하거나 초조하게 만들기는 한다.

그러니 눈 딱 감고 만나나 보는 거지 뭐!

나도전

지금까지 내 인생은 무난함 그 자체였다. 어물쩍 사춘기를 넘기고 남자는 무조건 경영학과를 가야 한다는 아버지 말씀에 그냥저냥 성적에 맞는 학교에 인생을 끼워 넣었다. 딱히 다른 공부를 하고 싶지도 않았고 경영학 공부도 할 만했다. 취업에 도움이 될까 싶어 영어회화나 코딩 같은 동아리에 기웃거렸고, 덕분에 관련 업종 중 가장 크고 안정적이라는 지금 회사에 취직할 수 있었다. 무탈하긴 했지만, 기억에 남는 추억 하나 생각해내기 힘들 만큼 무덤

덤하게 내 청춘은 지나갔다. 하지만 올해는 애인 없이 섬처럼 떠도는 주말도, 연말도 벗어나야 한다. 그리고 회사에서도 꼭 우수한 마케터로서 인정받고 싶다. 내 인생의 일과 사랑, 모두를 마케팅해야 한다는 말씀!

마케팅은 연애 같은 것, 즉 고객을 설득해서 나라는 상품을 갖도록 멋진 프러포즈를 하는 것이란 말을 들었다. 프러포즈하는 마음으로 고객에게 다가가야 한다니, 그럼 눈 깜짝할 사이에 상대를 유혹하는 일명 '선수'들이 마케팅도 잘해야 하는 거 아냐? 음, 가만히 생각해보니 틀린 말도 아닌 것 같다. 현우 녀석이 바로 그 대표주자가 아닌가. 마케팅 수업 한 번 안 듣고도 스스로 깨우친 녀석이다. 가만히 누워서 왜 사람들이 내 가치를 알아주지 않느냐고 응석 부리는 건 바쁘게 돌아가는 이 시대에 대한 모독이다.

그래! 연애도 전략적으로, 마케팅도 감각적으로 돌진해보는 거야!

유사랑

학생 때나 소개팅에 대충 입고 나갔지. 나이도 있는데 꾸미지 않고 나가는 건 내 기분이 초라해서 안 되겠다. 결국 이번 보너스 받았을 때 맘먹고 산 원피스를 입고 나섰다. 지난번 가로수길에서 친구들과 갔던 이탈리안 레스토랑은 내가 고른 장소였다. 음식이 맛있기도 했지만 은은하게 영화 음악이 흐르니 영 곤란할 때는 영화 이야기라도 하면 될 것이다. 한의사니까 요새 우리 회사에서 개발하는 다이어트 애플리케이션 관련 정보를 얻을 수 있을지도 모른다. 한방 다이어트나 좀 물어볼까?

아버지 대학 동창이라는 송 원장님은 나는 실제로는 뵌 적이 없는 분이다. 하지만 강남 요지에서 연예인 다이어트를 중심으로 한의원을 운영하면서 텔레비전에 종종 출연하기에 얼핏 봤던 기억이 있다.

그 원장님 아들이라면 어떤 외모일지 대강 짐작이 간다. 서른다섯 살이라니 슬슬 송 원장님처럼 머리숱이 걱정될 테고, 게다가 한의사라니 얼마나 고리타분하겠어. 됐어, 사람이 좋으면 그만이지 뭐. 옛날에는 인물을 좀 보기는 했지만, 남자를 겉모습만으로 선택할 때는 이미 지났지.

그러면서도 눈길은 입구에 들어서는 모델처럼 늘씬한 젊은 청년에게 박혔다. 오, 저런 스타일이 딱 내 취향이긴 하지만 나보다 훨씬 어려 보이네.

그런데 그 젊은 청년이 내 자리로 뚜벅뚜벅 걸어온다.

"유사랑 씨, 맞나요?"

나도전

내가 가장 존경하는 교수님께서는 틈만 나면 이렇게 말씀하시곤

했다.

"카사노바는 사랑에 빠질 때마다 상대의 마음을 얻기 위해 목숨을 걸었다지? 그리고 결국에는 그 마음을 얻어냈다고 하잖아. 마케터는 고객이 누구든 어떤 시장 상황에서든 결국은 구매로 연결시켜 시장을 창출해야 하는 과제를 안고 있어.

연애 잘하는 사람이 일도 잘한다고 하지? 왜 그럴까? 사랑하는 사람과 만나서 그 사랑을 유지하기 위해 집중하고, 상대가 원하는 게 뭔지 늘 골몰하는 연습을 거치다 보면 고객을 애인 대하듯 한다는 거지. 그러면서 고객이 원하는 바를 정확하게 알아낼 수 있는 거고.

훌륭한 마케터가 가장 본받고 존경해야 하는 사람이 누군 줄 알아? 그래, 카사노바야. 너희 모두 고객의 마음을 꿰뚫는 마케팅 카사노바를 꿈꿔야 한다고!"

그땐 웃어넘겼는데……. 그래! 올해에는 나도 연애와 일 모두 성공하는 마케팅 카사노바가 되고야 말겠어. 지금까지 학교와 현장에서 배워온 마케팅 이론을 연애에 하나하나 적용해봐야지. 이거 재밌겠는걸!

그런데 결심이야 그렇다 치고 난 누구에게 사랑받는 남자가 되어야 할까? 어떻게?

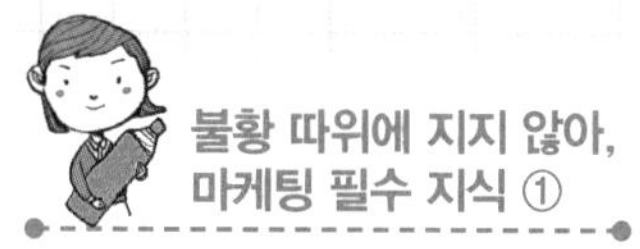

마케팅이란 무엇인가?

나도전은 이제 일과 사랑에서 모두 성공하기 위한 마케팅을 해야 합니다. 그럼 어디서부터 시작을 해야 할까요?

시작 전 워밍업으로 마케팅의 정의부터 한번 살펴보도록 하죠. 마케팅이 무엇인가요? 우리는 왜 마케팅을 하는 걸까요?

우리나라에는 마케팅을 대체할 단어가 없어서 영단어를 차용해 '마케팅'이라고 부릅니다. 과거에는 '판매'개념만 있었지 '마케팅'이라는 개념이 없었기 때문입니다.

마케팅을 영어로 쓰면 'Marketing'으로, 'Market + -ing'로 구성되어 있습니다. 학문 중에 '-ing'가 붙은 것은 회계Accounting와 마케팅Marketing뿐입니다. '-ing'에는 한 번에 끝나는 것이 아니라 계속 또 계속해야 한다는 의미가 담겨 있습니다.

무엇을 계속해야 한다는 말일까요?

당연히 마케팅이죠.

마케팅의 대부 필립 코틀러는 마케팅을 '생산자로부터 소비자에 이르는 제품, 아이디어, 서비스 등을 관리하는 제반 활동'이라고 했고, 마케팅 학회에서는 마케팅을 '개인과 조직의 목표를 충족시킬 수 있는 교환을 창조하기 위한 아이디어, 제품, 서비스의 생산, 가격, 프로모션, 유통전략을 계획하고 집행하는 과정'이라고 정의했습니다.

마케팅에 대해서는 다양한 정의들이 있습니다만, 조금씩 표현이 다를 뿐 본질은 같습니다. '-ing'가 붙어 있으니 시대에 따라 마케팅의 개념도 조금씩 변화하는 건 당연하겠죠.

생산만 하면 팔리던 시절에는 마케팅이 크게 의미가 없었죠. '어떻게 효율적으로 잘 만들까'에 대해서만 연구하면 되었으니까요.

하지만 현재는 어떨까요? 우리는 공급이 넘쳐나는 시대에 살고 있습니다. 이는 경쟁자가 많다는 이야기이고, 그러므로 경쟁상품보다 우선하는 '나만의 전략'을 세우고 실행해야 합니다. 이걸 끊임없이 계속해야 한다는 이야기입니다.

자, 마케팅을 좀 더 구체적으로 이야기해보죠. 마케팅은

① 고객이 원하는 필요와 욕구를 발견해내서

② 제품이나 서비스를 구매할 고객 집단을 파악하고

③ 고객 욕구에 부응하는 제품이나 서비스를 만들어

④ 고객의 구매를 유도하는 일련의 활동이라고 정리할 수 있습니다.

그리고 한 가지 더! 여기서 주의 깊게 볼 것은 마케팅은 단순히

기업이 행하는 활동만을 일컫는 것이 아니라 우리를 둘러싼 모든 곳에서 행해지는 활동이라는 사실입니다. 개인이든 조직이든, 공식적이든, 비공식적이든 우리는 '마케팅'이라고 일컬어지는 아주 다양한 활동에 관여하고 있습니다. 심지어 연애에 이르기까지도.

이제부터 나도전은 어떻게 이 과정을 돌파해나가는지 따라가 보도록 하죠.

여기서 진짜 마지막으로 한 가지 더!

마케팅은 철저한 분석으로 시작하기도 하지만 그것보다 더 우선해야 하는 것은 고객을 이해하려는 마음에서부터 시작해야 한다는 사실입니다. 고객을 이해하려는 마음은 연인에게 프러포즈하는 마음보다 더 간절해야 하고, 그 간절한 마음을 제대로 전달하기 위해서는 고객이 정말로 원하는 상품을 만들어서 타깃 고객에게 제대로 알려야 한다는 것을 잊지 마세요.

데이터보다 마음이 먼저입니다.

고수는 이론에 집착하지 않는다

유사랑

혹시 친아들이 아닌 거 아니야?

“지금 친아들 맞나, 하고 생각하셨죠?”

깜짝이야. 한의사는 동양철학도 공부한다더니만 이 사람 혹시 독심술까지 하는 거 아니야.

“그, 그게…… 텔레비전에서 뵌 아버님이랑은 많이 다르신 거 같으세요.”

“네, 제가 외탁을 해서 아버지랑은 거의 안 닮았지만 친아들 맞습니다. 걱정 않으셔도 돼요.”

“제가 그런 걱정을 한 건 아니고요……. 아, 무척 동안이신 거 같아요. 워낙 어려 보이셔서 약속한 분인 줄은 생각도 못했네요.”

“직업이 한의사다 보니 어리게 보이면 환자들의 신뢰감이 떨어져서 병원에서는 가능하면 나이 들어 보이게 입어요. 그래서 오히려 밖에서는 젊어 보이고 싶더라고요. 이렇게 예쁘게 하고 나오셨는데 혹시 제가 예의에 어긋나게 입고 온 건 아닌지……."

헤어숍까지 들렀다 온 내가 너무 절실해 보이는 것 같아서 기분이 묘했다.

"뭘요. 평소에도 기분전환으로 자주 이러고 다니거든요."

이게 무슨 허세람. 유사랑, 네가 일 년 내내 헤어숍에서 머리 만지고 풀 메이크업 하는 게 몇 번이나 된다고.

"하긴 바탕이 아름다운 분이시니 닦으실수록 더 돋보이겠어요."

이 사람, 동안이긴 해도 역시 직업이 직업이다 보니 느끼한 말을 해도 어색함이 없다.

"감사합니다. 환자분들에게 인기 있다고 들었는데, 역시 말씀하시는 게 다르시네요."

"앗, 그렇게 사무적으로 들렸나요. 전 나름대로 진심을 담아 드린 말씀인데. 사랑 씨가 제 환자도 아니고 제가 뭐하려고 그런 접대성 멘트를 하겠어요."

"혹시 모르죠. 장래 환자를 위한 영업일 수도 있잖아요."

"그럴 리가요. 오늘 만남이 좋은 결과로 이어지면 그냥 환자가 아니신 거고, 혹시 좋지 않은 결과로 끝나면 제 병원으로는 안 오시겠죠."

정말 말 하나는 청산유수다. 괜히 한의원에서 인기 있는 게 아니겠지.

"그렇네요. 그럼 환자가 아니니 제가 여기서 제 건강 상태를 물어도 안 되겠네요."

"진료를 하다 보면 한의원이 역술원인 줄 착각하는 분들이 많으시더라고요. 어두운 조명에서 얼굴만 보고 제가 어떻게 건강 상태를 척척 맞추겠어요."

그래서 안 묻겠다는데 뭘 이렇게 까칠하게 구나 몰라.

"아, 예, 그렇겠죠."

식사는 맛있고 음악은 좋았지만, 대화는 좀처럼 이어지지 않았고 자리는 점점 더 불편해졌다.

"이런 자리는 자주 나오세요?"

"아뇨. 전 평생 처음이에요."

"저도 좀 편하게 만나고 싶은데 일이 바쁘다 보니 좀처럼 되지 않네요. 나이가 차다 보니 어머니가 자꾸 재촉하셔서, 열 번까지는 세봤는데 두 자릿수가 넘어가면서 세는 거 포기한 지 좀 됐어요."

"그러시군요."

"이런, 재수 없게 들릴 수도 있겠네요. 혹여 기분 언짢으셨으면 죄송합니다."

역시 눈치가 칼이다. 이거 생각도 조심해서 해야겠는걸.

나도전

오랜만에 현우와의 조우.

아직 9월인데 내년 봄 · 여름 패션위크 준비로 바쁘다면서 못 본 지가 어언 두 달이다. 아직 이번 겨울도 다가지 않은 것 같은데, 현우는 다음 가을과 겨울용 쇼를 준비하고 있단다.

"도대체 네가 하는 일이 뭔데? 디자이너가 옷을 만들어주고 메이크업 전문가가 화장해주면 모델은 그냥 옷 입고 쇼에서 걸어 나오면 그만 아니냐? 옷만 보여주면 되잖아."

"에휴, 너한테 뭔 말을 하겠냐. 옷을 배 가리는 용도로나 쓰는 놈한테. 패션쇼는 연극이고 공연이고 이벤트인데 그걸 그렇게 단순하게 생각하는 무식한 놈아."

"게다가 당장 오늘도 어떻게 될지 모르는데 무슨 수로 내년 유행을 예상하고 옷을 만들고 액세서리를 만드는 거냐?"

"패션은 소비자의 취향에 대한 예상이 아니야. 취향을 미리 만들어서 사도록 꾀는 거지."

학창 시절부터 남달랐던 녀석의 패션 센스보다 더 놀라운 것은 이 녀석이 여자를 꼬셨을 때의 성공률이다. 나보다 패션 센스야 있지만 그렇다고 키가 크고 잘 생긴 것도 아니다. 인물이야 내 생각에는 이 녀석이나 나나 도긴개긴인 것 같다. 아무래도 패션 분야에 있으니, 이 녀석의 주요 경쟁 상대는 잘 나가는 디자이너나 모델들이 아닌가. 하긴 현우는 학창 시절에 아르바이트로 바쁜 와중에도 연애가 끊기는 법이 없었다. 여자들은 자기가 밥 사고 술 사고 하면서도 만나달라며 줄을 섰다.

"도대체 비결이 뭐냐?"

"우선, 데이트할 때 뭘 먹고 싶냐, 뭘 하고 싶냐, 사사건건 물어봐서는 안 돼."

"상대방을 존중하고 상대방 취향을 맞춰야 한다며. 남자들이 여자들 취향을 알기는 어렵잖아."

"그게 하수의 생각인 거야. 너, 상대방이 뭘 원하든 상대의 취향에 맞춰줘야 한다고 생각하지?"

"당연한 거 아니냐?"

"그게 안 당연하다고. 대부분은 자신이 무엇을 하고 싶고 어디에 가고 싶은지 잘 모르거든."

"그게 뭔 소리냐?"

"물론 상대를 존중해야 해. 하지만 물어보는 본인은 정작 아무런 생각이나 계획이 없으면서 상대방에게만 매번 어디 가고 싶냐, 하고 싶은 게 뭐냐 물어보면 부담스러워하는 경우가 많아."

"뭐가 그리 복잡해."

"사전에 상대의 정보를 파악한 다음 분위기를 리드하는 거지."

"그랬다가 싫어할 수도 있는 거 아냐?"

"그건 네가 제대로 상대에 대한 데이터 분석이 안 됐기 때문이야. 남들이 좋다는 장소에 무턱대고 가라는 말이 아냐. 그 사람을 빨리 파악하고 좋아하는 것을 분석해야지."

"여자들 좋아하는 게 다 거기서 거기 아니야? 분위기 좋고 비싼 음식점이나 명품가방, 좋은 화장품 같은 것들이라면 여자들은 다 좋아하잖아."

"이러니까 그 나이가 되도록 연애 경험이 그 모양인 거야. 막연히 짐작만 하지 말고 대상을 잘 봐. 어린 시절에는 막연하게 그런 걸 동경하는 여자들이 많을지 몰라도 나이를 먹을수록 취향이라는 것이 생겨. 여자들은 다 제각각이야. 그걸 미리 파악하고 행동하는 것, 그게 바로 절대 전략인 거지."

이거 마케팅 수업에서 많이 듣던 거잖아. '각각의 취향에 따라가는 게 아니라 미리 취향을 파악해서 제시한다.' 경영학이라고는 학교 다닐 때 한 과목도 안 듣던 현우 녀석에게 경영학과 출신인 내가 마케팅 수업을 듣고 있다니.

유사랑

괜히 말하다 꼬투리라도 잘못 잡힐까 조심하다 보니 대화가 뚝뚝 끊어지기만 한다. 상대 남자, 송정도도 분위기를 띄우려고 노력하지 않는다. 이렇게 무심하려면 도대체 왜 나왔담. 마음에 안 들면 일찍 헤어지기라도 하던가.

"와인을 한 병 시킬까요? 술 괜찮으세요?"

"아뇨. 술을 그리 잘하는 건 아니어서요. 나중에 마시죠."

그래도 분위기를 바꿔보려는지 와인 한 잔 하자고 말은 했지만 초면부터 괜히 불편한 사람 앞에서 실수할까 싶어 마다했다. 술이요? 무척 좋아하죠. 좋은 와인이요? 아우, 없어서 못 마시죠. 이렇게 말할 수는 없지 않은가. 그때 송정도의 전화벨이 울렸다.

"네, 엄마. 아, 알았어요. 그럼 지하 3층 주차장 쪽 엘리베이터에서 기다리세요. 제가 갈게요."

전화를 끊은 송정도가 말했다.

"죄송한데, 조금 있다 헤어져야 할 것 같습니다."

"급한 일이라도 생겼나봐요."

"아, 저희 어머니가 허리가 안 좋으신데, 이 근처에 쇼핑을 나오셨다가 갑자기 악화됐나 봐요. 같이 들어가자 하시네요."

아니, 친구 소개도 아니고 아버지 소개로 만나러 나온 거면 어머니도 뻔히 알고 계실 텐데……. 아픈데 굳이 쇼핑을 나와서 아들을 불러내시겠다고? 기분이 묘하게 불쾌하다.

혹시 이 남자, 마마보이 아니야?

"아, 네. 어머님이 아프셔서 어떡해요. 걱정이 많이 되시겠어요."

"며칠 전에 좀 뭉치신 건데 침을 놔드려도 계속 아프다고 그러시니……. 아무래도 나이가 드셔서 그런 것 같네요."

어린 나이도 아니고 30대 중반에 마마보이라니. 이 남자를 계속 만나도 괜찮은 걸까?

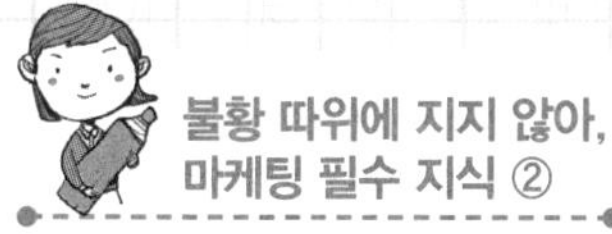

마케팅의 시작은 고객의 욕구 읽기다

마케팅의 시작은 데이터입니다. 하지만 그것보다 우선하는 것은 분석이 아니라 고객을 이해하려는 마음이라고 앞서 말했습니다. 그것도 절실한 마음.

종종 개발자들이나 마케터들은 시작부터 치명적인 실수를 하곤 합니다. 고객을 이해하는 것이 아니라 내 직업, 내 환경, 내가 좋아하는 제품을 개발 또는 마케팅하려고 합니다.

그리고 종종 이렇게 이야기합니다.

"내 상품을 몰라주는 고객들이 원망스럽다!"

아주 가끔 진짜 좋은 제품인 경우도 있긴 합니다만, 대부분은 고객들이 외면하는 별 볼 일 없는 아이템이거나 이런저런 이유로 아직은 시장을 못 만들어내는 제품들입니다.

정리하자면 마케터는 종종 고객이나 자사의 제품에 대해 자의적인 해석을 하는 실수를 범하곤 합니다. 운 좋게 그 해석이 맞는 경우도 있으나 그렇지 않는 경우가 대부분입니다. 때문에 고객을 이해하려는 마음의 시작에는 수치화하는 작업이 우선적으로 필요합니다.

고객의 마음을 이해하기 위해서는 고객이 무엇을 원하는지 고객의 목소리에 귀를 기울여야 하는데, 이것은 단순히 고객이 하는 말에 귀를 기울이라는 뜻이 아닙니다. 마케터는 진정으로 고객이 원하는 것이 무엇인지, 말하지 않은 숨은 뜻까지도 들을 수 있어야 합니다. 그런데 숨은 뜻을 고객 자신도 잘 모릅니다. 이 숨은 뜻을 찾아내는 것이 마케터의 능력이자 목표입니다.

숨은 뜻을 찾아내는 시작은 열정입니다.

그리고 고객의 욕구는 표면적으로 드러나 있는 것이 아니기 때문에 숨은 욕구를 찾아내서 고객에게 이야기해줘야 합니다. 이 과정은 데이터로도 볼 수 있어야 합니다. 단, 무의미한 숫자가 아니라 숨어 있는 의미를 찾아내는 진짜 숫자와 결과치여야 합니다.

이러한 작업은 계획 단계뿐 아니라 출시한 후 프로모션 단계까지도 계속 이어져야 합니다. 그렇지 않다면 나도전처럼 여러 가지 이유로 실패를 반복하게 됩니다.

이것이 연애 문제였으니 둔감한 사람으로 취급받는 정도지, 비즈니스였다면 나도전은 이미 고객을 놓치거나 고객을 아예 확보하지도 못하는 실패한 마케터가 되었을 겁니다.

너도 이제 애타냐? 눈치 없이 남의 속 태우더니!

유사랑

지난 번 식사가 끝나기가 무섭게 어머니에게 쪼르르 달려갔던 송정도 한의사는 그날 잘 들어갔는지 확인하는 짧은 문자메시지만 보냈을 뿐이다. 사과를 해도 모자랄 판에, 내가 우습다는 거야 뭐야. 이번 소개팅도 글렀군. 머릿속에서 송정도 이름 석 자를 지우려는 찰나, 그에게서 전화가 왔다.

"지난번에는 제가 초면에 정말 실례를 했습니다. 만나서 직접 사과도 드리고 싶은데, 괜찮으시면 제가 아는 전망 좋은 칵테일 바가 있는데 초대를 해도 될까요?"

이렇게 묻는 게 아닌가. 곧 디자인팀 회의에 들어가야 하는데 길게 붙잡고 있을 수가 없어서

"그래요, 그럼."

하고 말았다.

"그런데 저희 병원이 아마 사랑 씨 퇴근 시간보다 늦게 끝날 것

같아서, 죄송하지만 저희 한의원 근처까지 와주시면 안 될까요?”

아니, 사과를 한다는 사람의 자세가 이게 뭐지? 그런데 이미 그러자고 해버렸으니 이제 와서 번복하기도 그렇고……. 그래, 내가 간다 가. 이 매너 없는 인간, 오늘 가서 단호하게 못을 박아둬야겠어. 나, 유사랑을 이런 식으로 가볍게 대하면 아무리 잘나가는 한의사라도 마냥 오냐오냐할 것 같아? 나를 이런 식으로 대접한 걸 후회하게 해주지.

나도전

열린 공간에서 일하는 모습을 공유하는 것이 좋다는 방침에 따라 우리 회사는 각 부서가 별실로 되어 있지 않고 한 층 전체가 훤히 뚫려 있다. 파티션도 높지 않아 서로 안면을 익히기에 좋다. 덕분에 지나가면서 자연스럽게 유사랑 씨를 볼 수 있는 것은 행운이다. 그런데 아까 오후에 마주친 사랑 씨의 얼굴색이 영 좋지 않다. 더군다나 평소와 달리 퇴근 시간이 되자마자 얼른 사무실을 나가는 게 아닌가. 무슨 일이라도 생긴 건가.

걱정되던 참에 현우 자식에게서 전화가 왔다. 퇴근 후 한 잔 하자는 전화. 왜 우리답지 않게 와인바에서 보자는 건지.

혼자일 줄 알았던 현우 놈 옆에는 곱상하게 차려입고 키가 늘씬한 여인이 웃고 있었다. 모델인가? 또 자랑하려고 데려왔구나, 나쁜 자식! 속 타는 내 마음에 기름을 부어라.

“일찍 왔네? 안녕하세요?”

“안녕하세요. 오빠, 저 누군지 모르겠어요?”

“네?”

이런 미인을 내가 알고 있을 리가 없을 텐데? 어리둥절한 눈길을 현우에게 돌렸더니 어이가 없다는 듯이 웃기만 한다.

“저예요, 저. 영문학과 다니던 김은정이요.”

응? 누구? 남자 후배로 착각할 만큼 덩치 크고 씩씩했던 그 김은정? 아, 여자의 변신이 이 정도면 죄다.

은정이는 같이 동아리 활동을 하던 한 학번 아래 후배였다. 항상 현우와 내가 있는 자리면 나타나서 같이 있곤 했다. 그러다 군대에 갔다 오니 은정이는 이미 졸업한 후라 다시 볼 일이 없었다. 아마 얘도 인기 만점 현우의 팬 중 한 명이었을 거다.

“어떻게 이렇게 바뀐 거야? 무슨 일이라도 있었어?”

“에이, 오빠. 십몇 년인데 당연히 변하죠. 지금 런던에서 사는데 오랜만에 귀국한 김에 오빠 좀 보고 가려고요.”

“너 오랜만에 보면 어떤 반응을 보일까 싶어서 일부러 말을 안 했지. 나도 얘 보고 놀랐다. 세월이 무섭다고.”

“어, 그래. 근데 웬일로 나를 볼 생각을 다 했냐?”

어리둥절한 내 표정을 보고 은정이와 현우는 서로 바라보더니 어처구니없다는 웃음을 지었다.

"거봐요. 모를 거랬잖아요."

어, 이건 무슨 반응이지?

"에휴, 오빠가 전혀 알아채지 못해서 현우 선배한테 상의까지 했더니 오빠 군대 영장 나왔다고 포기하라 하더라고요."

뭐야, 나를 좋아했다는 거야? 근데 왜 현우 자식은 그런 말을 한 마디도 나한테 안 한 거야?

"근데 오빠는 여전하다면서요? 그러다 저처럼 좋은 여자 놓치지 말고 이제는 좀 눈치 빠르게 알아채고 그러세요. 그러다 금방 독거노인 된다니까요."

목이 타 와인을 잔에 가득 부어 소주 마시듯 들이켜니 두 사람이 또 놀리기 시작한다.

"속 타냐? 이제야? 눈치 없이 남의 속을 그렇게 태우더니."

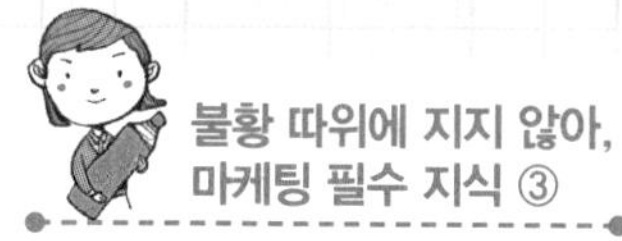

니즈 vs. 원츠

아직도 우리는 마케팅 전략수립 전 단계에 있습니다. 마케팅에 뭐 그리 이해하고 알아야 할 것들이 많은지 모르겠다고요? 하지만 급하게 생각하지 마세요. 시작이 반이라는데, 시작을 잘못하면 반을 망치는 것과 같기 때문입니다.

마케팅 환경을 빠르게 변화시키는 많은 원인 중 하나인 고객의 니즈needs와 원츠wants는 특정 집단에서 개인으로 점점 더 세분화되고 있습니다. 시장에서 성공하고 싶다면 이제는 철저히 고객 개개인의 니즈와 원츠에 부합하는 메시지를 던져야 하는 시대가 왔습니다. 그럼 계속 고객에 대한 이해를 구체화시켜볼까요?

고객의 니즈와 원츠는 어떻게 다를까요?

니즈는 현재 고객에게 제공된 제품이나 서비스에 만족하거나 불만족을 느끼고 있는 상태로, 이미 드러난 것들이며 시간이나 장소, 상황에 따라 달라집니다. 하지만 원츠는 기본적인 결핍상태를 충족시킬 수 있는 구체적인 수단으로 철저하게 감춰져 있습니다. 고객도 잘 모르는 것, 그것이 바로 원츠입니다.

따라서 니즈를 파악했다면 고객의 성향, 라이프스타일, 문화, 트렌드, 경쟁상품의 특성 등을 감안해 숨어 있는 원츠를 찾고 충족시키는 일이야말로 고객을 이해하고 시장을 만들기 시작하는 첫 단계라고 보면 될 것입니다.

고객이 어떤 상품을 선택했다면 우리는 고객이 선택한 상품에 대한 정보를 알아내기 전에, 고객이 그 상품을 어떻게 인식하고 왜 그 상품을 선택했는지를 찾아내는 것이 더 중요합니다. 고객이 늘 이성적인 판단을 할 것이라고 생각한다면 큰 오산입니다.

그러나 고객의 니즈와 숨겨진 원츠를 찾아내는 일은 때로는 실패로 끝나기도 합니다. 고객 스스로도 모르는 니즈와 원츠를 기업이 창조해야 하기 때문입니다. 스티브 잡스가 새로운 가치를 부여해 고객을 사로잡은 것처럼 말이죠.

마음을 사로잡을 핵심 가치를 가졌는가

유사랑

“여기까지 오시라고 해서 정말 죄송합니다. 저도 지금은 월급 받고 일하는 처지라서, 7시 전에는 도저히 나올 수가 없어서요.”

“월급이요?”

“아, 모르셨군요. 저 지금은 아버지 한의원이 아니라 다른 한의원에서 일하고 있습니다.”

“아버지 병원 놔두고 왜……. 부모님이 뭐라고 안 하세요?”

“다양한 경험을 쌓고나서, 진료나 경영의 노하우를 전수 받으려고요. 요새 안 그래도 한의원에 대한 불신도 많은데, 예전 같은 방식만 고수해서는 안 되겠다 싶어서 딱 10년만 다른 데서 일해보겠다고 아버지께 말씀드렸어요. 이래 봬도 아버지 배경 없이 저 혼자의 힘으로 당당하게 뽑힌 병원이에요. 저희 병원에서는 제 아버지가 한의사인지도 모릅니다. 저랑 아버지가 또 워낙 안 닮았잖아요.”

"아버님이 정도 씨에 대해서 기대가 크신가 봐요. 지금 당장 아들을 옆에 두는 게 편하실 텐데 말이죠."

"부모님들이야 모두 자식에 대한 기대가 크겠죠. 사랑 씨 아버님도 사랑 씨에게 거는 기대가 무척 크지 않으시겠어요?"

"그러셨겠죠. 어릴 때 미술대회 가서 상만 받으면 그렇게 좋아하시면서 훌륭한 화가가 되라고 하셨으니까요."

"그러고 보니 뉴욕 유학 다녀오셨다면서요."

"유학이랄 것도 없죠. 2년도 못 채우고 들어왔는걸요. 직업적으로 화가가 되는 건 저랑 안 맞는 거 같더라고요. 자기 작업을 한다는 게 굉장히 고독한 일이라……. 전 사람들하고 같이 프로젝트로 일하고 바로 성과를 확인할 수 있는 지금 직업이 좋아요."

사실 유학 시절에는, 같은 학교 동기들이 모두 천재처럼 보여 주눅 들어 있었다. 매일매일 재능 부족을 느끼고 자괴감에 빠져서 어디로든 도망치고 싶었다. 그때 마침 어머니가 가벼운 사고로 입원하셨다는 소식을 듣자 그 핑계로 얼른 짐 다 싸들고 귀국한 거였다.

"지금은 그 분야에서 인정받으신다면서요. 스카우트까지 되셨다니……."

"그냥 저랑 잘 맞는 거 같아요. 제가 만든 캐릭터가 사랑받을 때 정말 행복하거든요. 아직 애를 가져본 적은 없지만 제 자식들이 사랑받는 듯한 뿌듯함이랄까요. 그러다 보니 더 열심히 하게 되는 것 같고요."

"좋아하는 일을 하면 열심히 하게 되죠."

"한의사 생활은 잘 맞는 것 같으세요?"

"글쎄요."

의미심장한 옅은 미소를 띠는 거 보니 이 사람에게도 말 못할 사연이 있지 싶다.

나도전

은정이, 현우와 헤어져 집으로 오면서 나 자신에 대해 다시 생각해보게 되었다. 눈치가 이렇게나 없었다니. 그때 은정이 마음을 알았다면 내 인생 속 빈약하기 짝이 없는 연애가 전혀 다른 모습으로 펼쳐졌을지 모른다. 지금까지 나의 연애는 내가 일방적으로 좋다고 하다가 여자 쪽이 퇴짜를 놓으면서 장렬히 마무리되고는 했다.

내가 어디가 어때서? 적어도 현우 놈에 비해 스펙은 뒤떨어지지 않는다고! 그렇다면 도대체 뭐가 문제지?

내 상품가치는 얼마나 되는 걸까? 나는 객관적으로 어떤 상품일까? 과연 어떤 고객, 즉 어떤 여성에게 어필해야 한단 말인가?

일단 나도전이라는 상품의 기본 정보부터 정리해봐야겠다!

상품명: 나도전

상품분류: R 포털 콘텐츠회사 8년차 마케터

연령: 35세

제조원산지: 서울

가공처: 대한대학교 경영학과 졸업

상품외형: 곰돌이를 닮은 편한 인상

상품사이즈: 신장 175cm, 체중 75kg, 허리사이즈 34인치

제조원: 퇴직 공무원 아버지, 전업주부 어머니

자매품: 수석 인생을 살아온 우등 상품으로 현재는 육아와 학업을 병행중인 누나 나영지

상품 특성: 붙임성 좋은 성격으로 넓은 대인관계, 업무능력이 특출 나진 않지만 아이디어 배출은 꽤 좋은 평가를 받음. 눈치 없다는 소리를 종종 들음

먼저 나라는 상품은 이미 만들어진 상품으로, 목표고객의 니즈를 충분히 고려하지 않은 상태로 만들어졌다는 한계를 인정한다.

하나의 상품으로서 나는 지극히 평범한 대한민국 30대 중반의 남자다. 그동안 나는 왜 고객들의 외면을 받았던 것일까? 우선 가까운 곳에 있는 친구 현우만 하더라도 외모도 별로고 몸매도 너무 말랐고, 직업도 겉으로만 그럴듯하지 고정적인 수입을 얻는 것도 아니고 언제까지 일이 들어올지도 모른다. 그럼에도 불구하고 주위엔 항상 여자가 들끓는다. 이유가 뭘까? 현우에 비해 나는…… 그렇다! 너무 평범하다. 크게 부유한 것도 아니고 어려운 것도 아닌 가정에서 굴곡 없이 자라서, 비교적 안정적인 직장을 갖고 있

다. 누구나 나 같은 남자를 어디서나 볼 수 있는 흔한 사람이라고 생각한다.

반면 현우 자식은 '불쌍함'으로 똘똘 뭉쳐진 상품이지만 적절하게 그 특성을 모성애로 어필해 성과를 내기도 한다. 그 녀석은 학창 시절 아르바이트부터 시작해 여자들이 많은 곳에서 일한 경험을 대화의 다양한 소재로 제공하기도 한다. 그에 비해 나라는 상품은 별다른 차별화 포인트가 없다.

차별화가 되지 않고, 기성품처럼 흔한 이미지의 나 같은 상품일수록 마케팅에 더 힘써야 한다. 만나고 싶은 여성? 이 질문을 던지자 머릿속에 유사랑의 얼굴이 먼저 떠오른다. 물론 사귈 수만 있다면 유사랑 같은 여자가 무척 좋겠지만, 어디 그게 쉬운 일인가. 하지만 한 번 떠오른 유사랑의 미소 띤 얼굴이 잠들 때까지 계속 떠나지 않고 머릿속을 맴돌았다.

유사랑

"오늘은 제가 끝까지 모셔다 드리겠습니다. 무알콜 칵테일만 마셨거든요."

"오늘은 어머님이 쇼핑을 안 하셨나보군요."

"이런, 아직도 기분이 다 안 풀리신 모양이네요. 앞으로 제가 정말 잘 해드려야겠는 걸요."

"네?"

"아직 두 번밖에 안 만난 사이에 좀 부담이 되실지는 모르겠지만……"

여기까지만 들어도 송정도, 이 사람이 무슨 말을 하려는지 짐작이 갔다.

"저는 미래를 생각하면서 유사랑 씨와 진지하게 만나고 싶습니다."

아, 이게 무슨 1960년대 영화에서나 나올 법한 고리타분한 대사인가.

"네?"

"제가 이래 봬도 꽤 인기가 좋거든요."

알긴 알겠는데 자기 입으로 이렇게 말하는 걸 들으니 참 재수가 없다. 당신 잘나가는 거 알겠다고요. 근데 저도 만만치 않거든요?

"하지만 저도 이제 정착이 필요한 나이다 보니 그저 제 조건이나 보고 접근하거나, 가볍게 만날 사람을 원하지는 않아요. 그리고 부모님 맘에 드는 여자 분을 만나는 것도 쉬운 일이 아닌데, 우선 사랑 씨는 부모님들이 권해주신 분이니까 안심되고요."

그러니까 내가 당신 마음에 들어서가 아니라, 당신 부모님 구미에 맞는 상품으로 판단되어서 장바구니에 담기를 클릭하겠다는 거야, 지금?

"저기……, 너무 앞서가시는 거 같아요. 지금 당장 뭘 정하지 않더라도 천천히 몇 번 더 만나면서 서로를 알아갈 시간도 필요하지 않을까요? 지난번에도 급히 나가시는 바람에 길게 대화도 못했는데, 전 솔직히 이러시는 거 부담스럽네요."

아직 대화도 제대로 못해봤는데 진지하게 시작하자고? 연애가 장난도 아니고 말이야.

"네, 충분히 이해합니다. 당장 결혼을 전제로 하자는 건 아니지만, 아무래도 안정적으로 누군가를 만나고 싶은 나이라서요. 사랑 씨를 이제 두 번째 뵙는 거지만 놓치고 싶지 않은 분이란 생각이 들었습니다. 지금 이렇게 말씀 안 드리면 그 사이에 또 다른 분이 채가면 어떡합니까. 이렇게 아름답고 매력적이신데……."

그는 얼버무리려는 듯 웃는다.

짜증나는 상황에서도 웃는 모습은 매력적이긴 하다. 외모가 다가 아니지만 그래도 저 미소를 다시 못 본다고 생각하니 아쉽긴 할 것 같다. 휴…… 아냐, 정신 차려. 아무리 그래도 그렇지 이런 식은 곤란해. 아무리 남들이 꽉 찬 나이라고 해도 호감과 애정이 싹 터야 연애를 할 수 있는 거지. 내게 지금 필요한 건 나를 이해하고 보듬어주고 아껴주는 연애야. 아무리 생각해도 이건 좀 아니라고.

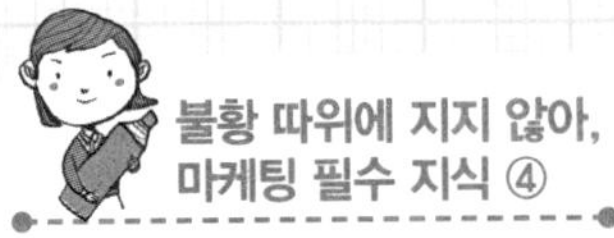

연애와 마케팅의 절묘한 교차점

자, 이제 고객에 대한 이해를 바탕으로 마케팅의 긴 여정을 떠나야 합니다.

그전에 마케팅을 하기 전에 물어야 할 질문 3가지를 정리해보겠습니다.

마케팅이 무엇인가요?
어떠한 마음으로 마케팅을 시작했나요?
고객이 어떤 사람들인지 이해하려는 노력은 했나요?

이 질문에 답하며 철저하게 사전계획을 세워서 신중하게 실행해야 합니다. 물론 성공적인 결과를 도출하기 위해 처음 세운 마케팅 계획을 끊임없이 점검하고 수정해야 합니다. 그러기에 마케팅은 감성이고 과학이며 또한 기술이라고 합니다.

그렇다면 연애와 마케팅의 공통점은 무엇일까요?

고객이 특정 상품과 서비스를 선택할 수 있도록 전략을 수립하고 실행하는 일련의 마케팅 활동과 사귀고 싶은 이성의 마음을 사로잡아 연인으로 만들기 위한 프러포즈의 과정, 이 둘은 상대를 끊임없이 배려하고 사랑해야 한다는 의미에서 본질적으로 같습니다.

좀 더 구체적으로 살펴볼까요?

연애와 마케팅의 공통점

1. 열정으로 시작한다.
2. 고객을 제대로 간파해야 한다.
3. 전략적으로 다가가되 전략을 노출시키지 않는다.
4. 타이밍과 속도 조절이 관건이다.
5. 방심은 금물! 지속적으로 관리해야 한다.
6. 밀고 당기는 심리게임이다.
7. 이론과 실제가 많이 다르다.
8. 믿음과 신뢰가 조성되면 작업이 쉬워진다.
9. 진도가 나갈수록 흥미롭지만 빠져들수록 해답이 보이지 않는다.
10. 당신이나 당신의 브랜드를 사랑하게 된 고객은 쉽게 떠나지 않는다.

마케팅과 연애, 두 마리 토끼를 잡을 자신이 생겼나요?

MARKE

2장

질문만큼 힘 센 도구는 없다

많이 가진 자가 아니라
많이 아는 자가 이긴다

정답은 의외로 가까운 곳에 있다!

나도전

어린 시절에는 '운명의 상대' 혹은 '소울메이트'의 존재를 믿었다. 하지만 나이가 들수록 첫인상이나 느낌은 정확하지 못하다는 생각이 든다. 겉으로 보이는 모습만으로는 내면까지 볼 수 없으니 객관적이지 못해서 안 좋은 결과로 이어졌다. 그래서 나라는 상품을 어필할 수 있는 고객을 찾기 전에 내 상황부터 객관적으로 정리해보아야 했다.

우선 나는 이번에 시작하는 프로젝트 때문에 올해 하반기 동안 완전히 회사에 매인 몸이다. 새로 연애를 시작하려면 충분한 시간과 노력을 들여야만 하는데, 본격적으로 프로젝트에 들어가면 불규칙한 근무 시간은 물론이거니와 돌발적인 일이 벌어지기 일쑤라 이 분야에서 종사하는 사람이 아니면 내 상황을 이해하기 힘들 것이다.

이렇게 생각을 정리하고 나니 아무래도 이 바닥의 생리를 잘 아는 회사의 여직원들이 예사롭지 않게 보인다. 공식적으로 현재 남자친구가 없으며 내 마음에 맞는 미혼 여직원들을 꼽아보았다. 그 결과, 잠재고객은 3명으로 추려졌다. 후배지만 승승장구하고 있는 총무팀의 김미영 팀장, 업무지원팀의 박미리 씨, 그리고 디자인팀 유사랑 씨.

한 명 한 명 꼽아보자. 우선 완벽주의자 김 팀장은 입사 때부터 압도적인 기대를 받고 뽑힌 인재다. 승진 속도도 유달리 빠르고, 일할 때는 완벽주의, 사적인 자리에서는 굉장히 싹싹하고 예의 바르다. 그러나 빈틈없는 그녀를 보면 대학 시절부터 시작된 나의 퀸카 콤플렉스가 떠오른다. 게다가 접촉할 기회가 적은 팀이다 보니 유통경로를 구축하는 데에 상당한 노력과 시간이 필요하다. 그리고 가장 마음에 걸리는 사실은 우리 팀장이 그녀에게 호감을 가지고 있다는 것. 패스!

다음으로는 업무지원팀 박미리 씨. 붙임성이 좋은 그녀는 우리 마케팅팀 직원들과 자주 어울리기도 하고 점심도 같이 먹곤 했는데, 이틀 전에 보니 나의 유머 감각을 도저히 이해하지 못하는 것 같다. 내 개그 감각이 아재 개그로 느껴지는 건가? 하긴 주변에 쌩쌩한 신입 남자 사원도 많은데 아저씨에게 눈길을 줄 것 같지 않다. 역시 나라는 상품에 대한 기존 이미지가 구축되어 있지 않은 새로운 고객을 발굴해야 한다.

그렇다면…… 유사랑! 처음 그녀를 봤을 때 참 단아하다고 생각했다. 그런데 업무로 부딪쳤을 때는 당차고 야무진 모습도 볼 수 있었다. 얌전한 생김새와는 달리 똑 부러지는 구석이 있다고나 할까? 가끔 보이는 빈틈은 오히려 인간적인 매력까지 느끼게 한다. 내가 지나치게 그녀를 미화시키고 있는 걸까? 하지만 아무리 봐도 미운 구석을 찾을 수가 없다.

유사랑

"어디 좋은 안과 없냐?"

미선이는 손까지 부르르 떨면서 소주를 단숨에 비운다. 한손에는 이미 구겨진 청첩장을 들고서. 그래, 지금 네 속이 속이겠니.

"도대체 어쩌다 그런 인간이랑 7년 넘게 연애를 했지? 내가 어떻게 했는지 사랑이 넌 알지? 그 인간, 사람 만들겠다고 공무원 시험 뒷바라지까지 열심히 했는데……. 사람 보는 눈이 얼마나 없으면 이러냐. 내 눈이 단단히 삐었지."

"걔도 오래 수험 생활을 하다 보니까 지쳐서 변한 거 같아. 너희 연애 시작할 때는 그래도 괜찮은 애였어. 에휴, 잊어라. 그래봤자 너만 속상하지."

양다리 걸치고도 뻔뻔하게 용돈 타 가다 걸렸을 때 너밖에 없다 말한 게 얼마 전인데, 애가 생겨서 갑자기 결혼을 한다니. 참, 할 말을 잃게 하는 놈이다.

"나 사실, 처음에 엄청 마음에 안 들어 했던 거 기억하지? 소심하지, 답답하지, 철없지. 도대체 믿을 만한 구석이 없었잖니. 앞으로 뭐해서 먹고살 거냐고 해도, 막연히 하고 싶은 것도 없다고 그러고. 그래서 붙잡고서 공무원 공부 같이하자고 한 건데. 하긴 딴 데다 한눈을 팔고 다니니 공부가 되겠어?"

이걸 신포도 이론이라고 하나?

미선이는 결국 분이 풀리지 않는지 눈물을 뚝뚝 떨군다. 이 씩씩한 애가 맘고생이 얼마나 심했을지. 달래봤자 무슨 소용이 있겠나. 그래 실컷 울어라. 울고 나면 속이라도 시원해지겠지.

미선이가 울음이 그칠 때쯤, 분위기를 바꿀 겸 한의사 송정도에 대해 입을 열었다.

"앞으로 진지하게 만나보자고 하더라고."

"뭐!"

역시나. 미선이는 울음을 뚝 멈추고 동그란 눈을 더 크게 떴다. 아무튼 단순하다니까.

"몇 번이나 만났다고? 너한테 완전히 푹 빠진 거야?"

"행동하는 거 봐서는 잘 모르겠는데, 뭐 말로는 놓치기 싫다고 그러더라고."

"그래서, 뭐라고 했어?"

"뭐라고 하긴 뭐라고 해. 좀 부담스럽다고 그랬지."

"너 배가 불렀구나? 당장 결혼하잔 것도 아니고 부모님도 좋아하겠다, 외모도 니 타입이라며? 일단 계속 만나봐. 도저히 못 참겠는 거 아니면…….”

“응, 우선 만나는 보려고. 근데 잘 모르겠어. 여러 모로 나쁘지 않은데, 막 끌리고 좋은 건 또 아니라.”

풋사랑할 나이도 아닌지라 이젠 쉽게 확신을 가지기 힘들다. 어릴 땐 두근거리는 마음 없이 누굴 어떻게 만나나 싶었다. 하지만 이젠 그런 마음에만 집중할 나이는 아닌 것 같다.

“에휴, 우리 나이에 그런 감정이 쉽게 생기냐. 우선은 계속 만나보라니까.”

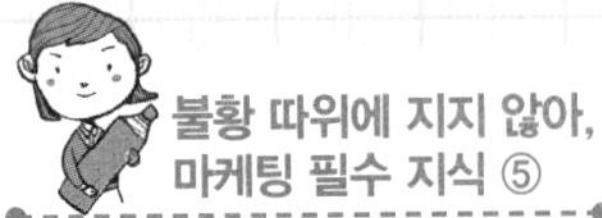

외부환경이 주는 기회와 위협, 거시환경 분석

자, 이제부터 본격적인 기획 단계입니다.

마케팅과 연애는 약간의 차이가 있습니다. 연애 상대는 직관적으로 정해지는 경우가 많지만, 마케팅 프로세스에서는 상품을 구매할 수 있는 대상을 세분화segmentation해서 적합한 목표고객을 선정targeting하고 포지셔닝positioning을 하는 순서로 진행됩니다.

이렇게 목표고객이 일단 정해지면 이전의 성공방식과 관점을 과감히 떨쳐버리고 원점에서 고객의 니즈를 다시 한 번 철저하게 파악해야 합니다. 마케팅의 성공 열쇠는 과거가 아닌 지금의 목표고객이 쥐고 있으므로 객관적으로 정확하게 파악해야 할 필요가 있습니다. 그렇기에 환경 분석은 마케팅 프로세스 중에서 가장 먼저 다루어야 할 부분이며 가장 중요한 과정이기도 합니다.

그럼 마케팅에서 이야기하는 환경 분석의 처음부터 들어가 보겠습니다.

환경 분석은 크게 거시환경에 대한 분석과 미시산업환경에 대한 분석으로 나눕니다. 환경을 분석하는 일은 급변하는 현실에서 새로운 기회를 찾고, 위협을 조금이라도 피하기 위해서 나를 둘러싼 환경을 지속적으로 관찰하고 조사 분석하는 작업입니다. 물론 환경 분석에 정답은 없습니다. 다만 내가 가진 자원을 최대한 활용해 환경 분석의 범주를 결정하고, 나의 상품에 정말 필요한 정보를 찾아내는 것이 분석의 핵심이라는 걸 명심하세요.

먼저, 거시환경 분석부터 살펴볼까요?

인구통계적, 경제적, 종교적, 기술적, 정치적, 법적, 사회문화적 영향요소로 구성된 거시환경은 일방적으로 영향을 받을 뿐 기업 입장에서 통제가 불가능하므로 시장진입여부에 대한 타당성을 타진하는 데에 활용됩니다.

위의 거시환경의 요소들은 기업에 위협요인을 제공하기도 하지만, 동시에 기회를 제공하기도 하기에 각 요소들의 상호작용들까지도 잘 파악해야 합니다.

인구통계적 환경으로는 인구증가-감소 추이, 연령대의 구성, 가족구성의 변화, 교육수준, 인구의 지리적 이동 등을 고려해야 하며, 경제적 환경으로는 소득분포, 저축수준, 채무 및 신용도 등을 살펴봐야 합니다.

사회문화적 환경에서는 사회의 핵심적인 가치관이나 서로를 향한 견해를 이해할 수 있어야 하며, 하위문화의 욕구도 잘 파악해야 합니다.

기술적 환경에서는 급변하는 기술의 발전과 이에 대한 규제 등을 파악해야 하며, 정치적 · 법적 환경에서는 기업을 규제하는 다양한 법규와 여러 이해집단에 대해 잘 인식하고 있어야 합니다. 그 외 기업이 통제 못하는 거시환경적 요소들은 더 있습니다. 그런 요소들도 살펴보는 것이 좋습니다.

이렇게 방대한 분야의 환경 분석 정보를 모을 때에는 작은 정보들을 하찮게 여기는 경우가 종종 발생하는데, 때로는 전혀 생각지 못했던 작은 정보가 히트상품을 만드는 가장 중요한 정보가 될 수도 있다는 사실을 명심할 필요가 있습니다.

거시환경을 분석하는 일을 전략을 수립하는 가장 기본적인 단계라고 하는 이유는 바로 환경요인을 분석해서 외부로부터 주어지는 기회나 위협에 대한 이해도를 높이고, 그 분석 결과를 토대로 기회를 이용하거나 또는 위협에 대비하는 전략을 수립할 수 있기 때문입니다.

물론 거시환경적인 요소는 기업의 단기적인 활동에는 대부분 직접적인 영향을 끼치지 않기 때문에 방대한 거시환경을 분석하는 일이 큰 의미가 없어 보일 수 있습니다. 하지만 장기적으로는 기업의 활동을 제한하는 장애물이 될 수 있기 때문에 거시환경에 대한 분석 결과를 지속적으로 마케팅 전략에 반영해야 합니다.

그녀의 니즈와 원츠는 다르다고?

나도전

부모님은 일주일간 일본 온천 여행을 떠나셨다. 얼마 전 정년퇴임 하신 아버지가 어머니와 함께 가려고 평생 벼르던 여행이다. 모처럼 쉬는 주말, 손가락 하나도 까딱하기 싫은데 고픈 배를 무엇으로 채우나.

"누나, 나 좀 살려줘! 하나밖에 없는 동생 굶어 죽겠어. 와서 밥 좀 해줘"

근처에 사는 누나에게 구조요청을 했지만 돌아오는 대답은 단호하다.

"야! 매형이랑 서윤이랑 바람 쐬러 나가서 이제야 간신히 바닥에 엉덩이 붙였는데, 양심이 좀 있어라. 네가 애냐!"

결국은 '내가 졌소' 하고 누나에게 갈비를 쏘기로 했다. 숯불에 구운 맛있는 양념갈비에 술을 한잔 곁들이니 목구멍에 쌓였던 묵은 먼지가 말끔하게 벗겨지는 기분이다.

"너랑 나랑 이렇게 나와서 밥 먹는 것도 정말 오랜만이네."

하긴 누나가 결혼한 뒤로는 단둘이 앉아 밥 먹은 적이 별로 없는 것 같다. 나는 누나에게 사랑 씨 얘기를 꺼낼까 말까 고민했다.

학창 시절에 연애 한 번 안 하고 공부밖에 모르던 누나는, 취직을 하고도 일밖에 모르던 사람이었다. 그런 사람이 이미 애인 있던 매형을 만나 몇 달 만에 사랑을 쟁취하고 결혼까지 한다고 했을 때는 다들 놀라 자빠졌다. 그런 저돌적인 누나에게 충고를 기대했다가 한 소리 듣는 거 아닌가 싶었다.

"누나, 얼마 전부터 마음이 가는 여자가 있거든……."

"그래? 어떤 사람인데? 회사 사람? 애인은 없어?"

"응. 회사 사람인데, 사귀는 사람 있는지는 잘 모르겠어. 있는 것도 같고……."

"……."

누나는 갈빗대에 온 시선을 집중하느라 듣는 둥 마는 둥 했다.

"유학도 다녀오고, 집안도 괜찮다고 하고, 눈도 높을 것 같고……."

"그래서 어쩔 건데? 죽는 소리 할 거면 포기를 하던가. 미련이 남으면 확실하게 대시를 하던가. 그냥 짝사랑이나 하다 끝낼 거야? 사춘기 중학생도 아니고?"

"아니, 그건 아니고……. 그냥 나같이 내세울 거 없는 놈한테 관심이나 있을까 싶은 거지. 만약 나라는 남자가 하나의 상품이라고 생각해봐. 누나가 고객 입장이라면 날 선택하겠어?"

누나는 단 1초도 주저하지 않고 말했다.

"아니."

나는 누나가 집으려 했던 고기를 젓가락으로 쳐서 떨어뜨렸다.

"먹지 마!"

누나가 픽 웃으며 말했다.

"그래서 진짜 원하는 게 뭔지 그것부터 말해봐."

"그야 뭐…… 둘이 잘되는 거지."

"그럼 사귀면 되겠네."

얼씨구, 쉽게도 말한다. 하긴, 누나는 원하는 걸 한 번도 얻지 못한 적이 없다. 학창 시절 내내 1등, 들어가고 싶던 대기업 입사, 인생 딱 한 번의 연애로 매형 쟁취. 나와는 많이 달랐다.

유사랑

오랜만에 맞는 주말 휴일. 일주일 내내 이어진 야근으로 제대로 먹지 못해서 오늘은 잘 차려 먹어보자고 냉장고를 뒤지는 참에 엄마가 식탁에 자리를 잡고 앉았다. 이렇게 눈을 빛내며 앉으시는 걸 보니, 무얼 물어볼지 뻔하기 때문에 부담스러워서 밥이 얹힐 것 같다.

"송 원장네 아들이랑은 잘 돼 가는 거야?"

역시나다.

“솔직히 잘 모르겠어. 사람 자체는 괜찮은 거 같은데 전혀 끌리지가 않아. 좀 마마보이 같기도 하고.”

“그 집 엄마가 아들을 끼고 돌긴 했다더라. 그래도 남의 병원에서 일하고 학창 시절엔 외국 봉사활동도 다녀오고 하는 걸 보면 마마보이는 아닐걸? 그리고 몇 번이나 봤다고 끌리네 마네야.”

“몇 번 안 만나봤으니 끌리네 마네, 이야기를 하지. 지금 당장 대화가 안 통하는데 앞으로 어떻게 계속 만나. 엄마는 결혼했으니까 알 거 아냐?”

“그 정도야?”

“아무튼…… 다시 보고 싶다는 생각이 안 들어. 요새 회사일도 바빠서 피곤하기도 하고.”

나는 심드렁하게 말했다.

“복 터진 소리하고 있네. 뜸들이다 후회하려고? 작작 튕겨. 특별히 싫은 구석이 있는 것도 아니면 좀 잘 만나봐. 뒤로 이상한 과거가 있는 것도 아닐 거고. 너 연애한 지도 오래 됐잖아. 죽이 되든 밥이 되든 우선 만나봐.”

엄마는 괜히 사람 속을 또 긁는다. 하지만 틀린 말은 아니다. 딱히 끌리는 구석이 없긴 해도, 또 아주 보기 싫은 것도 아니다. 그런데 편하게 만나는 사이도 아니고 양가에서 자꾸 관심을 가지면 계속 볼지 말지 이쯤에서 마음을 정해야 하지 않을까? 하지만 송정도에게 애교를 부리고, 하고 싶은 이야기를 거리낌 없이 하면서 투정 부리는 내 모습은 상상만 해도 간지럽다. 어렸을 때는 연애를 시작하면 늘 자연스럽게 그런 행동이 나왔는데……. 이제 나이가 들어서일까, 그냥 우리 관계의 문제일까? 정말 이래서 연애할 수 있을까?

나도전

"네 매형이 왜 나라는 여자를 선택했다고 보니?"

"누나가 죽자고 매달려서?"

나는 혹시나 숟가락으로 한 대 맞을까 봐 얼른 고개를 숙였다. 누나는 한껏 흘겨보며 말했다.

"내가 자기를 가장 잘 아는 여자라는 거야. 자기가 뭘 원하는지 무슨 생각을 하는지……."

"그건 당연한 거잖아?"

누나가 그 잘난 과거사에 대해 늘어놓는 게 아닌가 불안해졌다.

"그렇다고 생각하지? 넌 예전에 다른 여자들 만나면서 항상 그랬어? 그때는 그랬다고 생각했겠지만 아닐 거야. 나도 네 매형 만나기 전에 두어 번 다른 남자 만났지만 내 기준에 맞춰주길 바랐지, 니 매형한테 하는 것만큼 상대에게 맞춰주고 배려한 적이 없었던 것 같아."

역시 나 몰래 연애한 적이 있었군. 학교 다닐 때는 공부밖에 모르는 학생인 척 그렇게 잔소리를 하더니만.

"항상 생각하고 관찰했지. 저 사람은 내가 이렇게 할 때 어떻게 반응을 할까. 어떤 상황을 곤란해하고, 어떤 배려를 마음에 들어 할까. 어떤 식으로 행동하고 생각할까. 연애도 끊임없이 공부하는 거라고, 한 사람의 여러 가지 부분에 대해서. 내가 공부라면 이골이 난 사람 아니냐."

역시 잘난 척이 빠지진 않는군.

"그러면서 신뢰와 사랑이 커졌던 것 같아. 매형이 그러더라. 나 이전에 만났던 사람들은, 다들 사랑한다고는 말하지만 정작 자기가 바라는 게 아니라 해주고 싶은 걸 해주더라고."

갑자기 대학에 들어와 했던 첫 미팅의 아픈 실패가 떠올랐다. 스스로 여자 좀 안다고 매일 떠벌리던 선배 한 명이 내가 첫 미팅 나간다는 소리를 듣더니 열심히 이런저런 충고를 해댔다.

"여자들한테 어필하려면 유머가 있어야 해. 여자는 괜히 무게 잡는 남자를 제일 싫어해. 안 그렇다는 여자도 있지만 그거 다 내숭이다. 나가서 폭탄 취급 안 받으려면 상대에게 틈을 줘선 안 돼. 너 내 말 들어서 손해 볼 거 없을 거다."

선배의 호언장담에 난 미팅에 나가기 전에 유머를 잔뜩 준비해서 그녀 앞에서 재롱을 떨다시피 했다. 하지만 그럴수록 그녀의 표정은 일그러질 뿐이었다. 컨디션이 안 좋나 싶어 더욱 신나게 이야기해봤지만 반응은 더 차가워지기만 했다.

나중에 들으니, 그녀는 가볍고 말 많은 남자를 제일 싫어한다고 했다.

"누나, 그럼 그녀가 말하기 전에 그녀가 바라는 걸 알아내려면 어떻게 해야 해?"

술이 확 깨고 눈이 번쩍 뜨였다.

"우선은 네가 마음을 얻고 싶은 그녀가 어떤 남자를 만나길 기대하는지 아는 게 중요해. 사실은 남자나 여자나 자신이 어떤 사람을 만나고 싶은지 잘 모를 때가 있어. 평소에 꿈에 그리던 이상형과 실제로 사랑에 빠지는 사람이 정반대의 스타일일 수도 있고. 중요한 것은 그 사람의 숨은 마음까지 알아내고, 상대가 너를 만나고 싶도록 만들어야 한다는 거지."

가만 가만, 지금 누나가 하는 말이 며칠 전 현우 녀석이 했던 이야기와 비슷하잖아? 사랑하는 사람이 바라는 것을 스스로 모르더라도, 그 사람이 원할 만한 것을 미리 파악해서 행동해야 한다는 것과 같은 의미인 듯한데. 정말 이게 성공적인 연애의 왕도인 게 아닐까?

아차, 왜 난 이 상황에서 마케팅의 기본조차 잊고 있던 걸까? 가장 먼저 해야 하는 건 고객의 니즈와 원츠를 찾아내는 것이라는 사실!

"너 그 아가씨에 대해 뭘 알긴 알아? 사귀는 사람이 있는지 없는지도 모른다며? 이제야 관심이 생긴 모양인데 아는 거라곤 이름, 나이, 회사에서 본 모습 정도 아니야? 어떤 환경에서 자랐는지, 취미는 뭐고, 성격은 어떻고, 예전에 사귀었던 남자는 어떤 사람이고, 이상형은 어떤 남잔지, 잘 가는 레스토랑, 요즘 신경 쓰고 있는 관심사, 주변 인간관계 대한 정보까지 모두 네가 알아야 할 것들이야. 그리고 가장 중요한 건 그걸 토대로 그녀가 원하는 모습으로 널 변화시키는 거지."

"뭐야? 있는 그대로의 모습을 사랑해주는 게 진짜 사랑이라며?"

마음 하나 얻자고 해야 할 일이 뭐가 이렇게 많은 건지, 조금 짜증이 나기 시작했다.

"그건 그 아가씨나 할 수 있는 말이야. 너는 아니지. 그 아가씨가 너한테 관심이 별로 없는데 네가 좋아하는 입장이잖아. 마케팅한다는 애가 왜 그 모양이냐? 고객에게 네가 만들 상품이나 이미 만들어진 상품을 두고 무조건 잘 만들어졌으니 사달라든지, 일단 한 번 사주면 다음에 잘 만들겠다든지 그럴 수 있어? 알잖아. 불만사항이 접수되면 게임 끝이야. 그러기 전에 네 모습을 그녀가 바라는 남성상과 근접하게 바꿔야지."

스마트폰을 꺼내서 재빨리 메모하는 내 모습을 본 누나는 코웃음을 쳤다.

"이번엔 진짜 절실한가 보네. 자세가 됐는걸?"

갈비까지 얻어먹으면서도 가르치는 자세라니, 고등학교 시절 누나에게 등짝 맞아가면서 배우던 생각이 나 화가 났지만 별 수 없었다. 아쉬운 건 이쪽이니까.

"솔직히 사랑은 이기적인 거거든. 아무 하고나 하는 게 아니야. 사랑에 빠지더라도, 1등급 청정수인지 흙탕물인지 가려가면서 빠져야 한다고. 이게 아니다 싶으면 당장 빠져나와야 하고 말이야. 왜냐고? 한 사람의 인생이 걸린 문제니까."

어쩌면 누나 말이 맞는지도 모른다. 만약에, 아주 만약에 사랑 씨가 후자에 속한다면 마음을 접어야 하나?

"아직 그렇게까지 빠진 건 아니고 그냥 탐색 중이야."

"탐색을 하긴 하고? 아는 게 아무것도 없는데."

이 누나가 정말? 동생을 뭐로 보는 거야?

"한 사람을 깊이 사랑한다는 건, 단지 그 여자의 겉만 보고 좋아하는 그런 단순한 감정하고는 많이 다르지."

누나의 말에 슬슬 화가 났지만 감정을 추슬렀다. 이번엔 확실하게 준비해서 절대 놓치지 않을 테다. 이야기하다 보니 긴가민가했던 사랑 씨에 대한 마음이 더 불타오르는 것을 느꼈다. 나는 이미 어느 정도의 가능성을 염두에 두고 유사랑을 내 목표고객으로 정했다.

"아무튼 걱정이다."

"괜찮아, 걱정 마. 내가 다 알아서 할 테니까."

“누가 네가 걱정이래. 누구랬지? 사랑 씨가 너같이 서툰 애한테 맘 상할 일이나 없을까 해서 그러지.”

아, 진짜! 누나가 돼서!

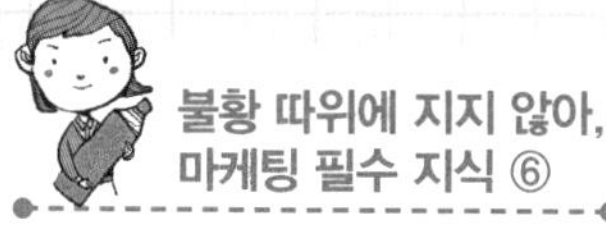

통제 가능한, 미시환경 분석

앞서 거시환경 분석을 통해 우리가 통제하지 못하는 상황들에 어떤 위협과 기회들이 있는지 확인해보았습니다. 이제는 우리가 통제할 수 있는 환경인 미시환경에 대한 내용으로 들어가 볼까요?

경쟁사보다 먼저 목표고객의 니즈와 원츠를 충족시켜 고객을 만족시키기 위해서는 어떻게 해야 할까요?

그것은 바로 고객을 정확히 연구하고 분석하는 작업에서 해답을 얻을 수 있습니다.

미시환경 분석은 흔히 3C로 표현되는 고객Customer, 경쟁자Competitor, 자사Company를 분석하는 것입니다. 이 3C 분석을 통

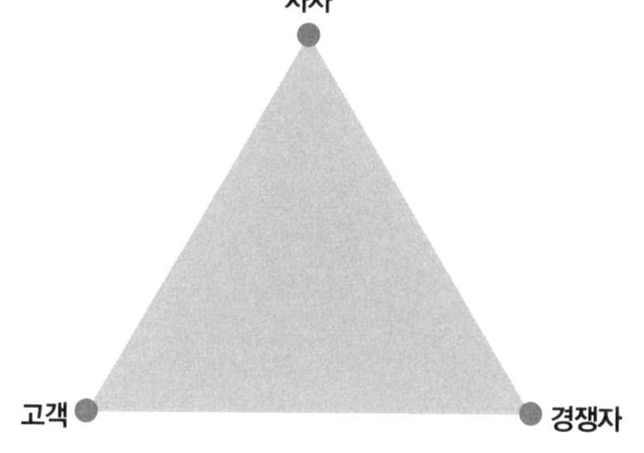

해 자사의 경쟁력을 도출하고, 경쟁사의 약점을 발견하거나 시장에서 경쟁할 때 닥칠 위기를 예상해내며, 고객의 니즈를 찾아서 즉각적인 시장대응이 가능하게 해야 하는 것이죠.

이것이 아웃풋 전략을 만들어내기 위한 인풋 전략입니다. 당연히 인풋이 잘 되어야 제대로 된 아웃풋이 나올 수가 있겠죠?

마음을 사로잡는 분석의 기술

유사랑

오늘은 미선이의 생일. 어지간하면 밥 먹고 간단히 한잔하고 들어오려 했지만, 전 애인의 결혼 소식에 독이 오른지라 미선이는 오늘 밤새 코가 비뚤어지게 마시겠다고 작정한 참이다.

"아니, 20대도 아니고 적당히 하자."

"요즘 같은 글로벌 시대에 무슨 소리야. 우리는 아직 만으로는 29살이라고. 그러니까 20대가 다 가기 전에 마지막을 불태우자!"

아무래도 집에 일찍 들어가 쉬고 싶은 마음은 일찍 접는 게 상책인 것 같다.

파티 멤버는 이젠 눈빛만 봐도 뭘 생각하는지 알 정도로 막역한 고등학교 친구들이었다. 1차에선 그동안 못 본 사이의 이야기들을 하느라 난리도 아니었다.

"사랑이, 얘 이번에 선 본 거 알아? 잘나가는 한의사란다. 게다가 스타일도 끝내준대."

미선이의 폭탄선언에 갑자기 애들의 시선이 집중됐다.

"아주 애가 완전히 맘에 들었는지 만나자마자 진지하게 사귀자고 그랬대."

"선 아니라 소개팅이거든. 그리고 아직 잘 몰라. 그쪽이 그런 거지, 난 그냥 그래. 더 만나봐야 알지 뭐."

"그래, 너라도 잘해야지. 우리는 다섯 명이 동시에 다 임자 있기는 글렀나보다."

그럭저럭 분위기가 좋았는데, 이별의 주인공 미선의 한마디에 분위기가 착 가라앉아버렸다.

"아우, 그런 분리수거도 안 되는 놈 따위는…… 알아서 떠나주는 거 봐라. 미선아, 너 그거 팔자가 핀 거다. 결혼이라도 하고 나서 바람 피웠다고 생각해봐. 얼마나 아찔하냐. 다행이지. 탁 트인 미선이의 미래를 위해 한잔 하자!"

미선이를 달래려고 부어라 마셔라 하다 보니 취기가 빠르게 올랐다. 다들 오랜만에 제대로 마셔서인지 얼굴들이 벌겠다.

"오랜만에 술 좀 마셔서 그런지 취한다. 다들 술 좀 깨고 가자. 커피 한 잔, 어때?"

모두를 데리고 커피 전문점으로 왔다. 계산하면서 애플리케이션으로 회원 할인 받으려고 휴대전화를 아무리 찾아도 보이질 않는다.

"내 휴대전화 본 사람 없어? 누가 나한테 전화 좀 걸어볼래?"

미선이가 자기가 걸어보겠다고 했다. 1분 가까이 신호는 가는데 안 받았다. 아까 그 술집에 두고 온 거 같기는 한데, 혹시 다른 데서 잃어버렸으면 어쩌지? 걱정하는 찰나, 누군가 전화를 받았다.

"여보세요."

"전화 주인인데요, 혹시 어디세요?"

들어보니 다행히도 아까 그 술집이었다.

"제가 금방 갈게요. 거기 계속 계실 거죠?"

"이제 막 들어왔는데 가기야 하겠어요. 오시죠."

전화를 끊고 잠시 다녀오겠다고 하자, 걱정 섞인 표정으로 친구들이 말했다.

"남자 목소리인 거 같은데, 혼자 가도 괜찮겠어?"

"아까 그 가게인데 뭐. 금방 갔다 올게. 미선아 잠깐 네 전화 좀 빌려줘."

우리가 떠들썩하게 마시던 단체석 테이블엔 남자 혼자뿐이었다. 뭔가 범상치 않은 패션 감각에 조금 우수에 젖은 표정이 인상적인 사람이었다.

"아, 혹시 전화기 주인이세요?"

"네, 감사합니다. 제 거 맞아요. 어떻게 감사를 드리죠?"

주섬주섬 지갑을 꺼내들었다.

"지갑은 넣어두셔도 돼요. 의자에 떨어져 있던 전화를 받은 것뿐인데요. 정 마음에 걸리시면, 잠깐 제 이야기 상대를 해주시는 건 어때요? 제 일행들이 길이 막혀서 앞으로 15분 정도 걸린다고 하는데, 괜찮으시면 함께 시간 좀 보내주시죠."

큰 요청도 아니기에 나도 모르게 그러겠다고 대답해버렸다.

남자는 매우 이야기를 잘했다. 이야기에 빠져 나도 모르게 30분째 앉아 있었다. 걱정이 된 미선이가 가게까지 찾아오지 않았다면 시간도 잊고 계속 이야기를 나누고 있었을 것이다.

"이런, 죄송합니다. 너무 오랜 시간을 뺏었네요. 즐거웠습니다."

미선이 손에 끌려가는 나를 보며 그는 조금 서운한 기색을 보였지만 잡거나 연락처를 묻지 않았다. 그런데 계속 묘한 여운이 남는 이유는 뭘까?

나도전

기업의 마케팅이나 컨설팅 업무 중에서도 리서치와 분석은 핵심 중에 핵심이다. 이 부분에서 마케터나 조사자가 오류를 범하면 전혀 엉뚱한 시장에서 팔 수 없는 물건을 고객에게 권하는 것과 같은 결과가 빚어진다. 처음 조사단계 때 잘 수행되어야 이후의 프로세스에서 발생할 수 있는 경제적 손실을 줄일 수 있다. 연애 역시 상대방에 대한 조사를 철저히 해야 이후 전략을 세울 수 있다.

같은 회사에서 근무하지만 이번 프로젝트가 끝나면 사랑 씨에게 접근할 기회가 없어진다. 그러므로 내게 주어진 한정된 시간 동안 그녀의 마음을 사로잡아야 한다. 우선 사내 인트라넷에 신입

사원일 때 올린 자기소개 정보를 토대로 그녀의 성향을 분석해보았다. 일종의 거시환경 분석이라고 할까. 그러고 나서 별 문제가 없다면 그녀의 SNS와 사내에 친한 사람들을 통해 정보를 수집해야지.

우리 회사 사내 인트라넷에는 서로 친해지기 위해 정보 공유를 하는 자기소개 코너가 있다. 사내 직원 누구나 접근 가능한 정보인 만큼 시시콜콜한 것까지 밝히지는 않지만 신입사원들은 필수적으로 적어야 했고, 입사 초기 때 작성하다 보니 성실하게 적는 편이었다.

이름: 유사랑

담당 분야: 애플리케이션 및 캐릭터 디자인

출신학교: 민국대 서양화과, 뉴욕 센트럴아트스쿨 중퇴

가족관계: 부모님과 언니 두 명

생일: 11월 16일 전갈자리

취미: 요가

자신 있는 것: 약해 보이지만 한의사 아버지 덕에 어릴 적부터 보약을 많이 먹고 자라서 체력 하나는 자신 있습니다.

관심사: 맛난 음식 먹으러 다니기. 새우 알레르기가 있어서, 새우가 들어간 음식을 제외하고는 모두 잘 먹어요. 선배님들이 맛난 식사 사주신다면 잘 먹겠습니다.

이름, 담당 분야는 필수 기재 사항이고 그 외에는 자기가 원하는 것을 적게 되어 있다. 대부분 형식적으로 쓰지만 사랑 씨는 꽤

자세하게 적은 편이었다. 나는 이 자기소개를 통해 그녀의 생일과, 가족관계와 간단한 성장 배경을 알 수 있었다.

한의사 집 막내딸에 미술을 전공해서 유학까지 다녀온 만큼 그녀는 비교적 풍족한 학창 시절을 보냈을 거라 예상된다. 딸 부잣집의 막내딸, 얼마나 귀여움을 받고 자랐을까? 저렇게 똘똘한 막내딸이라면 아버지의 사랑을 듬뿍 받았을 것이다. 보약도 많이 먹고 자랐다지 않은가.

지난 번 단체 회식 때 부모님과 같이 산다고 했고, 잠실 사는 우리 팀원과 같은 방향이라 했으니 그 근처에서 거주하겠지.

민국대학 서양화과라. 그러고 보니 우리 팀 지나 씨하고 학창 시절 알던 사이라고 했던 것 같은데 한 번 물어봐야겠군.

생일 란에 별자리를 쓴 거 보면 이런 종류의 정보에 관심이 있다는 소리일 테니 전갈자리의 특징과 내 별자리에 대해서도 좀 조사해봐야겠네. 난 별자리가 어떻게 되더라.

어? 특이 사항이 있네. '새우 알레르기가 있다.' 얼른 적어두었다. 이건 아주 핵심적인 정보다. 알레르기가 있다며 음식을 가리는 친구들을 보면 '그거 먹는다고 힘들어봤자 얼마나 힘들겠냐'고 생각했던 게 사실이지만, 내가 마음을 얻고 싶은 상대가 그렇다니 왠지 안쓰럽기까지 하다. 그 맛있는 새우를 못 먹다니. 잘 기억해두면 분명히 언젠가 써먹는 날이 있겠지. 배려 깊은 남자로 각인될 수도 있다는 말씀!

그 외에 사랑 씨가 하고 있는 SNS가 있다면 고객 분석의 좋은 수단으로 이용할 수 있을 거 같았다. 게시판을 보면서 난 회심의 미소를 지었다.

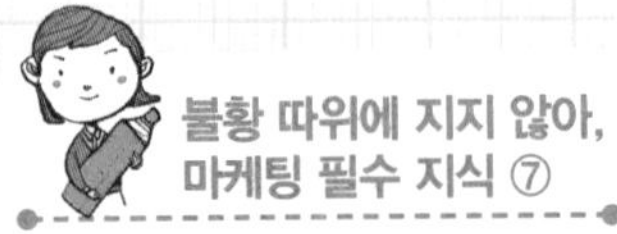

3C 분석 중 가장 중요하다, 고객 분석

3C 분석에서 가장 중요한 부분인 고객을 먼저 분석해볼까요?

고객 분석은 우리가 공략해야 할 표적집단의 특성을 찾아내는 일입니다. 그래서 가장 중요하기도 하고, 또 3C 분석의 가장 중요한 단계이기도 합니다.

고객의 중요성은 100번, 1000번 말해도 부족할 정도로 중요합니다. 이렇게 중요한 고객에 대한 분석은 우리의 제품을 구매하는 소비자를 구분하고 그들의 소비행태 및 특성을 파악하는 일입니다. 성별과 연령대, 지역, 직업 등을 기준으로 삼아 전체 소비자를 세분화하고, 세분화된 각 시장의 니즈와 원츠를 찾습니다.

고객 분석을 할 때에는 고객에게 세심한 관심을 기울이는 것이 무엇보다 중요합니다. 마케터가 고객에게 쏟는 관심의 정도와 마케터가 얻을 수 있는 정보의 양은 비례한다고 볼 수 있으며, 고객의 특성은 매우 세밀하기 때문에 아주 디테일한 요소까지 찾아내는 것이 매우 중요합니다.

대부분의 기업에서는 고객을 이해하기 위한 방법으로 설문조사나 포커스 그룹 인터뷰 등의 방법들을 사용하고 있습니다. 그러나 이러한 수단은 고객의 주관적·감정적 측면까지 파악하는 데 한계가 있습니다. 그 한계를 알고 고객 분석을 진행해야 한다는 것이 바로 마케팅에 있어서 놓치지 말아야 할 작지만 중요한 팁입니다.

경쟁자는
어디에나 있다

나도전

누나가 한 말을 새로 마음에 새기고 사랑 씨의 정보를 대입해가면서 앞으로 해야 할 일들을 하나하나 생각하다 보니 주말의 유일한 낙인 미국 드라마도 영 눈에 들어오지 않았다.

월요일 아침, 결심을 굳게 다지며 회사로 향했다. 해야 할 일이 많았다. 이제부터는 유사랑이라는 고객을 조금 더 세밀히 분석해야 한다.

조금 일찍 회사에 도착해서 이메일부터 확인하고 커피를 타러 휴게실로 향했다. 평소 같으면 들어오면서 담배를 한 대 맛나게 피웠겠지만, 그 시간을 아껴 휴게실 바로 앞 디자인팀을 기웃거려 볼 계획이다. 혹시라도 마주쳤을 때 담배 냄새로 인상을 망칠 수는 없지. 모닝커피도 마시고, 운이 좋으면 사랑 씨랑 인사라도 나눌 수 있을지 모르는데 말이지.

"어?"

하지만 휭 하고 그냥 지나치는 그녀의 얼굴은 뭔가 좀 푸석푸석해 보인다. 화장이 잘 안 먹은 걸까? 어젯밤 잠을 설쳤나? 그래도 새침한 얼굴은 봐도봐도 역시 예쁘다. 카사노바는 사랑하기로 마음먹은 여인의 단점은 아예 보지 않았다고 한다. 나는 보지 않는 게 아니라 보려고 해도 보이지도 않는 상태다.

유사랑

머리가 아파 죽을 지경이다. 이놈의 술!

요즘 미선이와 함께 생일 축하주, 위로주, 솔로 귀환주 등등의 이유로 거의 매일 마셔댄 술 때문에 피부 상태가 말이 아니다. 가뜩이나 야근도 잦은데 야근 끝나면 또 술이니, 내가 좋아 마신 술이지만 다음날엔 꼭 이렇게 후회하게 된다. 당분간은 좀 쉬던가 해야지. 아빠한테 속을 보하는 약이라도 지어달라고 하면 꿀밤이나 맞지 않으려나.

그런데 가만, 저기 종이컵을 들고 서성이는 남정네는? 나도전 씨 아냐? 최근 부쩍 나도전 씨의 시선이 느껴진다. 처음엔 내 얼굴에 뭐가 묻었나 하고 신경이 쓰였는데, 같은 상황이 몇 번 반복되다 보니 우연은 아닌 것 같다.

이거 나한테 관심 있는 거 같은데? 아무리 도끼병이니 뭐니 해도 이 정도가 되면 누군들 눈치를 못 챌까 싶다. 디자인팀 근방을 기웃거리며 종이컵을 들고 서 있는 나도전 씨의 모습은 안쓰럽기도 하고 처량해 보이기도 하다.

"나도전 씨, 여기서 뭐해? 오전까지 올리라던 기획안은 왜 아직이야? 잠깐 나 좀 봐요."

마케팅 팀장이 다그치듯 부른다. 허둥지둥 불려가는 그의 뒷모습이 처량하기 그지없다.

나도전

주말에 계획한 대로 점심시간에는 단합을 핑계로 마케팅팀 전원이 함께 식사할 기회를 만들었다. 사랑 씨 대학 동창인 김지나 씨만 따로 부른다면 혹시 이상한 소문이 날까 봐 팀 전체가 함께 먹기로 했다. 언제나 유비무환!

일부러 지나 씨 앞에 앉아 이야기를 나누었다. 디자인팀에서 얼마 전 부서이동을 신청한 지나 씨에게 왜 마케팅팀에서 근무하고 싶었는지부터 물었다.

"디자인은 외형이라고 많이들 생각하죠. 하지만 디자인은 저마다 스토리를 담고 있어요. 사람들이 그걸 잘 모를 뿐이죠. 저는 디자인 스토리를 직접 고객들에게 전달하고 싶었어요. 산업디자인을 전공하긴 했지만 이쪽이 더 잘 맞더라고요."

꽤 야심찬걸. 잘만 성장하면 좋은 마케터가 되겠어. 긴장해야겠어, 나도전! 그렇다고 목적을 잊어버리면 안 되지. 진지하게 업무에 대한 조언을 하다 은근슬쩍 물어봤다.

"참, 이번에 같이 다이어트 애플리케이션 개발하는 디자인팀 유사랑 씨와 같은 학교죠?"

"네. 근데 사랑이는 서양화 전공이고 전 산업디자인 전공인데다 학번도 제가 위라 처음엔 잘 몰랐어요. 그런데 연극표 때문에 알게 됐죠. 그리고 회사 와서 친해진 거예요."

"연극표요?"

"예, 제가 연극동아리를 했어요. 사랑이 큰언니가 공연기획 일을 하는데, 사랑이가 우리 동아리에 언니가 하는 연극 홍보 좀 해달라고 포스터랑 같이 초대권을 주러 왔거든요. 그때 동아리 방에서 안면을 텄죠."

"동아리 방으로 직접 표를 들고 왔다고요?"

"사랑이네 동아리 방이 저희 바로 건너편이었거든요. 재테크 공부하는 동아리요. 사랑이랑 엄청 안 어울리죠? 초기 멤버였다는데, 지금은 그 동아리에 여학생들도 많지만 그땐 그렇지도 않았거든요. 그래서 더 튀었죠."

세상에. 온실 속의 화초인 줄만 알았더니, 일찍부터 세상물정에 밝은 학생이었군!

"그런 동아리에서 사랑 씨 같이 예쁜 미대 여학생이 있었으니 인기가 많았겠네요?"

점점 속이 훤히 들여다보이는 질문을 하고 있다는 생각이 들었지만 멈출 수가 없었다. 눈치 빠른 지나 씨의 표정이 '이것 봐라' 하고 있는 것처럼 느껴져 낯이 뜨거웠다.

"뭐 당연히, 대단히 많았죠. 그런데 같은 동아리 사람들과 사귄 적은 없는 것 같고요. 가끔 캠퍼스에서 마주치곤 할 때 같이 있던 남자들이 모두 한 인물 했거든요. 그래서 기억에 좀 남네요."

인기가 많았던 데다가, 잘생긴 남자들만 사귀었다고? 인물을 본다는 소리군. 그리고 재테크 동아리 활동은 좀 의왼데? 전공과도 잘 안 맞는 것 같고. 역시 야무진 면이 있더라니, 경제적인 것도 꽤 따지겠는걸. 외모, 경제적인 능력, 모두 내게 부족한 부분들뿐이잖아. 언니가 공연 쪽 기획을 하면 그쪽으로도 관심사나 아는 게 많겠군. 모두 알아두면 유용한 정보들이다.

학교에서도 그렇게 인기가 있었다니, 역시 남들도 보는 눈은 비슷한 거다. 회사 내에서도 이미 나의 경쟁 상대가 나보다 먼저 움직이기 시작했을지도 몰라. 당장 행동할 수 있는 부분들을 생각해봐야겠어.

유사랑

계속 뒷머리가 서늘한 게 누군가 나를 관찰하고 있는 것 같다. 이상한 느낌에 뒤를 획 돌아보면 아무도 없고. 이상하다. 내 자리가 풍수지리학적으로 안 좋은가? 전에는 이렇지 않았는데.

아무튼 지금 새로 개발하는 애플리케이션 디자인 시안 때문에 정신이 없다. 마케팅팀과의 일은 순조롭게 잘 진행되어서 다행이다. 하지만 그 팀 나도전 씨의 행동은 뭔가 많이 불편하다. 오늘은 대뜸 커피와 녹차 중에 뭘 더 좋아하냐고 묻는 거다. 그래서 커피라고 했더니, 그냥 휙 가버리는 게 아닌가. 난 또 커피 한 잔 뽑아주려는 줄 알았더니……. 나한테 확실히 관심이 있다는 건 알겠는데 30대 중반이나 된 남자가 저런 식으로 행동하는 거 진짜 이해가 안 된다. 여자를 진짜 모르지 않고서야. 이런 식으로 사람 골치 아프게 하지 말고 관심 좀 꺼주세요. 안 그래도 요새 머리 복잡한 일이 많구만.

오후에는 정도 씨에게서 전화가 왔다. 퇴근 후에 만나자고 한다. 미선이 말대로 가볍게, 가볍게 생각하는 거야. 우선 호감을 가지고 있다는 사실이 중요하니까.

나도전

집에 도착하자마자 페이스북에서 검색을 시작했다. 유사랑이란 이름이 흔한 이름이 아닌데도 영 검색이 되질 않는다. 그러던 중에 퍼뜩 다른 이름이 떠올랐다. 지난 번 유사랑 씨가 떨어뜨린 수첩을 주워줄 때 거기에 쓰여 있던 이름 안젤라. 아마도 유학 시절에 사용하던 이름인 것 같았다. 다시 한 번 검색을 했다. 이번에는 제발.

스크롤을 내리다가 익숙한 얼굴을 찾았다. 빙고! 제발 전부 친구 공개가 아니어야 할 텐데.

들어가니 전체 공개로도 여러 게시물이 올라와 있다. 주로 사진을 많이 올리는 것 같았다. 친구 목록은 비공개였고 함께 아는 친구란에 회사 사람들 이름이 한 명도 안 뜨는 걸로 봐서 유사랑 씨의 페이스북은 회사 사람들에게 공개하지 않은 개인적인 공간인 것 같았다. 하긴 일부러 이름을 영어식으로 해놓은 것을 보면.

근래에 올라온 사진은 주로 여자 친구들과 함께였다. 사랑 씨는 사진을 찍을 때 항상 가운데 자리에 있었다. 사진을 찍을 때 중앙을 선호하는 사람은 대중을 리드하고 싶어 하는 적극적인 성격의 소유자라고 어디서 읽은 것 같은데, 역시 적극적이고 활발한 성격이군. 조금 소극적인 성격의 내게 딱 어울리는 상대다. 친구들과 찍은 사진들은 매번 다른 음식점이다. 요새 방송을 자주 하는 유명 셰프와 찍은 사진도 있네. 깔끔하고 예쁘게 인테리어 한 곳만 갈 것 같은데, 이렇게 허름한 곳에도 가는구나. 맛집을 찾아 돌아다니는 게 취미인 모양이네. 인트라넷 자기소개에서 괜한 말을 한 게 아니군. 먹는 것을 좋아하는 성향도 나와 똑같다. 나하고 너무 잘 맞는 거 아니야?

가족과 함께 연극이나 뮤지컬을 보러가서 찍은 사진도 있었다.

다섯 식구라고 했는데 최근 사진은 네 식구만 있는 걸로 봐서는 한 명은 결혼을 해서 멀리 갔든지 유학을 갔든지 했나보지? 단란한 모습이 보기 좋았다. 사랑 씨는 아버지의 귀염성 있는 인상과 어머니의 늘씬한 몸매를 닮은 듯했다.

이번에는 관심사를 알아볼 차례. '좋아요'를 누른 목록으로 들어가 본다. 여러 구두 브랜드의 페이지들이 있다. 그러고 보니 사진 중에도 종종 예쁜 구두 사진을 공유해놓은 것들이 있었다. 이런 신발도 신는 건가 싶은 화려한 구두들도 있었고, 드라마나 영화에서 캡처한 구두, 길을 가다가 발견한 예쁜 구두 사진까지 즐비했다. 구두에 집착하는 건 외로움에 대한 자기 보상심리라고 하던데, 혹시 그녀도 지금 외로움과 투쟁 중? 그렇다면 다가가기 아주 좋은 상태라 하겠다.

어? 좋아요를 누른 목록에 송파구에 위치한 '행복 한의원' 정보가 나온다. 사랑 씨 집이 잠실인데 여기가 아버님 한의원인가? 좀 더 검색을 해봐야겠는 걸.

계속 게시물을 거슬러 올라가다 보니 페이스북은 5년 전에 개설되었다. 미국 유학 시절부터 시작한 모양이다. 유학 시절의 추억을 많이 남기고 싶어서 시작한 걸까? 하지만 유학 초반의 내용들은 우울한 내용이 꽤 많았다. 역시 향수병 때문에 고생을 한 건가.

그런데 이 남자는 누구람? 귀여운 까치머리의 남자와 얼굴을 맞대고 환하게 웃고 있는 사진이 눈에 띄었다. 그러고 보니 다른 친구들과 있는 사진에서도 그 남자가 빠지지 않는다. 사진 밑에는 '김필승 너밖에 없다!'라고 적혀 있는 게시물도 있다. 영어와 한국어를 섞어서 댓글로 대화하는 거 보니 아마도 재미교포가 아닌가 싶다. 생긴 게 꽤나 반듯한 걸. 갸름한 얼굴에 옷 입은 게 예사롭지 않은 것이 예술하는 사람의 냄새가 강하게 풍긴다. 그런데 이 자식, 사랑 씨와 주고받은 댓글들이 심상치 않다. 사귀었던 사이 같진 않지만 친구라기엔 너무 친하다. 질투가 밀려온다.

내친김에 녀석의 페이지도 건너가 봤다. 데이빗 필승 킴의 페이스북에는 다양한 디자인 제품들이 공유되어 있고 자기 작품들이라고 소개한 것들도 있었다. 디자인의 D도 모르는 내가 봐도 정말 센스가 대단한 아이디어의 상품들이 보인다. 대부분 영문 댓글들을 짧은 영어 실력으로 해석해나가자니 칭찬일색이다. '천잰데' '미래의 탑 디자이너!' 무미건조한 일상에 절어 배는 나오고 무기력에 빠진 나 같은 아저씨와 패션도 세련되고 미술적 재능까지 갖춘 김필승은 전혀 다른 세상의 사람으로 보였다. 유학 시절 학교 동문인 거 같으니 사랑 씨와 공감대 형성도 잘될 것이다. 불안하다, 불안해! 비록 미국에 있지만 잠재적 경쟁상품인 이놈에 대한 경계를 늦출 수 없다.

사랑 씨의 페이스북은 그 외에 대학 시절에부터 지금까지 스크랩한 재테크 정보와 기사, 친구들과 재테크 책을 읽고 나눈 리뷰로 담벼락이 채워져 있었다. 재테크라고는 적금에 올인하고 그나마 모은 종잣돈의 3분의 1도 얼마 전 주식으로 날린 나로서는 이해하기 꽤 힘든 말들뿐이었다. 경영학과인 나보다도 이쪽 분야에 더 능통하다니, 사랑 씨에게 부족한 부분이 도대체 무엇이란 말인가. 유사랑은 너무나 완벽한 여자인 것만 같다. 관심사를 나누고 공감대를 형성하려면 앞으로 투자 쪽 공부도 시작해야겠다.

유사랑

숨 막히는 회사 생활 속에서, 몰래하는 메신저는 정말이지 산소호흡기 같다. 지난 번 회사는 사내 컴퓨터에 메신저가 막혀 있고 스마트폰 사용도 눈치가 보였지만 이번 회사는 사내 회의도 영상으로 할 만큼 자유로운 분위기라 다행이다.

띠링!

졸리고 심심한 내 마음을 누가 이렇게 잘도 아는 거야?

데이빗: 안녕하신가?

안젤라: 누나한테 말버릇 봐라. 나 없는 뉴욕은 잘 지키고 있지?

미국 사는 필승이와는 일주일이 멀다 하고 자주 연락을 한다. 물론 메신저와 이메일이 없었다면 상상할 수도 없었겠지만. 가까이 사는 친구들에게는 차마 할 수 없는 이야기도 필승이랑은 편하게 하게 된다. 삶에 치여 사는 주변 사람들과 달리 얘는 항상 긍정적이고 어떤 고민거리에도 화끈하게 해결책을 내주니 무겁고 힘든 이야기도 털어놓기가 좋다.

데이빗: 뉴욕? 그럭저럭. 그런데 당분간 못 지킬 것 같네. 나 한국 지키러 간다.

뭐? 마시고 있던 커피 잔을 내려놓고 서둘러 손을 놀렸다.

안젤라: 왜? 언제 오는데?

데이빗: 내 디자인 보고 같이 프로젝트 하자는 회사가 있어서 가려고. 기다려!

필승이가 온다면 당분간 심심하지는 않겠는데?

나도전

아침에 반차 휴가를 내고 사랑 씨 페이스북에 올라와 있는 '행복 한의원'에 찾아갔다. 설마 다른 사람의 병원은 아니겠지? 약간 긴장감과 기대감을 안고 안으로 들어가 원장님 이름부터 확인했다.

'유준석'

우선 성은 같은데. 대기실에서 다시 한 번 페이스북에 저장해놓은 사랑 씨의 가족 사진을 확인해보았다.

"나도전 님. 진료실로 들어오세요."

진료실로 들어가자 사진 속 그분이 앉아 있다. 빙고! 게다가 책상 위에는 사랑 씨가 환하게 웃고 있는 가족사진까지 놓여 있다.

"어디가 안 좋아서 오셨죠?"

딱히 안 좋은 데야 뭐. 운동 부족과 매일 이어지는 음주로 붙은 군살 정도.

"아, 제가 다이어트를 좀 하려고요. 요새 회사에서 다이어트에 관련된 프로젝트를 하고 있어서 이거저거 좀 여쭤 봐도 되죠?"

"심각한 비만인 것 같지는 않은데 다이어트요? 우리 한의원이 다이어트로 유명한 데는 아닌데 괜찮겠어요?"

이곳저곳 맥을 짚어 보고 두드려도 보면서 하시는 말씀.

"흠, 전반적으로 정체된 것도 없고 타고나길 좋은 체질이네. 다만 간이 그다지 좋지 않아요. 술 담배 하십니까?"

"네. 담배는 끊는다 끊는다 하면서 직장 생활 스트레스 때문에 쉽게 못 끊네요. 술도 그렇고요."

"우선 살을 빼려면 몸이 정화되어야 해요. 자꾸 독이 쌓이면 쉽지 않으니까 가능하면 술 담배는 끊으시는 게 좋아요. 그리고 약 드시는 동안엔 술 드시면 안 됩니다."

이런저런 질문을 던지다가 본론으로 들어가려 마음을 다잡았다. 은근슬쩍 책상 위 가족사진을 바라보면서 질문했다.

"어휴, 좋은 말씀 감사합니다. 근데 따님들이신가요? 예쁘시네요? 결혼은 다 시키셨어요?"

사적인 질문은 하지 말라고 할까 봐 가능한 한 자연스럽게 질문하려 하니 괜스레 두근거렸다.

"아, 위에 둘은 보내고 막내는 얼마 전에 소개팅을 했는데 잘돼 간다고 하더라고요."

초면임에도 사랑 씨 아버님은 그냥 태연히 대답을 하시는 게 아닌가. 딸에 대한 사랑과 자부심이 느껴진 건 내 기분 탓인지도 모른다. 그나저나 이게 무슨 청천벽력인가. 아니, 필승인지 뭔지 그 녀석 하나만으로도 심란한데 잘되어가는 남자가 또 있다고? 마음을 진정하고 계속 말을 이어나갔다.

"다 큰 따님 소개팅까지 챙기세요? 가족끼리 무척 화목하신가 봐요?"

"내가 사실은 친구 아들을 소개해줬거든요. 그랬더니 그쪽에서 우리 딸애를 이뻐라 하는 것 같더라고요."

갑자기 하늘이 노랗게 보이는 것이 우황청심환이라도 하나 받아먹고 싶은 심정이었다.

"좋으시겠어요. 하긴 저렇게 인상 좋고 아름다우니, 이쁨 받으시겠어요."

"마침 그쪽 아들도 한의사고 해서 도움 받을 것도 많을 것 같아서요. 에구, 이런. 사적인 이야기를 너무 했네."

"아닙니다. 오늘 정말 감사했습니다. 혹시 명함 하나 받을 수 있을까요? 저희 회사가 다이어트 관련되는 프로젝트도 하고 있기도 하고, 또 제 다이어트에 대해서도 여쭤볼 일이 있을지도 모르겠네요. 제가 다이어트 성공하고, 프로젝트가 마무리되면 식사 한 번 대접하겠습니다."

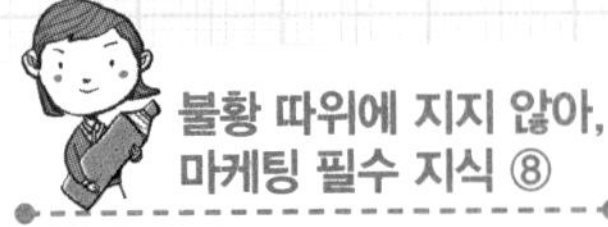

나만의 차별화 포인트 만들기, 경쟁자 분석

'지피지기백전불태知彼知己百戰不殆'라고 했습니다. 즉 상대를 알고 나를 알면 백 번 싸워도 위태롭지 않다는 뜻이죠. 마케팅에서 상대인 경쟁자 분석은 현재 시장에서 점유율을 두고 경쟁하는 라이벌들을 리스트화하고, 이들의 강점과 약점을 종합적으로 파악하는 일입니다.

경쟁자 분석이 중요한 이유는 경쟁자와 맞설 나만의 차별화 포인트를 만들기 위한 중요한 과정이기 때문이죠. 또한 분석을 통해 경쟁상품의 장점은 수렴하고, 경쟁상품이 놓친 부분이 있다면 차별화시켜 내 제품의 포지셔닝 전략을 세우는 데도 중요합니다.

여기서 한 가지 명심해야 할 팁이 있습니다. 경쟁자 분석을 할 때 같은 카테고리의 제품만을 염두에 두는 것은 위험한 발상이라는 점입니다. 고객이 내 상품 대신 구입할 수 있는 다른 카테고리의 상품까지 경쟁대상으로 확장해 사고할 수 있어야 하지요.

제가 존경했던 고故 정재윤 대표님의 대표 저서인 『나이키의 경쟁자는 닌텐도다』처럼요.

누가 우리의 경쟁자인지 선정한 후에는 그 경쟁자들의 목표가 무엇인지, 그리고 그 목표를 달성하기 위해 지금 현재 어떤 전략을 펼치고 있는지, 그들의 강점과 약점은 어떤 것들인지 등을 파악해서 향후 어떤 전략을 펼칠 것인지 예측할 수 있어야 합니다. 그리고 당연히 그 예측치들은 우리의 전략에 반영되어야 합니다.

적을 이길 핵심역량이 있는가?

 **나도전**

내가 마음을 얻고 싶은 유사랑은 역시 만만한 상대가 아니었다. 남자들의 관심도 받을 만큼 받아봤고 지금도 여러 경쟁상품들이 그녀의 선택을 기다리고 있으니.

난 이미 만들어진 상품이다. 상품으로서의 나와 고객으로서의 그녀를 둘러싼 상황이나 환경들을 잘 살펴보면 숨은 기회를 더 많이 포착할 수 있을 것이다. 일이라고 생각하고 무의식적으로 해왔던 마케팅 분석을 사적인 영역에 대입하려니 쉽지만은 않지만 그녀 마음을 얻을 생각을 하면 이보다 설렐 수가 없다. 이제 환경 분석은 끝났으니, 정리를 한번 해볼까?

3C로 정리해보자. 3C란 자사, 경쟁자, 고객을 말한다. 그렇다면 자사는 나도전, 경쟁자는 이름 모를 한의사와 유학 시절의 친구 김필승이 되겠고, 당연히 고객은 유사랑이겠지.

먼저 자사인 나, 나도전의 핵심역량부터 분석해보자. 내가 지금

재정적으로나 외모, 신체적 상황으로 유사랑의 마음을 얻을 수 있는 역량이 있는지, 그리고 다른 경쟁자들에 비해 나의 강점과 단점은 무엇인지를 살펴보는 것이다.

대한민국의 평범한 남아로서 나, 나도전은 딱히 신체상 하자는 없다. 그러나 평범하다는 건 곧 이렇다 할 경쟁력이나 차별점도 없다는 뜻. 그래도 누구보다 사랑 씨를 향한 마음만은 뜨겁다. 또한 우리 회사 마케팅부서는 점점 더 중요성을 인정받고 규모가 확장되는 추세일뿐더러, 나는 팀 내에서도 강한 책임감으로 업무를 잘 추진하고 있다는 평가를 받고 있으므로 향후 몇 년간 밥벌이 위험은 없다. 아직 모아둔 돈은 별로 없지만 부모님께서 노후준비를 철저히 하신 덕분에 나 하나만 잘하면 경제력을 갖추는 데 큰 지장이 없다. 유사랑과 같은 직장에 근무하며 프로젝트를 함께 추진하고 있으므로 업무 관련성은 세 상품 중 가장 높은 편이며 가장 자주 만날 물리적 기회도 주어진다. 잘난 누나 덕에 여자들에게 어떻게 배려해야 하는지를 강제로 배워서 자상하다는 소리도 많이 듣는다. 남들은 내가 유머 감각이 있고 같이 대화하기 편하다고들 말한다. 하지만 직장 생활을 시작한 후 잦은 야근과 회식으로 전형적인 복부비만 체형으로 변했다. 게다가 꾸미는 것에는 별로 관심이 없는 탓에 늘 같은 옷만 입고 다니니, 나이 들어 보인다는 소리를 종종 듣는 편이다.

나에 대한 분석은 이쯤이면 됐고, 다음으로는 사랑 씨 주변에 맴돌고 있는 경쟁자를 분석해봐야겠지!

우선 유력한 경쟁상대 소개팅 남.

어머니들이 좋아할 만한 1등 신랑감 직업인 한의사. 하지만 사랑 씨를 얼마나 좋아하는지는 모르겠다. 그쪽 집안과 상대방이 사랑 씨에게 호감을 가지고 있다는 것만은 알겠다. 학력, 능력, 가정환경, 장래성 등에서 나를 포함한 상품 중 가장 우위의 조건을 갖추고 있다. 바로 그런 조건에 우리의 고객들은 생각보다 쉽게 현혹되고 만다는 것. 그러한 상품속성을 가진 만큼 상품의 가격도 비싸다. 하지만 사랑 씨의 소개팅 남이니만큼 집에서도 호감을 보이고 있는데다가 사랑 씨 또한 그와의 만남을 지속적으로 이어가고 있는 분위기다.

두 번째 경쟁자 김필승, 이른바 데이빗 킴.

경쟁상품 중 가장 파릇파릇한 연식을 자랑하고 있다. 사랑 씨의 페이스북을 보면 아마도 약간 연하일 것으로 보인다. 경제력이야 잘 모르겠지만 페이스북을 통해 살펴본 결과 아르바이트를 하면서 자기 작업을 하는 것 같다. 일단 고정수입이 없으니 경제력은 셋 중 가장 뒤쳐진다고 볼 수 있겠다. 다른 사진을 봐도 유복하게 보이진 않는다. 작업한 디자인으로 상도 몇 번 탄 것으로 봐선 디자이너로 대성할 수도 있겠으나 지금으로서는 불투명하다. 그러나 밝은 외모를 가졌으며 사랑 씨와 같은 분야를 전공해서 가장 대화도 잘 통할 것이다. 미국에 거주하면서도 5년간 사랑 씨와 연략을 지속하고 있는 것으로 볼 때 유통 전략을 뛰어넘어 프로모션에 상당히 공을 들인 듯하다. 무엇보다 언니만 둘 있는 사랑 씨와 가장 많은 접촉을 해서 사랑 씨를 가장 잘 파악하고 있는 인물일 가능성이 높다. 이상하게 신경 쓰이는 놈이다. 마치 불 꺼놓은 방 안을 윙윙 날아다니는 모기처럼.

이번에는 내가 사로잡아야 할 그녀, 즉 고객 유사랑.

예쁜 외모에 당당하고 빈틈없는 업무 스타일 때문에 쉽사리 다가가기 힘든 타입. 자기만의 취향이나 가치관도 확실한 편인 것 같다. 신중을 기해 구매하기 때문에 최근 구매가 이루어지지 않았을 뿐 어떤 상품을 선택하느냐가 관건인 고객이다. 페이스북에 '틀에 박힌 데이트 코스는 신물난다!'라고 적어놓은 것으로 보아, 근래의 데이트에서 별 감흥 없었다는 것으로 여겨진다. 카트에는 여러 물건을 담아놓는다 하더라도, 그것을 전부 구매하지는 않는 성격으로 보인다. 이미 다양한 상품의 구매경험을 거쳐 쉽게 충동구매할 확률이 적은, 신중하고 까다로운 고객이다. 과거 구매패턴과 환경 분석에 의하면 경제력과 외형이 뛰어난 상품을 선호한다.

자, 이 정도면 정말 장족의 발전인데? 이제 세부전략과 액션 플랜Action Plan이 필요하겠군! 이론으로만 배울 땐 이런 프로세스가 참 이해하기 어려웠는데 연애와 비교하니 이해가 더 잘되는 것 같다. 학창 시절 교수님들이 이렇게 강의하셨더라면 마케팅 이론으로 대학교 때도 끝내주는 연애를 할 수 있었을 텐데 아쉽군!

유사랑

가을에 접어드니 주말에도 쉴 틈이 없다. 친구들 결혼식에 참석하느라 주말을 헌납하고 있다. 통계로는 평균 초혼연령도 안 되는데, 역시 앞에 3자가 붙는 건 느낌이 다른 모양인지 올 가을에 유독 청첩장이 많이 날아든다. 오랜 연애 끝에 결혼하는 대학동창 주희의 결혼식은 동창들 사이에서도 화제를 모았기에 기대 반 호기심 반으로 식장에 들어섰다.

"신랑은 뭐하는 사람이야?"

"시민단체 간사라던데?"

주례가 진행되는 동안 여기저기서 수군대는 소리가 들린다.

"어머, 주희 고생 좀 하겠네."

"둘이 5년 넘게 사귀었으니…, 주희 정도면 더 골라 갈 수도 있었을 텐데 난 좀 아쉽더라. 뭐 그래도 주희라도 벌이가 괜찮으니 둘이 알아서 하겠지."

"그래도 남자가 걔를 그렇게 끔찍하게 아껴준다는데? 사랑한다니 됐지 뭐."

"얘는, 불타는 스무 살도 아니고 우리 나이가 서른인데 사랑 하나만 바라보고 손가락 빨며 살 일 있니?"

동창들은 수군거렸지만 사랑이 가득한 눈으로 서로를 바라보며 성혼선언문을 낭독하는 두 사람은 더없이 행복해 보였다. 정말…… 사랑이란 뭘까?

"참, 사랑이 너 요즘 만나는 사람 있다면서?"

지겨운 주례시간을 수다로 때우려는 동창들에게 나는 한마디 날렸다.

"쉿!"

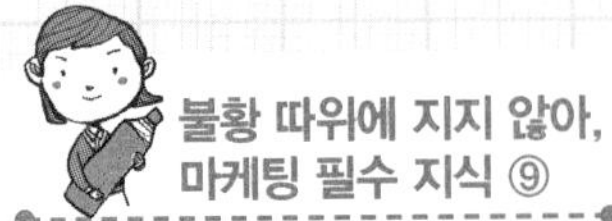

내부가 강해야 산다, 자사 분석

자, 이제 인풋의 마지막! 자사 분석입니다.

자사에 대한 분석은 이미 파악해놓은 경쟁기업의 강점과 약점, 시장의 니즈와 원츠, 매력도 등을 자사의 강점, 약점에 견주어 현재의 경쟁상황에서 자사의 위치를 평가하는 것입니다. 즉 기업이 가지고 있는 인적, 물적 자원과 보유하고 있는 핵심역량을 파악하는 일입니다. 따라서 자사를 둘러싼 환경에서 자사의 성과수준, 강점과 약점, 그리고 위협요인이나 제약조건들을 파악해나가는 자기통찰의 과정으로 성과 분석, 조직의 강약점, 조직의 특성, 과거와 현재의 전략, 자사의 전략적 문제점 등을 파악해야 합니다.

마케팅 전략을 수립하기 위해 자사의 보유 자원을 활용함과 동시에 경쟁사의 보유 자원, 고객의 니즈와 원츠 등을 통합적으로 볼 수 있어야 합니다. 이는 궁극적으로 자사가 가장 효율적인 전략을 선택하는 데 기본적인 근거를 제공할 것입니다.

자, 이렇게 3C까지 모두 정리가 되었습니다. 그렇다면 이렇게 준비된 3C 분석의 결과들이 어떤 과정을 통해 아웃풋 전략으로 연결될까요?

분석 결과를 한눈에 정리하라, SWOT 분석

나도전

지금까지 조사한 결과를 바탕으로 유사랑이라는 고객의 구매 니즈를 한눈에 파악할 수 있도록 경쟁 분석 매트릭스로 만들어봤다.

경쟁요소 / 경쟁자	배려	유머감각	편안함	업무연관성	장래성	학벌	경제력	독립심	취미	집안환경	외모(키)	스타일
한의사					■	■	■			■	■	■
김필승	■	■	■								■	■
나도전(나)	■	■	■	■				■				
유사랑의 이상형	■	■	■		■		■		■		■	■
주요개선사항(나)					▒		▒		▒		▒	▒

막연하게 생각했던 나라는 상품은 개선해야 할 사항이 한둘이 아니다.

그럼 슬슬 SWOT 분석을 통해 환경 분석 결과를 정리해볼까?

내부환경 / 외부환경	강점 Strength 1. 사교적이고 자상한 성격 2. 유머감각 3. 강한 독립심	약점 Weakness 1. 평범한 회사원 2. 소심한 성격 3. 세련되지 못한 몸매와 스타일
기회 Opportunity 1. 같은 직장 근무(선배) 2. 같은 프로젝트 수행 중 3. 현재 애인 없음	[SO전략] 우선수행과제 1. 자상한 직장선배로 포지셔닝한다. 2. 프로젝트를 통해 유머감각을 발휘, 유사랑과 즐거운 추억을 만들며 친해진다.	[WO전략] 우선보완과제 1. 경영학 전공을 살려 업무 전문성을 부각시킨다. 2. 적극적인 전략수립과 실행을 통해 소심해 보이는 성격을 보완한다. 3. 살을 빼고 스타일을 보강한다.
위협 Threat 1. 경쟁자가 많음 2. 유사랑의 가족이 한의사에 대한 호감도가 높음	[TS전략] 리스크해결과제 1. 경쟁자보다 유사랑에게 어필할 수 있는 요인을 찾아내 좋은 위치에 포지셔닝한다. 2. 가족에게도 자상함을 보여줄 수 있는 기회를 만든다.	[TW전략] 장기보완과제 1. 대학원 진학 등 자체 경쟁력을 키운다. 2. 유사랑의 가족들과도 적극적으로 유대관계를 넓혀간다.

산 너머 산이군. 경쟁 분석 매트릭스와 SWOT 분석을 통해 정리한 결과, 유사랑이 중요하다고 생각하는 여러 요인들 중 나, 나도전이 경쟁상품보다 나은 점은 업무연관성과 독립심이고, 유사랑이 중요하다고 생각하는 항목 중 현재 내가 보완해야 할 부분은 장래성, 경제력, 취미, 외모, 스타일임을 알 수 있다. 또한 현재 나라는 상품이 가장 중점적으로 노력해야 할 부분을 SO전략우선수행과제과 WO전략우선보완과제으로 추출해볼 수 있다.

유사랑에 대한 내 마음은 진심이다. 이제껏 이렇게 연애에 공을

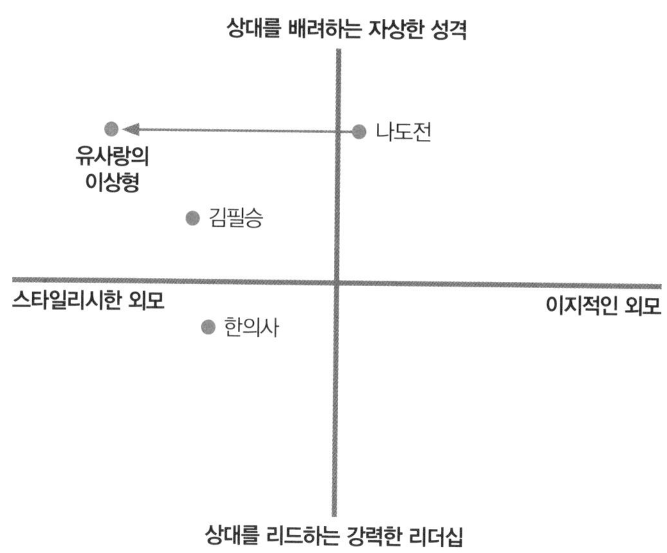

들인 적이 없었다. 하지만 어디까지나 그건 내 사정일 뿐이다. 한다고 하고 있지만 과연 지금 그녀에게 나는 어떤 사람으로 포지셔닝이 되어 있을지 포지셔닝 맵을 그려서 예상해봐야겠다.

헉! 성격과 외모를 두 축으로 한 2차원 포지셔닝 맵을 그려보니 나는 그녀의 이상형과 아주 거리가 멀다. 여기에 경제력이라는 또 하나의 축을 그려 3차원으로 포지셔닝 맵을 그려본다 해도 마찬가지다. 그녀에게 난 애인은 고사하고 설레는 남자의 느낌도 주지 못하고 있다. 어떻게 하면 그녀에게 남자로 다가갈 수 있을까?

아무래도 경쟁상품이 많은 상황에서 고객을 모든 측면에서 만족시키는 건 불가능하다. 경쟁 분석 매트릭스와 SWOT 분석 결과를 보면 내 경쟁력은 성격에서 찾을 수 있고 내가 가장 보완해야 할 사항은 외모와 스타일이겠지. 그렇게 바꾼다면 나라는 상품의 콘셉트는 배려가 많은 스타일리시한 남자 정도가 되지 않을까? 오케이. 이제 이 콘셉트를 어필할 수 있는 세부실행전략, 4P믹스가 필요하다.

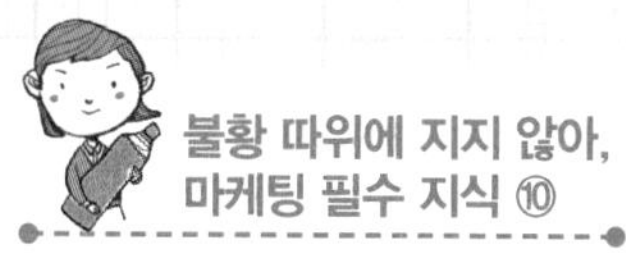

최적의 마케팅 전략을 수립하자, SWOT 분석과 STP 전략

마케터라면 누구나 한 번쯤은 작성해보았을 SWOT 분석, 과연 제대로 하고 있었을까요? SWOT 분석은 환경 분석을 통해 찾아낸 기업의 강점과 약점, 외부환경의 기회와 위협 요인을 토대로 최적의 마케팅 전략을 수립하는 방법입니다. 즉 기업의 목표를 달성하기 위해 앞서 살펴본 요인을 토대로 강점을 살리고 약점은 최소화시키고 기회는 최대한 활용하면서 위협은 피할 수 있는 전략을 수립하는 것이죠.

이 부분은 앞에서 나도전이 잘 만들어 정리했으니 참고해보세요. 우리는 이제 3C와 연결되는 STP 전략에 대해 살펴보겠습니다.

마케팅에서 고객을 찾아가는 방법을 말하는 STP는, 내가 목표로 하는 고객이 누구인지 찾아내고 상품을 어떻게 고객의 인식 속에 자리매김할 것인가에 대한 전략을 수립하는 필수과정입니다.

- 시장세분화Segmentation: 전체 시장을 다수의 세분시장으로 분류
- 타겟팅Targeting: 몇 개의 세분시장 중 자사의 역량과 경쟁을 고려해 공략해야 할 표적시장을 선정

- 포지셔닝Positioning: 제품의 속성, 마케팅 믹스를 활용해 자사 제품을 고객의 인식 속에 심어주는 것

전체시장을 세분화하는 이유는 최소의 마케팅 비용으로 최대의 효과를 달성하기 위해 선택과 집중을 해야 하기 때문입니다. 따라서 매우 객관적이고 합리적인 기준으로 시장을 세분해야 합니다. 잘못된 시장세분화로 인해 기업의 자원을 낭비하는 일이 없어야 하겠지요?

세분화된 시장 중에서 표적시장을 찾을 때에는 그 세분시장이 적절한 시장규모를 가지고 있는지, 적정수준의 시장성장률을 보이고 있는지 제품수명주기에서 어디에 위치하고 있는지 등 다양한 기준으로 여러 세분시장을 평가해야 합니다.

우리가 공략해야 할 표적시장이 선정되었다면 우리의 제품이 경쟁사의 제품과 다르게 인식되도록 마케팅 믹스를 사용해 고객의 마음속에 제품의 정확한 위치를 잡아주는 과정이 바로 포지셔닝입니다.

고객의 인식 속에 자사의 제품이 경쟁제품과 대비해 차지하고 있는 상대적인 위치를 알려주는 포지셔닝 맵은 고객의 인식 속에 있는 자사 상품과 경쟁상품의 위치를 2차원 혹은 3차원의 공간에 작성한 지도입니다. 이 맵의 축으로 사용되는 지표는 고객이 상품을 선택할 때 기준이 되는 중요한 요소들입니다.

이제 조금씩 복잡해지나요?

어렵지 않습니다. 지금까지의 이야기를 그림으로 정리해보면 다음과 같습니다.

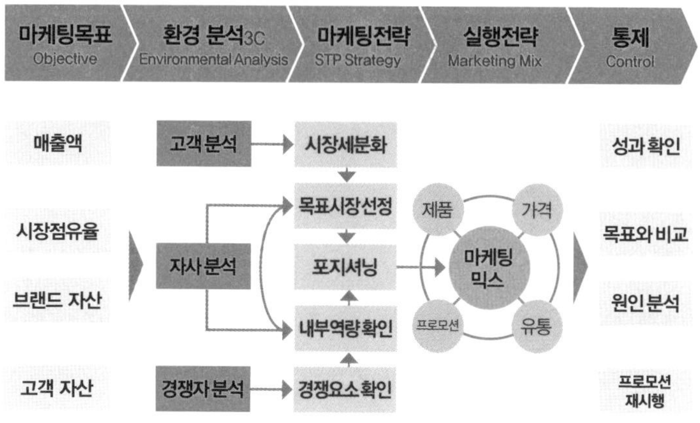

오래 걸을수록 발에 꼭 맞는 신발처럼

유사랑

여럿이 떠들썩하게 구경하는 쇼핑도 그 나름대로의 즐거움이 있지만 혼자서 하는 쇼핑은 분위기에 휩쓸리지 않고 정말로 내가 원하는 상품을 선택할 수 있어서 즐겁다.

요 몇 달간은 도저히 여유가 나질 않았다. 하지만 지금 하고 있는 프로젝트가 끝날 때까지는 더욱 바빠질 테니까, 미리 내게 필요한 물건만 효율적으로 구입하기 위해 홀로 쇼핑을 나왔다. 오늘의 쇼핑 아이템은 내게 가장 큰 즐거움을 주는 구두.

구두를 고를 땐 남자를 고르는 것처럼 항상 긴장해야 한다. 구두는 내가 선택하는 게 아니다. 구두가 진열대에서 나를 끌어들이곤 한다. 구두를 고르는 건 머리가 아니다. 마음이다. 때로 구두를 잘못 선택하기도 한다. 좋지 못할 것을 알면서도 마음이 가버려서 남자를 잘못 고르는 것처럼.

대학 때부터 다양한 구두를 즐겨 신어온 나는 이제 내 발에 맞는 구두의 조건을 안다. 「섹스 앤 더 시티」 주인공들이 즐겨 신는 스틸레토 힐은 멋지게 보이지만 내게는 맞지 않는다. 구두는 내게 어쩌다 파티에서만 걸치는 장식품이 아니라 일상을 같이하는 동반자다. 적당한 긴장감과 불편함을 주는 구두는 내 생활을 긴장시키는 역할을 한다. 하지만 멋만을 위해 발을 만신창이로 만들거나, 조금만 걸어도 걷기가 불편한 장식품을 동반자인 신발로 선택할 수는 없다. 그렇다고 한없이 편하기만 한 신발은 내 스타일과 생활을 늘어지게 만들고 걷는 품새를 망가뜨린다.

"아주 잘 맞으시는데요. 손님께는 이런 악어가죽 패턴의 검정 하이힐도 잘 어울리고 저 하늘색 플랫슈즈도 잘 맞으시네요."

매장 직원은 하나라도 더 팔겠다는 의지로 내게 이것저것 권했지만 유혹에 넘어가지 않았다. 악어가죽 패턴의 검정 하이힐은 너무 화려했고, 평소에 신기엔 굽이 너무 높았다. 하늘색 플랫슈즈는 얼핏 보면 편해 보이지만 오래 걸을수록 다리를 더 피로하게 만든다. 결국 후보로 선정된 네다섯 켤레의 구두 중 심플한 디자인의 메리제인 슈즈로 결정했다. 메리제인 슈즈처럼 발등의 끈으로 단단하게 발을 잡아주는 슈즈는 아무리 바쁘게 돌아다녀도 벗겨지는 일 없이 내 발과 밀착될 것이다. 결제도 그동안 모아두었던 상품권 액수를 넘지 않았다. 맘에 드는 구두를 만나는 기분은 새로 연애하는 상대를 만난 것처럼 두근거린다.

구두는 제대로 골랐고, 이제 내가 힘들고 바쁘더라도 믿음직하게 잡아줄 수 있는 남자 하나만 고르면 될 텐데…….

나도전

바꾸어야 할 것이 한두 개가 아니라는 것은 깨달았지만 한꺼번에 너무 많은 욕심을 부리면 꼭 탈이 나게 마련이다. 우선 당장 무엇으로 승부할 수 있는지를 생각해보았다.

첫째, 한의사의 경제적인 능력만큼 내 경제력을 키우는 것. 경제적인 능력을 갑자기 키우는 것은 불가능하다. 우리 회사는 연봉 수준이 높은 만큼, 안정적인 소득은 유지할 수 있다. 이를 지나치게 공격적이지 않고 안정적으로 잘 운용한다면 경제적으로 힘든 생활을 하진 않을 것이다. 하지만 잘나가는 한의사의 수입만큼 벌기는 힘들 것이다.

둘째, 김필승처럼 예술적인 분야로 대화를 할 수 있게 만드는 것. 하지만 잘 모르는 미술이라든가 뮤지컬, 연극에 대한 지식을 풍부하게 쌓아서 사랑 씨에게 어필하려면 시간이 필요하다. 전문적으로 알고 있는 사람에게 어설프게 아는 척하는 것은 오히려 호감을 얻기보다는 역효과를 일으킬 수 있다.

그렇다면 나의 장점인 배려와 편안함을 보여주어야 하는데, 그러기 위해서는 먼저 어느 정도의 친분 관계를 쌓아야 한다. 그리고 상대가 나에게 호감을 갖도록 만들기 위해서는 단정하고 깔끔한 외모를 갖출 필요가 있다. 지금의 나는 내가 봐도 여자에게 호감을 주기는 힘들 것 같다. 가려지지 않는 뱃살, 동네 미용실에서 앉으면 묻지도 않고 잘라주는 머리, 아침에 아무 생각 없이 손에 집히는 대로 입는 체크무늬 남방과 단이 너덜너덜한 청바지. 이젠 바뀔 때다. 나를 위해, 그녀를 위해.

백화점의 퍼스널 쇼퍼와 잡은 약속시간에 맞춰 집을 나섰다. 물론 미리 내 체형과 직업, 사이즈도 일러두고 혹시나 너무 초라해 보일까 봐 안 입던 양복까지 입고 집을 나섰다.

"고객님은 그동안 너무 딱딱하고 재미없는 정장만 입어 오신 건 아닌가 싶어요. 지금 입고 계신 흰 셔츠도 좋지만, 블루 톤의 셔츠를 골라봤어요. 온화한 인상을 주기 위해서는 작은 패턴의 넥타이를 매는 게 좋고요. 이건 미팅이나 프레젠테이션하실 때 입으시고, 오늘은 부드러운 면바지와 작은 체크무늬 셔츠, 멋스럽게 걸쳐 입으실 수 있는 면 재킷을 추천해 드리고 싶네요."

백화점에 도착하자 쇼퍼는 미리 골라둔 상품을 보여주었다. 옷을 갈아입고 거울 앞에 서니 내 모습이 썩 그럴듯해 보였다. 그렇다고 통통한 체형이 늘씬해지는 것은 아니지만.

옷은 유행을 탄다는 쇼퍼의 만류에도 불구하고 나한테 맞는 옷이 아닌 작은 치수로 셔츠와 바지 등을 장만했다. 옷에 이런 거액을 들이다니! 계산을 하는 손이 떨렸지만 이 정도 투자는 해야 하지 않겠는가. 이제 가장 빠른 시간 내에 이 사이즈의 옷에 몸을 맞추는 게 목표다!

유사랑

'저기 저거 나도전 씨 아냐?'

방금 산 구두를 들고 내려오다 옆 에스컬레이터를 무심히 쳐다보고 있었다. 그러다 나도 모르게 시선이 돌아갔다. 방금 지나친 사람은 분명히 마케팅팀의 나도전 씨다. 순간적으로 마음이 덜컹하는 느낌이었다. 요새 안 그래도 나도전 씨의 왠지 모를 시선이 불편한데, 혹시 내가 여기 오는 거 알고 따라온 건 아니겠지? 하지만 전혀 이쪽을 바라보지 않는 걸로 봐서는 그건 아닌 것 같다. 내가 신경이 너무 예민한 탓이겠지.

근데 웬 정장? 평상복 출근이 일상화된 우리 회사에서는 특별한 행사가 있거나, 직원들 경조사가 있을 때를 제외하고는 남자 직원들 양복 차림을 볼 일이 거의 없었다. 무슨 중요한 약속이라도 있나보지. 여기 식당가에서 선이라도 보나?

어쨌든 나와는 상관없는 일이다. 회사에서 마주치는 것도 불편한데 하필이면 쉬는 날에도 마주치다니. 에휴, 이런 기분은 수다라도 떨어서 날려버려야지.

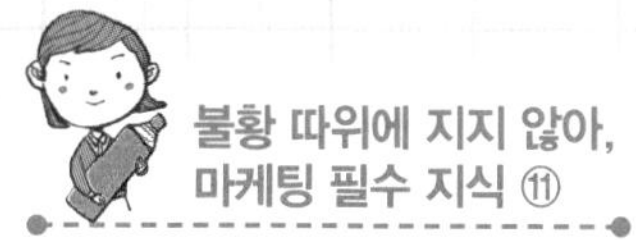

마케팅에 있어 분석이란?

자, 이제 그동안 배운 내용에 대해서 다시 한 번 정리해보겠습니다.

환경 분석은 크게 거시환경 분석과 미시환경 분석으로 나뉘는데 거시환경은 마케터가 통제할 수 없는 환경으로 시장진입 가능성을 판가름하기 위해 미시환경보다 먼저 분석합니다.

거시환경을 잘 분석하면 기업에 큰 영향을 미칠 위협요소를 미리 파악해낼 수 있고, 시장에서 새로운 기회를 찾을 수도 있습니다.

나도전이 유사랑의 자기소개와 페이스북 등을 통해 얻은 정보

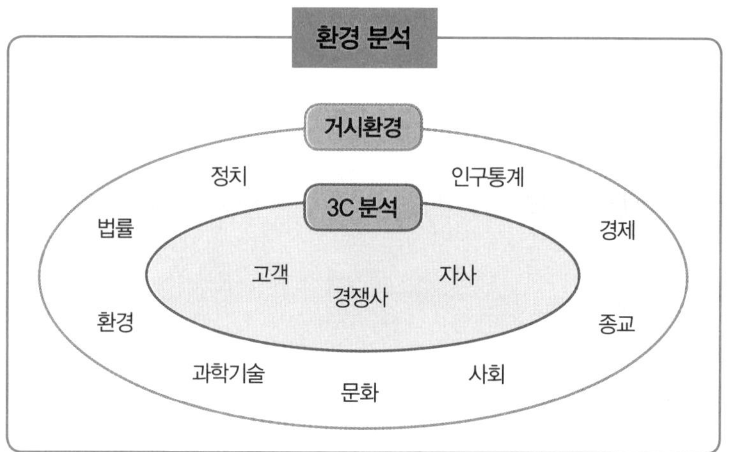

인 인구통계적 환경가족관계, 종교적 환경기독교, 경제적 환경한의사 집안, 경제적 어려움 없는 유학 생활, 사회문화적 환경취미활동, 여가, 정치적-법적 환경미혼의 대부분은 거시환경에 속한다고 볼 수 있습니다.

미시환경 분석은 3C로 표현되는 고객, 경쟁사, 자사를 분석하는 것으로, 시장진입전략에 대한 밑그림을 그리는 작업입니다.

나도전은 고객 분석을 통해 유사랑의 학력, 연애경력, 동아리활동, 선호하는 남성상, 좋아하는 음식, 취향, 활동경로 등에 대한 정보를 얻었습니다. 또한 경쟁자 분석 결과 나도전이라는 상품은 경쟁상품보다 유사랑과 업무연관성이 높고 독립심이 강하며, 장래

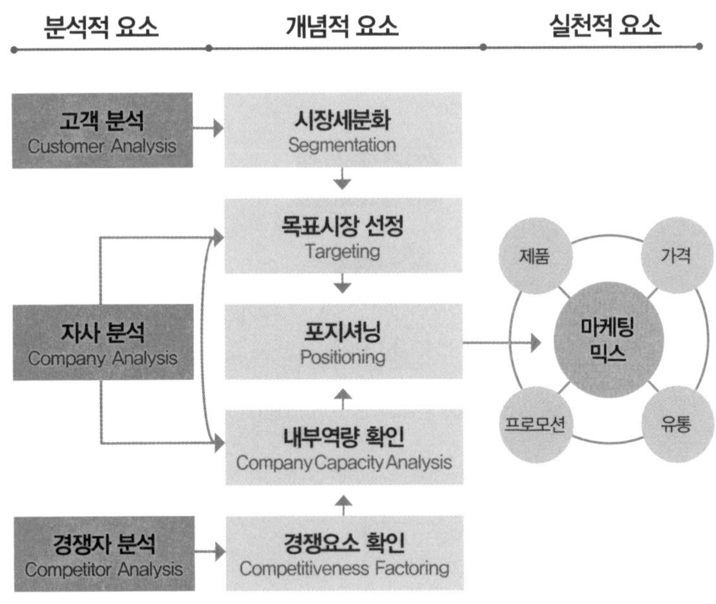

성, 경제력, 취미, 외모, 스타일 등을 보완해야 한다는 사실을 알게 되었죠.

나도전은 호감을 느끼는 유사랑을 목표고객으로 선정해 전체 시장을 여러 고객군으로 나누는 시장세분화와 표적시장 선정은 간략히 한 채, 포지셔닝 단계로 바로 넘어 갔지만 앞서 STP에 대해 설명한 것처럼 마케팅에서는 아래와 같이 4P믹스까지 연결됩니다.

만약 나도전이 유사랑을 목표고객으로 하지 않고 결혼정보회사에 목표고객을 의뢰했다면, 결혼정보회사는 회원여성들을 연령대, 직업, 거주지역 등의 세부기준으로 분류한 다음 분류된 세분시장 중에서 그에게 가장 잘 어울릴 하나 또는 여러 개의 목표고객군을 선정할 것입니다.

포지셔닝은 여러 세분시장 중에서 가장 매력도가 높은 시장을 선정한 후 상품을 고객의 인식 속에 원하는 방향으로 자리매김하는 작업입니다. 즉 나도전이 유사랑에게 가장 효과적으로 어필할 수 있는 콘셉트를 잡는 것으로, 상품을 어떻게 포지셔닝할 것인가에 따라 상품개발 및 수정, 디자인, 가격, 유통, 광고, 판매촉진 등의 모든 마케팅 활동이 달라지므로 아주 중요한 부분입니다.

MARKE

3장

저절로 떠오르게 만들어라

고객도 모르는 고객의 마음을 읽는 기술

목표달성에 두 발짝 가까이 가는 실행전략 4P믹스

유사랑

"그만한 남자도 없을 거 같은데 뭐가 문젠데? 조건도 좋고, 심지어 외모도 두근거릴 만큼 괜찮다며."

송정도 씨를 몇 번이나 만나도 도저히 어딘가 마음이 끌리지가 않는다는 말에 미선이가 한마디 한다.

"솔직히 나도 선 몇 번 나가봤지만, 일하다 나이든 사람들이다 보니 매너도 없고 취향도 촌스러운 사람들이 많더라. 근데 엄청나게 세련되고 매너도 좋다면서? 무엇보다 너한테 관심 있고 잘해주면 그걸로 된 거 아냐?"

물론 그가 무척 매너 좋고 내 의견을 존중하는 사람이긴 하다. 하지만 그간 몇 번의 만남으로 짐작하건데 그는 뭐든 내 편에서 내 투정을 받아줄 만한 사람은 절대 아니다. 그를 만나기 전부터 뭔가 실수하면 어떻게 하나 싶어서 조심하게 되고, 대화를 할 때면 긴장하고 말을 고르게 된다. 자고로 여자든 남자든 결혼 상대자로는 언제나 자기편이 되어줄 수 있는 사람을 만나야 한다고 하던데…….

"뭐랄까, 그 사람한테선 굳이 내가 아니어도 될 것 같은 느낌이 들어. 지금 곁에 있으니까 잘해주고 만나지만, 또 다른 사람이 와도 그냥 똑같이 대할 거 같아. 만날 사람이 필요하고 결혼이 하고 싶은 거 같아. 그런데 꼭 그게 내가 아니어도 되는 거."

대학 초반에는 뭣 모르고 '여자는 자기를 좋아해주는 남자를 만나는 게 좋다'는 말에 내 감정과 상관없이 나 좋다고 하는 남자와 연애를 했다. 그러나 감정적으로 끌렸던 것도 아니고, 군대 문제도 있어서 어린 시절 한두 번의 연애는 그리 길게 가지 못하고 흐지부지 끝나버렸다.

그렇게 두 남자를 보내고 만난 남자는 옆 학교 국문학과 학생이었다. 정말 잘생긴 남자 만나보는 게 소원이라는 진담 반 농담 반의 내 말에 친구가 소개팅을 주선해주었다. 나중에 안 사실이지만, 그는 근방 학교에서 유명한 바람둥이였다. 매너 좋고, 잘 생기고, 체격도 훤칠했고, 말도 재밌게 잘했다. 소개팅 후 자연스레 우리는 사귀는 사이가 되었고, 두 달이 되어갈 때쯤 그가 양다리를 걸치고 있다는 걸 알았다. 당시 비참한 결말은 다시 떠올리기도 싫은 트라우마로 남았다. 처음으로 남자 때문에 자존심이 상했던 순간이었다. 무엇보다 화가 난 건 그가 정말 내가 좋아서 사귄 게 아니라 그에게 난 바람피우는 많은 여자 중 하나였을 뿐이라는 사실이었다. 사실 그에 대한 배신감보다도 내 선택이 잘못됐다는 걸 인정하기가 힘들었다.

그런데 송정도에게서도 비슷한 느낌을 받았다. 그렇다고 그가 바람둥이라는 건 아니다. 단지 그는 내가 조금이라도 쏘아붙이거나 홧김에 헤어지자는 말을 꺼내기라도 하면, 뒤도 안 돌아보고 떠날 사람 같다. 내가 중요한 사람 중 한 명일 수는 있지만 절대적으로 소중한 존재는 될 수 없을 것 같다. 이런 느낌을 어떻게 말로 설명할 수 있을까?

"이성적으로 생각해. 이제 아무하고나 연애할 수 없잖아. 그쪽이 너를 어쨌든 마음에 들어 하는 거지. 네가 매달리고 있는 것도 아니고 말이야. 그냥 니가 예민한 걸 수도 있잖아?"

미선이 말대로 나 혼자 지레 짐작하고 있는 것인지도 모른다. 하지만 조건의 후광에 가려진 성격과 가치관들이 나와 맞지 않으면 어떡하지?

나도전

그럼 본격적으로 실행전략, 4P믹스를 짜볼까?

첫 번째 P, 상품Product.

마케팅에서 말하는 상품은 '고객에게 제공되는 편익의 뭉치' 정도 된다. 그렇다면 고객인 유사랑에게 나 나도전은 어떤 편익의 뭉치를 제공할 수 있을까? 일단 상품은 핵심상품상품 본연의 기능과 기대상품브랜드 명, 포장, 품질, 스타일, 상품의 기타 특징 등, 확장상품애프터서비스, 품질보증, 설치, 배달 등으로 구분된다.

나라는 상품의 외형은 이제까지 중간은 갈 정도라고 신경 쓰지 않고 살아왔지만 유사랑 주변의 경쟁자들과 비교하면 부족하다. 부모님께 물려받은 부분은 어쩔 수 없지만, 우선 운동과 다이어트로 복부비만부터 해결하도록 하자. 이러한 상품 개선의 목표를 이루기 위해서는 적어도 일주일에 세 번 30분 이상 운동하고, 어쩔 수 없는 자리를 제외하고는 술은 끊는다는 계획을 세워 실행에 옮겨야겠다.

상품의 패키지, 즉 포장과 관련된 옷 입는 센스는 우선은 살을 빼서 상품을 업그레이드한 다음에 실행해야지. 이 뱃살을 다 빼면 쇼퍼가 골라준 옷을 입을 거다. 그때까지 패션에 대해 공부라도 하자. 현우처럼 유니크한 패션 감각은 쉽게 얻어지지 않는다. 무난하면서도 내 단점을 가려주는 옷차림에 대해 잡지라도 좀 봐가면서 공부를 해야겠다.

또한 나도전이라는 상품은 객관적으로 말하자면 서울 소재 사립대학의 경영학과를 졸업하고 웹과 애플리케이션 상품을 다루는 IT 업체의 마케팅팀에서 근무하고 있다. 우리 회사가 관련업계에서는 가장 크지만, 일반 사람은 이름만 딱 듣고는 모를 수 있으니 내세울 만한 점이라고 볼 수는 없다. 그래도 이번 프로젝트를 사랑 씨와 함께 진행하기로 했으니 업무지식에 대한 편익은 제공할 수 있겠다. 특히 그녀는 요즘 업무 스트레스를 받고 있는 걸로 보이니 시기적으로 내게 좋은 기회일 수 있다. 우선은 편하고 능력 있는 회사선배의 이미지로 천천히 접근하는 것이 중요하다.

재테크에 대한 부분은 심각하게 고려해봐야 할 문제다. 아직 경제적 독립을 이루지 못한 나로서는 난감하기 이를 데 없지만 얼마 전 주식으로 날린 돈 때문에 어머니께 박탈당한 경제권부터 찾아오도록 하자. 우리 회사가 업계 중에서는 상당히 많은 연봉을 준다는 건 같은 회사에 근무하니 잘 알고 있을 테고, 착실하고 안정적인 재테크를 통해 건설적인 미래를 준비하고 있는 모습을 보여줘야겠다. 품질은 대한민국 병장 만기 제대로, 신체 건강을 국가로부터 보장 받았으므로 패스!

두 번째 P, 유통Place.

유통이란 고객이 필요한 시간과 장소에 상품을 공급하는 것을 말한다. 유통의 궁극적인 목적은 상품이 고객과 만나는 것이므로 구매의사가 있는 고객이 상품을 구매하고자 할 때 시간이나 공간의 제약을 받아서는 절대 안 된다. 따라서 가장 적절한 유통경로를 찾아내고 그 유통경로에 맞는 상품을 계획적으로 공급해야만 성공적인 판매를 할 수 있다. 그렇다면 상품 나도전이 고객 유사랑이 필요로 할 때 언제든지 공급될 수 있도록 하려면 어떻게 해야 할까? 먼저 내가 활용할 수 있는 유통경로부터 찾아보자.

휴대전화, 사무실전화, 이메일, 메신저, SNS……. 이런 경로들은 비교적 접근이 쉬운 개방적 유통경로이므로 모두 활용하도록 하자. 그리고 어디서나 무슨 일이 생기면 나를 떠올릴 수 있도록 내 업무일정을 인트라넷 일정관리에 입력해야 하겠다. 페이스북에서 친구 맺기를 하면 좋을 텐데, 개인페이지라 회사 사람들에게도 알리지 않은 것 같으니 그건 가능하면 따로 물어보도록 하고 일단 프로젝트팀 단체 대화방이라도 만들어서 자연스럽게 이야기할 수 있는 기회를 만들어야겠다.

아침에는 사랑 씨가 요가를 배운다는 피트니스 센터에서 건강도 다지면서 마주칠 기회를 엿보도록 하자. 매일 아침 운동을 하고 사랑 씨와 간단한 아침식사라도 함께할 수 있다면, 나라는 상품을 제한적으로 이용하는 것이므로 배타적 유통경로가 되겠다. 사랑 씨도 식도락 취미가 있는 것 같으니 회사 내에서 마음 맞는 사람들의 식도락 모임을 만들어서 가입을 유도해야지. 모임 이름은 식신탐험대가 어떨까? 내 편이 돼줄 수 있는 사람들을 잘 포섭해서 분위기를 조성할 수 있으면 금상첨화다. 사람은 밥 정이 반이라고 했다. 매일 그녀와 함께 점심을 먹을 수 있다면? 생각만 해도 설렌다.

세 번째 P, 가격Price.

가격은 상품이나 그것에 따른 효용이나 가치에 대해 지불하는 대가이다. 이것은 상품보다는 고객에게 해당되는 것으로 특정 상품을 가지기 위해 지불하는 고객의 시간과 돈을 뜻한다. 내 입장에서 본다면 고객 유사랑이 다른 활동들을 포기하고 상품 나도전에게 기꺼이 지불하는 시간 정도가 되겠다. 그렇다면 나는 유사랑에게 그 정도의 가치가 있는 인물일까? 일단 시작도 안 한 단계니 가격진입장벽을 조금 낮춰서 사랑 씨의 시간과 돈을 너무 많이 빼앗지 않는 한도 내에서 특별한 데이트로 호감을 사는 방향으로 접근하는 게 좋겠다.

유사랑은 겉으로는 꾸미기 좋아하고 화려한 것을 좋아하는 것처럼 보인다. 하지만 페이스북에서 본 맛집 사진 등으로 미루어보면 실제로는 실용적인 것을 좋아하고 비싼 물건보다는 합리적인 소비 생활을 하는 것 같으니, 내가 가격대비 성능이 뛰어나다는 사실을 어필할 필요가 있겠지.

네 번째 P, 프로모션Promotion.

프로모션은 상품 나도전에게 가장 중요한 항목이 아닌가 싶다. 어떤 전략을 써야 고객인 유사랑에게 어필할 수 있을까? 프로모션 전략에는 푸쉬Push 전략과 풀Pull 전략이 있다. 푸쉬 전략은 적극적으로 고객에게 상품을 소구하는 방법이고, 풀 전략은 고객을 상품으로 끌어들이는 전략이다. 나의 푸쉬 전략으로는 유통경로마다 내 측근들을 심어두어 나에 대한 긍정적인 이미지를 만드는 방법이 있겠다. 풀 전략으로는 내가 이번 다이어트 애플리케이션 개발에 있어서 필요한 자료들을 많이 가지고 있고 마케팅 트렌드를 잘 알고 있다는 사실을 주변에 적극적으로 알려서, 사랑 씨가 업무 때문에 먼저 내게 접근할 수 있도록 하는 게 좋겠다. 그리고 이번 애플리케이션 개발 프로젝트를 빌미로 디자인팀과의 미팅을 자주 주선해야겠어. 이런, 몸이 열 개라도 모자라겠군. 하지만 이 모든 것은 반드시 사랑 씨와의 관계뿐만 아니라 자기계발에도 도움이 되는 사항이므로 적극적으로 실행해야겠다.

자, 그럼 이렇게 얼추 마케팅 연애 프로젝트의 1차 전략이 정리됐다. 체계적인 실행을 위해 스케줄 맵을 짜볼까?

우선 그녀에게 나를 상품으로 인식시키는 게 중요해. 차라리 신선한 신제품이면 모르겠는데 그동안 사랑 씨에게 나, 나도전은 이미 고정관념이 생겼을 수 있어. 뒤에서 바라보기만 하고 제대로 인사 한 번 못했으니……. 지금까지 분석한 결과와 수립한 전략을 통해 나를 체계적으로 긍정적인 이미지로 노출시켜야 해.

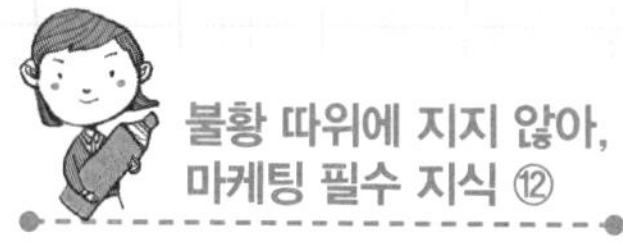

마케팅 믹스별 세부전략

환경 분석을 토대로 STP 작업을 마무리한 후에는 각 마케팅 믹스별 세부전략을 수립해야 합니다.

마케팅은 경쟁상대가 존재하는 일종의 게임입니다. 다양한 경쟁상황에서 승리하기 위해서는 적절한 마케팅 믹스를 구성하는 일이 중요한데, 마케팅 효과를 극대화하기 위해 제품, 가격, 유통, 프로모션 등 마케팅 활동에서 사용되는 구성요소들을 전체적으로 균형이 잘 맞도록 조정하고 구성해야 합니다.

물론 환경이 수요자 시장으로 변화해가면서 4P외에도 4C나 7P 등의 방법론을 사용하기 시작했지만, 모두 4P를 기본으로 하기에

마케팅 4P믹스

제품
- 품질
- 디자인
- 브랜드
- 패키지
- 고객서비스
- 보증기간

가격
- 표시가격
- 가격할인
- 거래조건
- 지불기간

유통
- 유통경로
- 시장포괄범위
- 상품구색
- 서비스 수준
- 수송 방법

프로모션
- 광고
- 인적판매
- 판매촉진
- PR
- 직접 마케팅
- 커뮤니케이션

우리는 4P를 중심으로 마케팅 믹스 전략을 설명해보기로 합니다.

먼저, 상품 전략을 세울 때에는 고객이 상품을 구입함으로써 얻게 되는 고객 가치Customer Value, 고객은 어떤 가치를 제공받기를 원할까까지 반드시 고려해야 합니다.

즉 상품 전략에는 제품의 생산공정, 제품의 품질, 브랜드, 디자인, 패키지, 고객서비스, 보증기간 등 제품과 관련된 모든 것이 포함이 되며, 제품이든 서비스이든 다른 제품과는 차별화된 무엇인가로 고객에게 어필할 수 있는 자사만의 가치제안Value Proposition을 구축하는 것이 매우 중요합니다.

몸값을 높이는 만고불변의 법칙

유사랑

오늘은 웬일로 나도전 씨가 먼저 내게 아침인사를 건넸다.

"사랑 씨, 좋은 아침!"

깜짝 놀랐다. 같이 프로젝트를 하면서 서로 얼굴을 익힌 지 두 달이 넘었는데, 오늘 처음으로 내 이름을 불러줬다.

"커피 한 잔 하겠어요? 아메리카노를 뽑아다 주고 싶은데 회사에 있는 게 이것뿐이라. 사장님한테 에스프레소 머신이라도 설치해달라고 건의해볼까요? 우선은 다방커피라도 마실래요?"

나는 그러겠다고 말하려고 했다. 그런데 나도 모르게 "괜찮습니다"라고 대답하고 말았다. 불편했던 사람을 갑작스레 편하게 대하는 게 쉽지 않다. 그런데 평소와는 달리 도전 씨는 그냥 돌아가기는커녕 활기찬 목소리로 다시 말을 건네는 게 아닌가. 왜 저러지?

"역시 커피믹스는 그렇죠? 이따 점심 때, 우리 프로젝트팀 몇 명하고 같이 밥 먹기로 했어요. 제가 쏠 거거든요! 사랑 씨도 같이

갈 거죠?"

이번에는 나도 "네! 그렇게 하죠"라고 대답했다. 나를 훑는 눈빛이 걸리지 않는 건 아닌데 같은 팀으로 프로젝트를 하면서 불편한 관계로 지내는 것은 나도 싫다. 게다가 대놓고 이상한 소리를 하거나 남 앞에서 곤란하게 한 것도 아니니까 예민하게 굴 필요 없잖아? 회사 생활하면서 어느 정도는 서로 좋은 관계를 유지해야지. 앞으로 도움 받을 것도 많고 말이야.

"그 구두 독특하고 예쁜데요? 사랑 씨한테 잘 어울려요."

아니, 패션이라곤 조금도 관심 없을 것 같은 체크무늬 남방족이 내 새 구두를 알아본단 말이야? 그렇게 섬세해 보이는 사람이 아니었는데, 이상한걸? 요즘 연애하나? 그래서 저렇게 분위기가 밝아졌나?

나도전

식신탐험대를 만들어서 사랑 씨와 함께 화요일과 목요일마다 점심을 먹은 지도 벌써 2주가 지났다. 처음엔 비용을 내가 부담하다가 자비 부담으로 바꾸면서 하나둘 빠지더니 이젠 반으로 줄어 정예 멤버만 남게 되었다. 오히려 잘된 일이다. 사랑 씨를 포함한 우리 다섯 명은 열정적인 맛집 회원이 되었으니까 말이다.

사랑 씨는 가녀린 체구임에도 불구하고 가리는 것 없이 먹성이

참 좋다. 닭갈비를 먹으러 갔을 때도 알뜰하게 발라 먹더니 마지막 코스인 볶음밥까지 잘도 먹었다. 좋아하는 사람이 맛있게 먹어주니까 나까지 덩달아 신이 난다. 더욱 좋은 건 점심을 함께 먹으면서 사랑 씨에 대해 더 많이 알게 되었다는 사실이다. 출퇴근 복장이 자유로운 우리 회사지만 그녀는 캐주얼과 운동화보다 세미 정장 차림에 구두를 즐긴다. 그래서인지 오래 걷는 건 좀 싫어하는 것 같다. 주식에 날린 돈만 아니었어도 몰고 다니던 경차를 처분하지 않아도 되었을 텐데. 뚜벅이 신세가 된 지금이 안타깝지만 어쩔 수 없는 일이다. 그래도 다행히 사랑 씨는 갑갑한 지하철보다는 버스를 더 좋아하고 친구들은 주로 강남역 근처에서 만난다고 한다.

역시 돈 들인 보람이 있다. 이제는 아침에 복도나 엘리베이터 안에서 그녀를 만나도 하나도 어색하지 않다. 하루 24시간이 점심시간이었으면 좋겠다.

유사랑

오늘 우리 식신탐험대의 점심메뉴는 해물탕과 등갈비찜으로 갈렸다. 나도전 씨와 나는 등갈비찜, 다른 직원들은 해물탕이니 다수결로 해도 밀린다. 가족끼리 하는 식사라면 새우를 빼달라고 하고 해물탕을 시키면 될 테지만, 회사 생활하면서 그런 말을 꺼내기는 곤란할 때가 많다. 어쩌다 새우 알레르기인 건지.

오늘따라 의견 대립이 심했다.

"그러면 아예 따로 점심을 먹는 건 어때요?"

결국은 같이 못 먹겠다는 의견까지 나왔다.

"에이, 그건 아니죠. 고작 다섯 명인데 그래서야 되겠어요? 아무래도 해물 중에는 몸에 안 받는 게 있는 분도 있기도 하고, 맛있는 거 먹자는 모임인데 싫은 거 먹으러 갈 수 없잖아요. 오늘은 등갈비찜 먹으러 갑시다. 제가 오늘은 쏘죠."

나도전 씨가 중재한 덕에 자연스럽게 내가 까탈스러운 사람이 되지 않고 넘어갈 수 있었다.

등갈비찜이 나오자 지나 언니가 한마디 했다.

"해물이 몸에 안 받는 사람이 근데 있어요? 복숭아나 메밀도 아니고?"

"우리나라 사람 중에 새우 알레르기 있는 사람이 메밀이나 번데기 알레르기 다음으로 많다고 하더라고요. 게 알레르기 있는 사람도 많고요. 혹시 다들 알레르기 없어요? 아님 그냥 못 먹는 거라도? 우리 탐험대 사람들도 못 먹는 것 한 번 리스트로 만들죠. 다음부턴 참고해서 가게를 정하게요."

나도전 씨가 이번에도 분위기를 리드한다. 이제 보니 사람들이 이야기하기 꺼리는 주제를 자연스럽게 이끌어내는 능력이 있네. 메밀을 먹을 수는 있지만 좀 힘들다는 멤버도 있었고, 땅콩을 먹으면 입술이 퉁퉁 붓는다는 멤버도 있었다. 덕분에 나도 부담 없이 이야기를 꺼냈다.

“저, 새우 못 먹어요. 먹으면 두드러기가 나고 그래서요.”

“그래서 해물탕을 반대한 거구나. 다른 해물은 괜찮죠? 그럼 다음에는 새우 빼고 먹죠 뭐.”

나도전 씨가 대화를 이끌어줘서 다행이다. 보통 자기한테 알레르기가 없으면 잘 모르는 경우가 많던데 이런 잡다한 것도 다 알고 있다니, 상식이 풍부한 사람인가 봐. 대화를 유도하는 능력도 있고. 좋은 사람이라는 소리 듣는 게 이런 이유인 걸까?

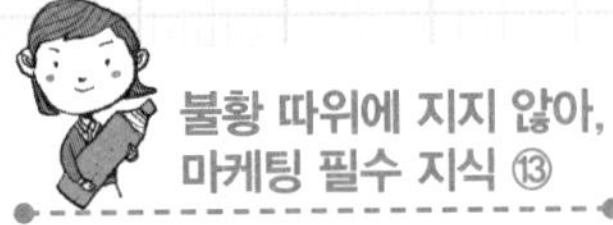

무엇을 추구할 것인가, 가격

4P믹스 중 두 번째 P인 가격Price은 기업이 제품의 가격을 어떻게 매길까에 대한 전략입니다. 가격은 고객이 제품을 구입하려 할 때 기업에 지불해야 하는 금전적인 대가를 말합니다. 제품의 교환가치이기도 하며, 고객이 얻는 효용가치이기도 합니다.

또한 가격은 고객들이 제품을 선택할 때 근거가 되는 요인이기도 하며, 기업의 마케팅 목표를 달성하기 위한 중요한 요소이기도 합니다. 그러나 가격은 제품, 유통, 프로모션 등 다른 요소들에 비해 조정하기가 가장 쉽고 경쟁에 가장 민감하게 반응하는 요소이기 때문에 수익성, 판매목표, 전체적인 마케팅 목표 등을 고려해 종합적으로 검토한 후, 신중하게 전략을 수립해야 합니다.

당연한 이야기지만 가격은 생산비용인 원가Cost보다는 높게, 고객이 느끼는 효용가치Value보다는 낮게 책정되어야 합니다. 물론

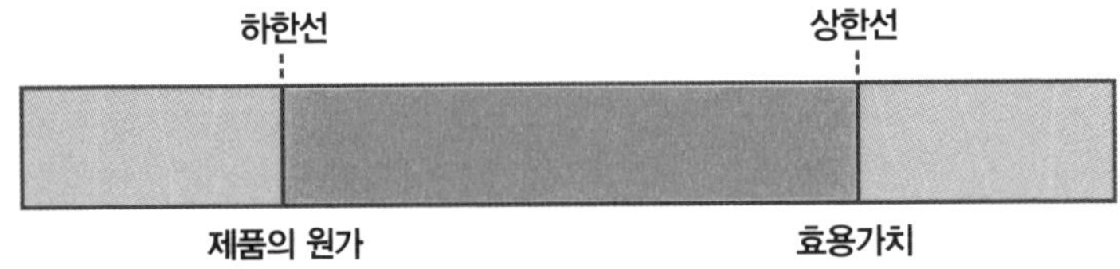

이 기준은 잘 조사해야 하겠죠Cost 〈 Price 〈 Value.

기업이 제품의 가격을 통해 무엇을 추구할 것이냐시장점유율 확대, 이윤 창출 극대화 등에 따라 가격은 결정됩니다. 원가에 유통마진과 본사 이익을 더해 책정하는 방법, 경쟁자에 대응하는 가격책정, 고객의 가격수용 기준을 맞춰 책정하는 방법 등 다양한 가격결정 방법이 있지만 어떤 방법으로 가격을 결정하든 '고객'이 가장 먼저 고려되어야 하는 것은 만고불변의 진리입니다.

쉽게, 자주, 강력하게 어필하는 것이 관건!

나도전

생각보다 몸무게가 잘 줄지 않는다. 식신탐험대와 어울려 다니며 너무 먹어댄 탓일까? 퇴근 후 마시는 꿀맛 같은 맥주도 줄이고 일찍 자고 일찍 일어나면서 운동도 하고 있는데 별 효과가 없다. 운동만이 목적이라면 저렴하고 집에서 가까운 구민회관도 있지만, 굳이 회사 근처에 있는 피트니스 센터를 다니는 이유는 사랑 씨가 그 곳에서 요가를 배운다는 정보를 얻었기 때문이다. 같이 요가를 배우고 싶은 마음은 굴뚝같지만, 남자 한 명 없는 요가교실에 참여하는 건 어쩐지 민망하기에 헬스장을 선택했다.

하지만 이 정도 노력으로는 젊고 파릇파릇한 김필승에 비해 뒤처지는 나도전이라는 상품의 약점을 극복할 수 없다. 거의 매일 보는 사랑 씨에게 매력적으로 어필해야 하는데…….

일주일에 세 번씩 하던 운동 횟수를 늘려서, 주말을 제외한 평일에는 매일 피트니스 센터에 가도록 해야겠다. 자주 가다 보면 자연스럽게 마주칠 기회도 더 생기겠지.

유사랑

바지가 타이트하다. 원래 타이트한 바지이긴 하지만 이건 너무 꽉 낀다. 낮에는 식신탐험대와 맛있는 점심을 먹는데다, 야근이 잦아지다 보니 야식까지 겹쳐서 살이 올랐나 보다. 어쩌지? 오늘 퇴근 후에 정도 씨 만나러 가려고 했는데……. 워낙 만날 때마다 패션이 세련되고 빈틈이 없는 사람이다 보니 아무 옷이나 편하게 입고 나갈 수가 없다. 옷차림, 액세서리 하나까지 체크당하는 것은 아닐까 불안하다.

요가가 나한테 꼭 맞는 운동이긴 하지만 역시 이 정도로는 운동량이 부족한지도 몰라. 앞으로 당분간은 유산소 운동도 병행을 해야겠다. 요가를 쉬는 화요일, 목요일에는 트레드밀 뛰면서 땀 좀 빼고 출근해야겠어.

어쨌든 오늘은 뭘 입고 나가지? 조금 색다른 모습을 보여주고 싶었는데……. 하면서 옷장을 뒤적거리는데 메신저 알림이 울린다.

데이빗: 나 드디어 다음 주에 한국 간다!

뭐라고! 벌써 한국에 온단 말이야? 이 솔직한 녀석은 분명히 또 군살을 가지고 계속 놀려먹을 거다. 큰일이다. 사회인이 된 후로 처음 보는데 푹 퍼진 모습을 보일 수는 없지. 오늘 점심부터 다이어트 돌입이다!

나도전

역시 행동하는 자에게는 행운이 따르는 법! 오늘 피트니스 센터 헬스장에서 사랑 씨와 마주쳤다. 그녀도 날 보고 깜짝 놀란 눈치였다.

"여기 어떻게 오셨어요?"

어떻게는, 너 보러 왔지. 기다린 보람이 있구나! 오늘은 요가가 아니라 헬스장에서 운동하려나 보다.

"어떻게 오긴 운동하러 왔죠. 사랑 씨야말로 여기 원래 다녔어요? 왜 몰랐지?"

시치미를 딱 잡아떼고 물었다. 이래야 난 오로지 운동 때문에 여기 다닌 게 될 테니까.

"네, 회사 옮기고 얼마 안 되고부터 여기 요가 수업이 좋다고 해서 계속 다녔어요."

"아, 그래요? 그럼 오래 다녔군요. 난 얼마 안 됐어요. 회사 근처기도 하고, 다이어트 애플리케이션을 마케팅하는 마케터가 뱃살 보이면 좋지 않을 것 같아서 운동 좀 하려고요. 헬스장에서 다른 직원들은 좀 봤는데 사랑 씨가 다니는 줄은 몰랐네요. 여기서 보니까 더 반갑네요."

"요즘 우리 너무 많이 먹었죠? 맛집을 너무 잘 찾아내시던데요."

티셔츠 위로 불거져 나온 내 뱃살을 보고 웃으며 말하는 그녀.

"사랑 씨는 뺄 살은 없고, 유지 관리 차원이죠?"

"아니에요. 보이는 거랑 또 달라서 저도 다이어트할 거예요."

말은 그렇게 하지만 몸에 밀착된 운동복 어디에도 군살이라곤 찾아볼 수가 없다.

"그럼 우리 같이 운동하는 게 어때요? 서로 도와주면 더 분발하게 되잖아요."

"그럼 요가 하실래요? 남자 분들 별로 안 하시는데 오히려 남자한테 좋은 운동이거든요."

"배우고는 싶은데 여자들만 있어서 좀 민망하네요."

"그럼 다음에 수업 들으러 오세요. 제가 있으면 좀 덜 민망하지 않겠어요?"

"그러죠 뭐. 이따 운동 끝나고 아침 같이 할래요? 이 앞에 유기농 베이커리, 아침 메뉴가 괜찮거든요."

"그럼 오늘 아침은 나도전 씨가 사시는 거예요?"

아침을 그녀와 함께 보낼 수 있는데, 그깟 아침식사 값이 문제겠어?

"그럼요. 요가 잘 가르쳐주시면 앞으로도 계속 사죠."

요가 핑계로 매일 출근까지 같이 할 수 있겠는걸.

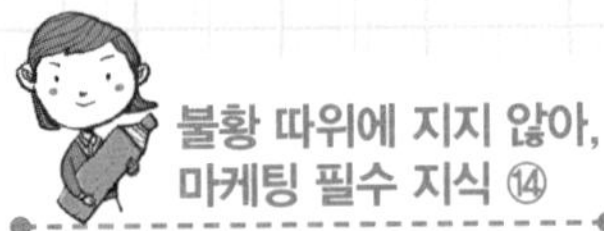

어디에서 어떻게 팔아야 할까, 유통과 프로모션

팔아야 할 제품을 정하고 가격까지 결정했다면 이제는 어디서 어떻게 팔아야 할지를 정해야겠죠?

제품은 고객이 쉽게 접근할 수 있는 유통채널에 고객이 고민 없이 지갑을 열 수 있는 가격으로, 최적의 프로모션 전략을 통해 고객의 구매를 기다려야 효과를 극대화시킬 수 있습니다.

먼저 유통Place이란 제품이나 서비스가 고객에게 사용 또는 소비될 수 있도록 하는 과정을 말합니다. 이 전략을 수립할 때에도 고객이 중심이 되어야 하며 '어떻게 해야 고객이 편리하게 제품을 구매할 수 있을까'를 충분히 고민해야 합니다.

할인점에 유통할지 백화점에 유통할지에 따라 소비자가 느끼는 제품에 대한 가치가 달라지기 때문에 제품의 성격과 표적시장에 맞는 유통경로를 신중하게 결정해야 합니다.

다음으로 프로모션Promotion은 마케팅 커뮤니케이션이라고도 불립니다. 획기적인 제품을 개발하고, 이에 적절한 가격을 선정하고, 다양한 유통경로를 개발했다고 해도 프로모션이 없다면 소비자가 그 제품을 잘 구매할 수 있을까요?

마케팅 4P믹스의 마지막 P이기도 하며, 마케팅의 꽃이라고도 할 수 있는 프로모션은 제품이나 서비스를 소비자들이 적극적으로 구매하도록 제품의 성능이나 기타 정보들을 고객에게 제공하는 마케팅 노력을 뜻합니다. 여기에는 광고, 홍보, 판매촉진, 인적판매, 직접 마케팅 등도 포함됩니다.

프로모션 중에 일어나는 마케팅 커뮤니케이션의 궁극적인 목표는 단기적 매출증대가 아니라 장기적인 고객 확보라는 것을 염두에 두고, 고객의 지갑이 아니라 고객의 마인드를 얻는 것이 장기적으로 경쟁 우위를 점하는 길이라는 것을 명심하도록 합시다.

커뮤니케이션 전략을 수립할 때는 고객에게 말하고자 하는 것, 즉 '메시지'와 메시지를 전달할 '메신저', 메시지를 어떻게 전달할지에 대한 전달방법인 '크리에이티브 전략', 그리고 어떤 매체를 통해 전달할 것인지 '커뮤니케이션 채널'을 고려해야 합니다.

마케팅 커뮤니케이션 믹스를 결정할 때는 각 요소별 특징과 비용, 제품의 유형 및 특성, 제품의 수명주기상 위치, 소비자의 특성 등을 고려해 선정해야 합니다. 그리고 이러한 과정들은 고객에게 제시할 특정 메시지를 일관성 있게, 최대의 영향력을 이끌어낼 수 있도록 IMC통합마케팅커뮤니케이션가 되어야 합니다.

지금 나,
사랑받고 있는 걸까?

유사랑

피트니스 센터에서 나도전 씨를 만났을 때 정말 깜짝 놀랐다. 회사 근처의 피트니스 센터니 회사 사람을 마주칠 가능성이 없는 건 아니다. 그래도 바쁜 아침 시간이라 항상 요가만 하고 바로 나와서 그런지 한 번도 회사 사람을 만난 적이 없었기 때문이다.

요새는 도전 씨와 함께 있으면 편안하다. 도전 씨의 어수룩한 모습이나 허둥지둥하는 모습, 투실투실한 뱃살을 보고 있으면 내 자신을 꼭꼭 조이고 있던 나사가 풀어지는 느낌이 든다. 생긴 것처럼 말하는 것도 배려심이 많다. 누구에게나 잘해주는 사람이지만 나한테는 좀 더 잘 대해주는 느낌이 들기도 하다. 나에게 마음이 있는 것 같긴 하지만 친해지고 나서는 이상한 눈초리도 덜 느껴지고, 생각보다 좋은 점이 많은 사람인 것 같다.

같은 프로젝트팀이라 살짝 부담스럽기는 하지만 그렇다고 과하게 달라붙는 것도 아니고, 다른 사람들에게 딴 말이 없는 것 보니,

내가 예민하게 받아들이는 건지도 모른다. 뭐, 처음엔 정말 짜증났지만 이제는 그런 배려가 싫지만은 않다.

정도 씨의 잡지 화보 같은 패션과 가식적으로까지 느껴지는 깔끔한 립서비스, 상큼한 미소는 처음에만 해도 꽤 매력적이었다. 하지만 시간이 지나도 전혀 흐트러지지 않고 실수 하나 하지 않는 모습은 가끔씩 날 숨 막히게 한다. 혹시 결벽증이 있나? 나를 대할 때도 전혀 마음을 놓지 않고 자신의 진짜 모습을 보이려고 하지 않는 그에게는 묘한 거리감이 느껴진다. 나도 그만큼 긴장을 늦출 수가 없어서 데이트를 하고 온 날이면 정신적인 피로감이 밀려든다. 연애라면 안식처 같은 느낌이어야 할 텐데, 오히려 일할 때보다 더 피곤하다. 지금 내가 하고 있는 게 연애이기는 한 걸까?

마케팅 목표는 이루어져야 한다

고객을 세분화해서 목표고객을 선정하고 그 고객에게 커뮤니케이션할 콘셉트를 잡는 포지셔닝 전략이 수립되면 구체적인 마케팅 목표를 설정하고 그 목표를 달성하기 위한 세부전략으로 마케팅 도구를 사용하게 되는데, 이것을 4P믹스라고 부릅니다. 4P믹스에 대한 이야기를 하기 전에 먼저 마케팅 목표에 대한 이야기를 잠깐 하고 넘어갈까요?

마케팅 목표는 먼저 양적인 목표와 질적인 목표로 나누어볼 수 있는데, 이 목표들은 정해진 시간 안에 달성 가능한 구체적인 것

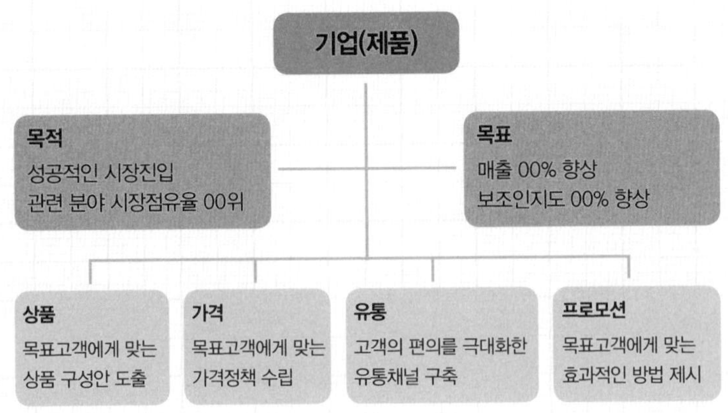

이어야 하며 결과를 측정할 수 있어야 합니다.

나도전의 마케팅 목표는 브랜드를 강화해 유사랑에게 멋진 남자로 포지셔닝되는 일이며, 장기적으로는 유사랑의 마음을 얻어 사랑하는 관계로 발전하는 것입니다. 그러기 위해서는 비록 경쟁 상품들이 유사랑의 마음을 나누어 가지고 있지만 적극적이고 차별화된 4P믹스의 실행으로 유사랑의 마음점유율Mindshare을 최대한 확보해야 합니다.

계획은 일관적으로, 실행은 유기적으로!

상품, 가격, 유통, 프로모션의 앞자를 따서 4P믹스라고도 부르는 마케팅 믹스는 제품이 시장에서 경쟁력을 확보할 수 있도록 하는 것이 관건입니다. 즉 각각이 일관성을 유지하면서 잘 조합되는 마케팅 전략을 수립해야 합니다.

나도전이 조사한 정보를 바탕으로 수립한 실행전략을 살펴보면 4P 각각의 요소들이 제각각 따로 움직이는 것이 아니라 하나의 마케팅 목표를 이루기 위해 유기적으로 실행된다는 것을 알 수 있습니다.

상품개발을 위해 피트니스 센터를 등록할 때에도 전략적으로 고객의 동선을 파악한 것이 그 대표적 예죠. 나도전이 고객에게 투자할 수 있는 여유자금을 기반으로 체중감량이나 패션 컨설팅을 받은 것은, 이미 만들어진 상품이지만 상품 패키지 디자인, 네이밍 등을 바꾸어 고객에게 보다 좋은 이미지를 전달하려는 시도로 볼 수 있습니다.

이렇게 각 요소별로 마케팅 목표에 맞는 세부전략을 수립한 다음에는 이 전략을 체계적으로 수행할 수 있도록 스케줄 맵을 짜야

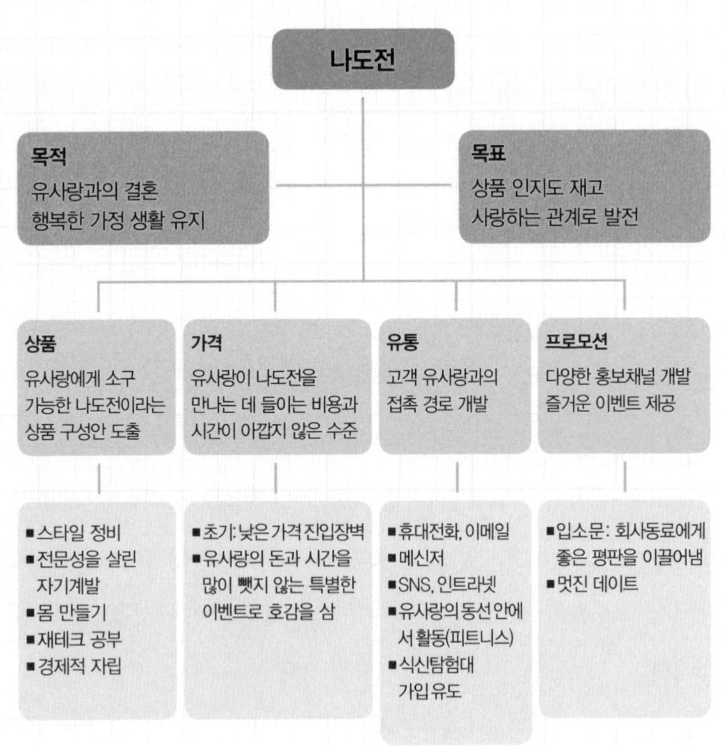

합니다. 물론 실제 마케팅 프로세스에서는 조금 더 복잡한 분석 도구 내지는 통계기법이 포함되기도 하지만 큰 그림에는 별반 차이가 없답니다.

MARKE

4장

처음부터 대박을 바라지 마라

단계별 마케팅 프로세스를 익혀라

그녀의 마음을 사로잡는 마법의 4P믹스

유사랑

데이빗: 나 드디어 한국 왔어. 두 번이나 경유해서 들어왔더니 정신이 하나도 없다. 20년 만에 한국이다!

드디어 이 녀석이 들어왔구나. 잘나서 엄친아가 아니라 정말 엄마 친구 아들인 필승이는 나이는 2살 어리지만 짧았던 유학 생활에서 나의 구세주와 같은 존재였다. 영어가 달리고 서류처리도 잘 못하는 나를 대신해 백방으로 뛰어다니며 도와준 덕분에 쾌적하게 유학 생활을 보낼 수 있었다. 무엇보다 정신적으로 많이 힘들 때 유쾌한 그 녀석의 위로가 얼마나 큰 힘이 되었는지 모른다. 지금도 회사 일이 힘들 때나 인간관계에 시달릴 때면 세상 물정 모르는 아이마냥 긍정적인 필승이의 코멘트에 위안을 얻곤 한다.

친구들은 남동생이란 하나도 도움이 안 되는 존재라고 하지만 저런 녀석이 남동생이면 좋을 텐데……. 누나라고는 절대 안 부르고 맞먹으려는 것조차 귀엽단 말이지.

 **나도전**

혼자 집에 돌아오는 길은 너무 멀다. 길고 지루한 퇴근길 내 머릿속은 온통 사랑 씨에 대한 생각으로 가득 찼다. 오늘은 유난히 정성스레 옷을 갖춰 입은 걸 보아하니 데이트가 있나 보다. 아침 운동도 나오지 않았다. 내 고객이 경쟁상품을 체험하는 걸 언제까지 두고 봐야만 하나? 오늘따라 점심을 같이 먹는 날도 아니어서 무슨 일인지 떠볼 틈도 없었다.

그녀를 사로잡기 위한 마케팅 전략들은 스케줄맵에 따라 문제없이 진행되고 있다. 한심한 아저씨처럼 나를 보던 사랑 씨에게도 이제 회사에서 친한 동료 중 한 명의 위치까지는 올라간 것 같다. 하지만 조급한 마음에서인지 뭔가 더딘 느낌이다. 언제까지 난 그녀에게 그저 회사 사람이여야 하지?

아무래도 현우 자식을 한 번 더 만나야겠다. 근데 이 자식은 요즘 왜 이렇게 연락이 없어?

 **유사랑**

오늘도 똑같다. 레스토랑에서 식사를 한 다음 가벼운 칵테일이나

와인을 마시러 가겠지. 뭘 기대한 거야, 유사랑? 아, 지겹다. 대화할 거리도 별로 없는데 차라리 심야 영화라도 보러 가든가. 매번 데이트를 하긴 하지만 나를 보고 싶어서 만나러 나오는 게 아니라, 때가 됐으니 쿠폰 적립하러 오는 기분이다.

"여기 음식, 입에 안 맞아요? 다른 거 먹으러 갈까요?"

"아뇨. 유명한 집이라면서요. 괜찮은데요?"

아무리 내가 맛난 걸 좋아하는 사람이라도 식사에서 음식만이 전부는 아니라고. 겉으로는 완벽하다. 고급 음식점 예약, 음식에 맞춘 와인, 게다가 장미 꽃다발까지. 하지만 고급 음식점 별실에 둘이 덩그러니 앉아 별다른 말도 없이 먹다 보니 실수라도 할까 봐 너무 신경이 쓰인다. 고급 프랑스 요리도 무슨 맛인지 느껴지지가 않는다.

"전에 말한 그 뮤지컬이요."

"네?"

"「시카고」라는 뮤지컬이요."

"「시카고」요? 제가 보자고 했나요?"

뭐야, 그새 까맣게 잊은 거야? 나랑 몇 번이나 만났다고, 내가 하고 싶다고 말한 유일한 거였는데 그걸 기억하지 못한다니. 이사람, 도대체 내게 진짜 관심이 있기는 한 거야? 진지하게 만나자고 한 뒤로도 태도가 크게 달라지는 게 없다.

"그럼, 제가 다른 남자 분하고 약속했나 보네요."

갑자기 화가 치밀어 올라, 빈정거리는 말투가 튀어나왔다.

"죄송합니다. 언제가 편하신가요? 예매하도록 하죠."

마치 거래처 대하듯 하는 태도다. 한의원에서 환자들 볼 때도 이렇게 대할까? 그렇다면 그다지 인기 있는 한의사는 아니겠지. 나에게는 이렇게 성의 없게 대하는 남자를 뭐 때문에 계속 만나고 있는 거지?

밥맛이 뚝 떨어졌다.

나도전

황금 같은 주말에 현우와 누나와 함께 감자탕을 먹으러 왔다. 한심하다, 한심해. 집에 놀러온 현우와 밥을 먹으러 나가려는 찰나, 맛있는 걸 사달라는 누나의 전화를 받았다. 내가 취업 재수하던 때 동생 굶어 죽을까 봐 용돈 챙겨주던 누나니 절대 복종할 수밖에.

"야, 안 보던 새에 멋있어졌네. 뱃살 좀 들어갔다? 요즘 연애사업은 잘돼가냐?"

현우는 대학 시절 우리집에 와서 종종 자고 가면서 누나와 친해진 뒤, 둘이서 따로 연락하고 밥 먹고 할 만큼 친한 사이였다. 오랜만에 보는 현우와 누나는 죽이 척척 맞아 소주를 주거니 받거니 하면서 나만 빼놓고 이야기 삼매경에 빠졌다. 나는 다이어트 한약 때문에 술은 먹지도 못하는데.

"나 고민 있어."

그들의 이야기를 잘라먹는 것 같아 미안했지만 어쩔 수 없다.

"이번엔 또 뭐야?"

현우 자식은 여느 때처럼 심드렁한 반응이다.

"도저히 진도가 안 나가."

"원래 진도는 차근차근 밟는 맛이지만, 지지부진할 때는 그냥 확 질러버리는 수도 있어."

"뭐라고?"

이 자식, 지금 무슨 소리 하는 거야?

"무슨 뜻이야?"

"기습적으로 확 질러버리라고. 너무 오래 뜸 들이면 밥도 떡이 된다."

"야! 여태까지 내 말을 뭐로 들은 거야? 내가 말한 진도는 네가 생각하는 거랑은 다르다고. 그리고 아직 그럴 만한 사이가 아냐."

누나가 우리를 한심하다는 눈으로 쳐다보면서 혀를 찼다.

"정신들 차려. 남녀 관계를 죄다 스킨십으로만 해석하는 남자라는 동물들하고는. 현우 너는 여자라면 다 아는 것처럼 굴더니 고작 그 정도 수준으로 용케 여자들을 홀렸다? 그런 거에 넘어간 여자들이 신기하다."

누나는 정색을 하며 말했다.

"남자와 여자 모두 스킨십은 필요해. 스킨십이 남녀 사이를 좀 더 친밀하게 만드는 건 분명하니까. 하지만 그건 서로 간의 충분한 분위기와 공감대가 형성된 다음이야. 여자는 정신적인 공감이 이루어지지 않은 상태에서 스킨십을 시도하는 남자에게 심한 거부감을 느끼고 의심할 수도 있지."

"제가 사귄 여자들은 별로 그렇지 않던데요?"

현우 자식이 누나의 말을 자르고 말했다.

"너는 여자들을 그저 가볍게 만나는 대상으로 여기니까, 상대도 딱 네 수준으로 널 대하는 거지. 제대로 연애를 할 생각이 있고 미래를 생각한다면 그러겠냐? 오래 함께하고 싶으면, 과도한 스킨십은 이 남자가 날 하룻밤 상대로 여기는 건 아닌지 고민하게 만들지."

"그래서, 어떻게 하면 정신적 진도가 나가는데?"

지금 이 상황에서 더 도움이 되는 건 역시 누나다.

"먼저 확신을 줘야지. 어쨌든 스킨십과 사랑의 감정은 반드시 비례하진 않아. 이 녀석을 보면 알겠지만 말이야."

누나는 현우를 한 번 흘겨보았다.

"서로 오랫동안 정신적 교감을 나눈 후라면 상황이 다르겠지만 섣부르게 접근하다가 연애는커녕 회사에서도 서로 얼굴 보기 민망한 사이가 될 수 있으니 신중하고 확실하게 친밀감을 키우도록!"

그래, 그게 별거야? 그녀도 이젠 나의 호의와 관심이 싫지만은 않은 눈치다. 이제는 좋은 회사 동료를 넘어서 한 단계 더 친밀한 접근을 위한 전략이 필요한 시점이다. 다음 단계로 넘어가기 위한 전략 구상에 좀 더 시간을 투자하자.

계속 이야기를 나누다 보니 사랑 씨의 목소리가 무척이나 듣고 싶다. 왜 걸었냐고 물으면 디자인에 관한 좋은 자료를 찾아뒀다고 내일 받으러 오라고 하면 되지. 이럴 때를 대비해서 모아둔 자료가 있으니.

"네. 유사랑 씨 휴대전화입니다."

어? 웬 남자지? 갑자기 머릿속이 얼어붙는다.

"여보세요?"

"네? 유사랑 씨가 지금 자리를 잠깐 비워서요."

"아, 저 회사 동료인데요. 나중에 연락드리도록 하겠습니다."

활활 타올랐던 용기는 어느새 푹 꺼져버렸다. 전화를 끊은 뒤 한동안 멍하니 앉아 있었다. 누구지? 젊은 남자 목소리던데, 지난번에 소개팅했다던 한의사? 아니면 또 다른 남자?

유사랑

"야! 넌 남의 전화를 왜 맘대로 받아?"

화장실에 잠깐 다녀온 사이, 필승이가 전화를 받았나 보다.

"누군지 전해주려고 했지."

"어차피 발신자 다 찍히는데 그게 지금 핑계냐?"

수신번호를 확인해보니 나도전 씨다. 이 사람이 이 시간에 웬일이지?

"회사 사람이라고 하던데, 전화 안 해봐도 돼?"

"놔두세요. 하여튼 남의 전화 함부로 받고 그러지 마라."

"이 시간에 누가 우리 안젤라한테 함부로 전화를 하나 했지. 혹시나 그 소개팅했다던 한의사인가 해서……."

"그 한의사면 어쩔 건데?"

"우리 안젤라한테 잘못하면 가만히 안 둔다고 하지?"

"까분다. 괜히 누나 일에 간섭하고 그러지 마라."

전화를 가방 안에 넣고 앞에 있던 맥주잔을 들었다. 하지만 계속 신경이 쓰였다. 나도전 씨가 이 밤중에 왜……?

"너, 계속 그 사람 생각하고 있지? 그냥 회사 사람이 이 시간에 전화를 해? 혹시 양다리?"

"얘가 뭐라는 거야? 아니야! 그냥 이번에 같은 애플리케이션 개발 프로젝트팀 사람."

"그 다이어트 애플리케이션인지 뭔지 하는 거?"

필승이가 슬슬 눈치를 살핀다. 능글맞기는. 슬쩍 말을 돌렸다.

"근데 너, 좀 멋져졌다. 이제 어른 다 됐는걸?"

"무슨 소리. 원래부터 어른이었는데, 안젤라야말로 뉴욕 와서 매일 집 생각난다고 울더니 의젓해졌네?"

"이게 또 누나 놀릴래? 그러고 보니 여긴 미국도 아니고 한국인데 누나라고 불러야지!"

우리는 웃으면서 잔을 부딪쳤다. 항상 티격태격하지만 필승이에게는 정말 감사하고 있다. 필승이가 아니었으면 뉴욕에서의 향수병이며 유학 생활을 어떻게 보냈을까 싶다. 그때뿐인가. 한국에 돌아와서도 처음에 직장 생활에서 생기는 트러블이나 연애 상담까지, 때로는 제일 친한 친구 미선이보다도 더 속을 터놓기 좋은 상대기도 했다.

"넌 한국에서 있을 데는 있고?"

"응, 당분간은 이모네 집에 있기로 했어. 회사 확정되면 집 구하려고."

"어떤 식으로 일할지 잘 알아보고 계약해. 미국이랑 한국이랑 기업 문화가 완전히 달라서 잘못하면 손해 보기 십상이니까."

"콘테스트 그랑프리 한 거 보고 관심이 있다고 그쪽이 같이 일해보자고 초청했으니까. 아직 완전히 정해진 건 아니지만 잘될 거 같아. 조건을 조금 더 확인해보고, 가능하면 한국에서 일할 거야."

"어쨌든, 다시 만나서 반갑다. 이번에는 내가 한국 생활 적응 잘하게 확실하게 돕지."

"난 누구처럼 징징대지 않을 건데!"

나도전

다음날, 나는 지각을 하고야 말았다. 전날 사랑 씨에게 전화한 후, 다이어트 약이 무슨 소용이냐며 순식간에 남은 술들을 부어대고 더 시키고 하다가 어느 순간 그대로 뻗어버렸다. 숙취로 아침에 도저히 일어날 수가 없어서 회사에 전화를 하고 늦게 출근했다. 자주 있던 일이 아니라 한소리 듣는 정도로 끝났고, 다행이라 여기고 꿀꿀한 마음을 달래려 휴게실로 향했다. 커피도 한 잔 할 겸. 그런데 가는 길에 오늘 아침만은 절대로 마주치고 싶지 않던 사람과 마주쳤다. 바로 그녀.

"설마 지금 오셨어요?"

늦게까지 회포를 푸느라 피곤했을 텐데도 쌩쌩한 사랑 씨의 얼굴을 보니 속에서 부아가 났다.

"어…… 사랑 씨, 오늘 운동했어요?"

속마음을 감추고 아무렇지 않은 듯 목소리를 꾸며 물었다.

"아니요, 어제 저녁까지 친구 좀 만나느라고요. 도전 씨는요?"

"나도 빠졌죠, 뭐."

"어제 술 많이 드셨나 봐요?"

"조금. 뭐……."

"그럼, 이따 점심 때 뵐게요."

"네."

그렇게만 말하고 총총히 걸어가는 사랑 씨의 뒷모습을 보면서 나는 당황스러웠다. 분명히 통화 목록에 남아 있을 텐데, 어제 내가 왜 전화했는지는 물어보지 않지? 혹시 어제 전화 받은 남자가 휴대전화도 맘대로 보고 통화 내역도 삭제할 수 있는 사이인 거야? 아니, 그런 사이라고 해도 회사 동료의 전화를 지우기까지 하는 건 너무한 거 아닌가.

사랑 씨가 그냥 모른 척하는 거겠지? 근데 그럼 왜? 늦은 시간에 전화하지 말라는 무언의 항의?

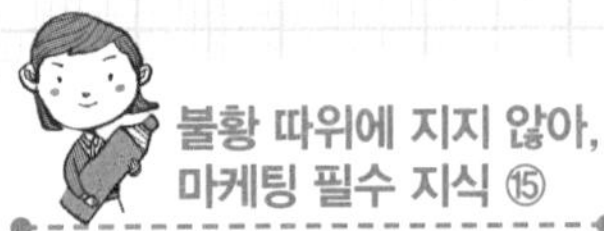

마케팅 프로세스란 무엇인가?

단 한 번의 조사나 분석으로 완벽한 전략을 세우고 실행할 수 있다고 생각한다면 착각입니다. 전략을 실행하는 중에도 끊임없이 나와 내 상품이 가진 특성을 고려하면서 고객의 마음을 살필 수

1단계 환경 분석

거시환경 분석
- 인구통계
- 경제
- 종교
- 사회
- 문화
- 과학기술
- 환경
- 법률
- 정치

미시환경 분석
3C 분석
- 고객 분석 Customer Analysis
- 자사 분석 Company Analysis
- 경쟁자 분석 Competitor Analysis

2단계 STP전략
- 시장세분화 Segmentation
- 목표시장 선정 Targeting
- 포지셔닝 Positioning

3단계 마케팅 4P믹스, 실행전략

4P믹스전략
- 상품
- 가격
- 유통
- 프로모션

실행전략 수립 Action Plan

통제 및 평가 Plan-Do-See

있는 방법을 고민하고 수정해나가야 합니다.

이 시점에서 마케팅 프로세스를 정리해보죠. 왼쪽 도표를 보시기 바랍니다.

마케팅 전략을 세우기 위해 제일 먼저 해야 할 일은 정보를 수집하고 그 정보를 분석하는 작업인 리서치Research입니다. 이 이후 전체시장을 여러 개의 세분시장으로 나누고Segmentation, 공략할 시장을 정하고Targeting, 그 목표시장에 제품이미지를 각인시켜줄 우리 제품만의 콘셉트을 정의하죠Positioning.

그 다음 상품, 가격, 유통, 프로모션 전략을 세우고4P믹스, 본격적인 실행Implementation에 들어가게 됩니다. 물론 이 과정에 통제 및 평가Control도 있어야죠.

4P믹스전략 수립 시 고객의 니즈와 원츠는 제대로 반영되었는지, 4P믹스에 따라 세부 실행방안은 제대로 수립되었는지 파악하고, 실행이 시작된 후에도 계획-실행-평가Plan-Do-See의 원칙에 따라 평가하고 수정하는 후속작업이 이루어져야 합니다.

공든 탑을 무너뜨리는 한순간의 성급함

 **유사랑**

“내가 그렇게 매력이 없냐?”

어쩌다 내가 이런 질문을 하는 신세가 되었을까. 그것도 미선이한테. 계집애, 냉큼 ‘너만큼 예쁘고 귀여운 애가 어디 있니?’ 하고 말해주면 좋으련만 한참을 요기조기 뜯어본다.

“너 요즘 살쪘지?”

눈썰미 하고는, 아무튼 저도 다이어트깨나 해봐서 그런지 살에 관해서는 귀신이다.

“운동 늘렸거든?”

나는 미선이가 읽고 있는 잡지책을 던져버리고 그녀가 씹고 있던 오징어를 다른 한 손으로 빼앗으며 말했다.

“나 정말 심각하게 물어보는 거야.”

“너 예뻐. 어차피 말랐는데 살 더 찌면 어때.”

“정말?”

"정말. 그러니까 내 입에 있던 오징어를 원위치해주겠니?"

으이그. 그래, 먹어라 먹어.

"그런데 송정도 그 자식은 도대체 날 여자로 보긴 보는 건지. 진도를 나갈 생각을 안 해. 바쁘다면서 일부러 기다려주고, 날짜도 다 맞춰주고……. 겉으로 보기에는 엄청 자상한 척해. 그런데 뮤지컬 보러가서 다리 삐끗해서 살짝 팔짱을 꼈더니 다시 팔을 빼더라고. 자존심 상해서 진짜!"

"그거 좀 위험한데?"

"뭐가?"

"혹시……."

"혹시?"

나는 다급하게 물었다.

"게이일 수도 있어. 외국 영화 보면 완벽한 남자들이 오히려 게이잖아. 사회적 체면 때문에 어쩔 수 없이 이성과 결혼하기 위해서 널 이용하는 걸지도 모르지."

"솔직하게 물어볼까?"

"당신 게이냐고? 너 미쳤니? 다신 안 보고 싶냐? 확인할 수 있는 방법 좀 생각해보자."

"확인할 방법?"

"진짜 게이인지 아닌지, 어디 문제가 있는 건 아닌지. 이 언니도 머리를 좀 같이 써주마."

미선이 말도 일리가 있다. 그래! 기다려라 송정도 너, 네 정체를 밝혀주마!

나도전

오늘 아침에는 사랑 씨가 먼저 와서 트레드밀을 뛰고 있다. 속도가 전보다 더 빠르다. 뭔가 스트레스 쌓이는 일이 있나? 아니면 다이어트를 급하게 해야 할 일이 생긴 건가?

"오셨어요?"

타들어가는 내 속도 모르고 밝게 인사하는 그녀.

"일찍 나왔네요."

자꾸 반응이 퉁명스러워진다. 여느 때 같으면 사랑 씨 옆에서 트레드밀을 했겠지만 오늘은 자전거를 선택했다.

"유산소 운동만 계속하지 마시고 요가 교실 같이 들어가실래요?"

어느새 옆으로 다가온 사랑 씨를 보고 깜짝 놀라서 헛페달질을 했다.

"아침부터 땀 너무 내면 지치니까요. 갈 때 같이 체지방 분석하고 나가요."

며칠 전만 해도 이런 허물없는 사이가 참 좋았는데, 이제는 점점 나를 동성처럼 편하게 여기는 것 같아 기분이 나쁘다. 적어도 날 남자로 본다면 체지방 분석을 같이 하자는 말은 못 할 텐데. 정말이지 새로운 전략이 필요하다. 서로가 서로를 온전히 남자와 여자로 느낄 수 있는 방법이 없을까?

유사랑

그래, 한번 확인해보자!

큰맘 먹고 정도 씨에게 전화를 걸었다. 생각해보니 먼저 전화를 한 적이 없었다. 늘 약속을 잡는 건 그쪽이었다. 그래도 메신저로 하루에 두어 번씩은 꼬박꼬박 안부를 물어보고는 했다. 한의원 점심시간에 맞춰 전화를 걸었다.

"여보세요?"

"저, 유사랑이에요."

"네, 회사 계신 거 아니에요? 바쁘실 텐데 웬일로 전화를 다 주셨어요?"

막 본론을 시작하려는데 그가 다급하게 말을 덧붙인다.

"지금 단골 환자분이 오셔서 가봐야 해요. 이따 전화할게요."

대답도 하기 전에 전화가 끊겼다. 이 당황스러운 기분은 뭐지? 아무리 바빠도 대답은 듣고 끊어야 하는 거 아냐?

짜증이 났지만 옆에 놓인 쇼핑백을 들춰보고 다시금 마음의 안정을 찾았다. 오래간만에 예쁜 원피스를 한 벌 샀다. 빨간 색으로.

좀 튀긴 하지만 허리 라인이 아주 예쁘게 잡혔다. 회사에 입고 왔다가는 너무 주목을 받을까 봐 차마 못 입고 싸들고 왔다. 운동을 늘려서 그런지 몸매에 탄력도 붙고, 라인도 살아났다. 그러나 이런 들뜬 기분도 2시간 만에 깨지고 말았다.

"안 그래도 전화 드리려고 했는데, 오늘 한의원에 갑자기 회식이 잡혔어요. 저희 오늘 약속 아무래도 힘들 것 같아요. 간호사 분이 급히 그만두게 되어서…… 아까는 무슨 일이었죠? 안 거시던 전화를 다 걸어주셨어요."

"별거 아니에요. 일 보세요. 나중에 다시 연락드릴게요."

오늘은 미선이가 추천해준 장소에서 만나볼까 했다. 그 음식점이 섹시하게 보이는 조명으로 유명하다나. 에휴, 내가 뭘 생각한 거야. 어쩌다 내가 이렇게 애가 타는 상태가 됐지. 크게 마음이 간다고 생각하지 않았는데 어느새 이 깐깐한 남자가 좋아져버린 걸까? 아니면 그냥 내 자존심 때문인 걸까?

 **나도전**

마케팅팀과 디자인팀에 한차례 회오리바람이 불었다. 디자인팀에 새로 부임한다는 팀장이 업계에서 이른바 '메두사'로 불리는 인물이다. 이 소식에 디자인팀뿐 아니라 우리 회사 전체가 떠들썩할 지경이었다. 오죽하면 디자인 쪽은 전혀 모르는 나까지 그 명성을

들어 알겠느냐고. 그녀가 지난 직장을 두어 달 전에 그만둘 때는 새로운 회사를 차린다거나 더 큰 기업으로 갈 것이라는 소문이 있었다. 그런데 우리 회사의 팀장이라니 도대체 어떤 대우로 데려온 거야?

강한 추진력과 업무 집중력을 가지고 많은 히트작을 낸 그녀에게는 실적만큼 적도 많단다. 하지만 오히려 그걸 즐기면서 별명 메두사를 자칭하고 다닐 만한 인물이니 만만치 않을 것이다.

미모의 골드미스라고 해서 남자 직원들은 기대감에 술렁댔다. 하지만 전해들은 디자인 팀원들은 죄다 안색이 좋지 않다. 같이 프로젝트를 진행하는 디자인 팀장이 갑자기 바뀌어 나도 당황스럽다. 분명 그 정도의 인물이라면 지금까지 진행된 작업을 아예 엎고 새로운 걸 해보자고 할지도 모른다. 벌써 일정이 빠듯한데, 그랬다가는 출시일이고 뭐고 엉망이 될지도 모른다. 이미 출시일에 따른 마케팅과 이벤트 일정을 다 잡아놨는데. 하지만 무엇보다, 우리 사랑 씨가 과연 메두사를 버텨낼 수 있을까?

유사랑

정말이지 기분이 최악이다. 바람 맞고 메두사의 부임 소식까지, 이 무슨 운명의 장난이란 말인가!

그녀가 우리 회사로 스카우트되기 전까지 몸담았던 K사의 면접 때 나는 소문으로만 듣던 그녀의 기세를 확인할 수 있었다.

"설마 이 디자인의 콘셉트를 정말 그렇게 생각하는 건 아니겠죠? 요즘은 유사랑 씨같이 곱게 회화하던 사람들도 디자이너가 되겠다고 날뛰어서 얼마나 골치 아픈지 몰라요. 디자인하고 순수 쪽은 다른 분야인데, 디자인이 만만해요? 유학은 중간에 왜 포기하고 왔어요? 가만히 그림 공부나 하는 것도 제대로 끝내지 못했는데 팍팍한 회사 생활 적응할 수 있겠어요?"

시종일관 말꼬리를 붙들고 몰아대는 통에 면접시간이 어떻게 지났는지 기억도 잘 나지 않지만 결국 나는 K사로부터 최종합격 통보를 받았다. 하지만 난 그녀와 다시 마주치고 싶지 않은 생각에 K사를 포기했다. 그리고 그보다 작지만 좀 더 자유로운 분위기에서 일할 수 있는 R사를 택했다. 그 이후 지금 회사로 옮기면서 그녀와 마주칠 일은 없다고 생각했다. 그런데 직속 팀장으로 매일 얼굴을 마주하며 일할 생각을 하니 벌써부터 다리에 힘이 풀린다.

이럴 때 편하게 기대어 아무 말이나 다 받아줄 사람이 있으면 좋을 텐데……. 미선이는 요새 연수 들어가 있어서 불러낼 수도 없고, 필승이는 한국식 회사 문화에 대해서 이해를 못하겠지. 순간, 머릿속에 한 사람의 이름이 스치고 지나갔다.

나. 도. 전.

나도전

그녀에게 전화가 왔다.

"도전 씨, 퇴근 후에 저랑 술 한잔 안 하실래요?"

처음엔 내 귀를 의심했지만, 이 목소리의 주인공은 분명 유사랑이다.

"좋죠!"

수화기 잡은 손이 벌벌 떨린다. 나 너무 소심한 거 아냐?

"혹시 잠실에 비노렌토라는 와인바 아세요?"

알다마다요. 사랑 씨가 가끔 기분이 안 좋을 때면 찾는다던 와인바. 한 번도 가본 적은 없지만 이미 페이스북 사진과 검색으로 몇 번 가본 것 같이 익숙한 가게다. 근데 이거 무슨 뜻이지? 나와 가까워지고 싶다는 신호인가? 아니야, 김칫국부터 마시지 말자. 혹시 다른 사람들에게도 전화를 돌렸을지도 모르니까.

유사랑

내가 미쳤나 봐. 왜 나도전 씨한테 전화를 했을까? 그 사람이 언제부터 내 술친구였다고. 하지만 뭐 이미 엎질러진 물이다. 그냥 술 한잔인데 어때. 이참에 빨간 원피스로 갈아입고 나갈까? 어차피 오늘 입으려고 산 거니까.

 나도전

두근거리는 마음으로 가게 문을 열었다. 혼자서 기다리는 저 빨간 원피스의 여인은 분명히 유사랑이다. 저런 모습도 있었단 말이야? 눈을 비비면서 다시 봤다. 아까 회사에서는 분명히 저 옷이 아니었는데. 항상 단정한 세미 정장 차림이던 그녀가 몸매가 드러나는 원피스를 입은 모습을 보니 입이 떡 벌어진다. 밀착되는 트레이닝복 차림으로 이미 몸매 좋은 건 알고 있었지만 저런 식으로 차려입으니 놀라울 정도다.

"먼저 와 있었네요."

"여기 앉으세요."

와서 앉는 그녀의 얼굴을 웬일인지 똑바로 마주 볼 수가 없었다.

"뭐 마실까요?"

이럴 때가 올 줄 알고 외워둔 와인 이름이 있었지. 메뉴를 좀 뒤적이는 척하다가 말했다.

"오자다 카베르네 소비뇽 어때요?"

'오자다'가 '풍랑이 일면 돛을 잡아라'는 뜻이라면서. 그래…… 어쩌면 지금 이 순간, 풍랑이 일고 있는지도 몰라. 물 들어올 때 노 저어야지. 그녀는 살짝 얼굴을 붉히며 말했다.

"그거 제가 제일 좋아하는 와인이긴 한데, 가격이……."

"뭐 다이어트 하느라고 그동안 굳은 술값 오늘 쓰죠."

“그럴 순 없죠. 제가 오늘 뵙자고 한 건데요.”

“아우, 그깟 술값 누가 내면 어때요.”

우리는 잔을 부딪쳤다. 잠시 어색한 침묵이 흘렀다.

“디자인팀에 새 팀장이 오기로 했다면서요?”

나는 분위기를 바꿔보려고 대화를 시도했다.

“네, 그렇다고 하더라고요.”

“메두사죠?”

말이 끝나자마자 그녀는 까르르 웃었다.

“거기까지 소문이 퍼졌어요?”

“워낙 이 바닥이 좁고, 그분 이름이 좀 유명해야 말이죠. 일에 관해서 칼 같고, 인정사정없기로 유명해서 마케팅팀 쪽에서도 궁금해하는 사람이 많아요. 갑자기 일정이라도 엎어지면 우리도 큰 일이니까…….”

“전에 같이 일할 뻔한 적이 있었거든요. 간신히 피해 도망갔는데 이렇게 만나다니, 운명인가 싶기도 하네요.”

다시 어색한 침묵이 흘렀다.

“나도전 씨는 요즘 고민 없어요?”

조금 당황스런 질문이다.

“뭐, 별로, 크게 없는 것 같아요.”

어떻게 내 고민이 오매불망 너를 내 여자로 만드는 거라고 말할 수 있겠니.

"가끔씩 사람들 마음을 읽을 수 있는 능력이 있었으면 좋겠어요."

그래. 나도 하루에도 수천 번씩 내 고객인 네 마음을 읽을 수 있는 능력이 생기면 좋겠다고 생각하지.

"팀장 일 때문에요? 아니면 무슨 다른 고민 있어요?"

여자들의 고민을 들어주는 건 내게 가장 특화된 마케팅 포인트다. 그 긴 세월 동안 무시무시한 누나 밑에서 단련되고, 대학 동아리부터 직장까지 여성들이 많은 공간에서 생존 전략으로 버텨온 잘 듣는 스킬을 발휘할 때다. 더군다나 지금 내 앞의 고객은 그걸 원한다. 술친구로 나를 택한 건 그 이유 때문일 확률이 높다.

"그냥 우울해서요."

"괜찮으면 고민이 뭔지 나한테 말할래요? 부담스러우면 넣어두고요."

당장이라도 와락 안아주고 싶지만 그건 영영 고객을 떠나보내는 방법일 게다. 본능이 머리를 들수록 오히려 냉정하게 가라앉히고, 전략적으로 행동해야 한다. 경쟁상품들과의 차별화도 염두에 두면서.

"그냥 여러 가지요. 회사에서 메두사랑 같이 일하는 것도 걱정이고, 일도 그렇고, 아버지 건강도 안 좋으시거든요."

"그런 고민은 나도 비슷해요."

"나도전 씨도 그래요?"

"내 능력이 회사에 도움이 되는지도 솔직히 모르겠고, 내가 더 발전 가능한 사람일까 의문도 들고 그래요. 이제 한없이 젊은 나이도 아니고 확실히 내 스스로의 전문성을 찾아야 할 거 같은데……. 그런 점에서 디자인같이 확실하게 자기만의 영역이 있는 분들이 부럽습니다."

슬쩍 눈치를 살펴보니 그녀는 내 이야기에 집중하는 듯했다.

"사실 요즘 부쩍 부모님이 나이 드셨다는 게 느껴져요. 하나밖에 없는 아들인데, 아직까지 철없는 모습만 보여 드렸거든요."

"저도 마찬가지죠, 뭐."

그녀는 100퍼센트 내 말에 공감한다는 눈빛으로 날 바라봤다.

"도전 씨, 우리 건배해요."

어어, 이제 슬슬 넘어오는 건가?

"나도전 씨는 다른 사람 말을 참 잘 들어주셔서 좋아요."

다른 사람이라, 갑자기 또 거리감이 느껴진다. 뭐랄까? 지금 이 순간 옆에 있어줘서 고맙다는 느낌보다는 어쩌다 보니 함께 있게 됐는데 기대보다 도움이 되어 고맙다는 의미로 느껴졌다. 원하는 반응은 아니었지만 지금의 나로서는 언제든 손에 닿는 곳에 있는 남자로서의 역할에 최선을 다해야 했다.

유사랑

도대체 오늘 무슨 일이 일어난 거야. 정신이 번쩍 든다. 정말 술이 원수다.

나도전, 그런 가벼운 사람인 줄은 몰랐다.

오늘따라 술이 잘 넘어가서 조금 들뜬 건 사실이다. 와인바를 거쳐 2차로 파전집에 가서 한잔 더 걸치고 나니, 기분도 좋고 적당히 세상도 빙빙 돌고 했다.

송정도 앞에서는 혹시나 흐트러질까 싶어서 술도 못 마시는 척 와인 두어 잔 마시고 말지만 나도전 씨와 마시다 보니 어느새 내 주량을 넘게 마시고 있었다. 안주를 흘리기도 하고 술잔도 엎기도 하고 여러모로 덜렁거렸지만, 도전 씨 옆에 있으면 내가 실수해도 부끄럽지 않아서 좋다.

"나도전 씨 옆에 있으면 참 편하네요."

하지만 도전 씨는 그 말이 별로 달갑지 않은 눈치다.

"그래요?"

남은 술을 한 입에 털어 넣은 도전 씨는 갑자기 웃옷을 챙겨 입었다.

"우리 스트레스 풀러 나갈까요?"

"좋아요!"

나도전 씨가 데리고 간 곳은 게임 센터였다. 사람들로 북적이는 오락실에서 무슨 스트레스를 풀어? 쭈뼛거리는 내게 그는 자동차

게임을 제안했다. 처음엔 재미없을 거란 생각에 건성으로 핸들을 잡았는데 결승점에 들어왔을 즈음엔 마치 카레이서가 된 기분이었다.

"이번에는 슈팅 게임 한 판 할래요?"

"슈팅이요? 축구공 차는 거예요?"

그는 미소를 지었다.

"아뇨. 총 쏘는 게임이요. 스트레스 해소에는 그게 최고예요."

총이라고는 구경도 못해봤는데, 이런 기회에 총을 잡게 되다니……. 이미테이션 총인데도 꽤 묵직하다. 나는 어설프게 총을 들고 화면 안에 있는 적들을 향해 총알을 날렸다. 한 놈은 송정도, 빵! 다른 한 놈은 메두사, 빵! 또 다른 하나는 나도 모르는 적들을 향해, 빠바방! 누가 이런 거 하는 거 보면 폭력적이라고 혀를 찼는데 왜 하는지 알 것 같다.

신나게 총을 쏴대다가 그의 옆모습을 봤다. 진지하게 총을 겨누는 도전 씨. 땀까지 흘리면서 오락에 몰두하는 모습이 회사에서 보는 것보다 조금은 멋져 보였다. 게임 센터를 나설 무렵엔 땀이 맺혔지만 속이 다 후련해졌다.

"가요, 집까지 바래다줄게요."

끝까지 배려를 잃지 않는 나도전 씨가 고마웠다.

오락실을 나오자 한 번 좋아진 기분은 좀처럼 가라앉지 않았다. 나사 풀린 사람처럼 웃음이 멈추지 않았다. 지금까지 쌓였던 것들이 풀리고 취기가 올라서였던 것 같다.

집 근처에서 멀지 않긴 했지만 술김에 걸어가긴 좀 먼 곳이라 택시를 탔다. 하지만 아무리 회사 직원이라지만 집을 알려주기는 좀 꺼려져서 아파트 단지 입구에서 내려달라고 했다.

"이거 타고 들어가세요."

내리는데 발을 헛디뎌서 넘어지고 말았다. 크게 다친 것 같진 않지만 살짝 접질린 것 같았다.

"거봐요. 제가 바래다 드린다니까요."

할 수 없이 나도전 씨의 팔짱을 끼고 발을 내딛어 보았다. 디딜 수는 있지만 욱신거리는 느낌이 있었다. 할 수 없이 몸을 그에게 기댈 수밖에 없었고 절뚝거리면서 집으로 향하게 되었다. 어색한 상황 속에 현관에 도착해서 말했다.

"고맙습니다."

돌아서려다가 갑자기 발목에 통증이 왔다. 넘어지는 나를 나도전 씨가 뒤에서 잡았다. 그러더니 그대로 백허그를 한 상태가 되어버렸다.

"잠깐만요. 잠깐만?"

정적이 흐르다 도전 씨가 말을 꺼냈다.

"저 사랑 씨, 요즘 사랑 씨와의 시간들 즐거웠습니다. 제가 지금까지 사랑 씨를……."

"저 들어가볼게요!"

도전 씨의 말이 더 이어질까 봐 두려워서 있는 힘껏 밀쳐버리고 절룩거리면서 최대한 빠르게 아파트로 혼자 들어왔다. 술이 오른 데다 상황대처 능력이 떨어진 나도전 씨는 그 자리에 멍하니 서 있었다. 현관문 앞 복도 창밖으로 내다보니 그는 아직도 그 자리에서 가만히 서 있다.

나도전

왜 하필 그 순간에 자제를 못했냐고. 진도를 나가야 한다는 초조함이 쌓였다가 술기운에 빗장이 풀린 것 같다. 다이어트 한약 먹느라고 음주를 삼갔더니 주량이 훅 줄어들었나? 누나의 충고를 금과옥조 삼아 지금까지 온갖 유혹에도 굴하지 않고 좋은 사람의 위치를 잘 고수해왔는데, 갑자기 안겨온 사랑 씨의 가녀린 몸과 향긋한 체취에 순간적으로 정신을 놓고 말았다. 몸을 빼지 않고 가만히 있는 그녀에게 고백하면, 곧바로 진지하게 사귈 수 있을 것만 같았다. 그리고 그녀에게 말을 꺼냈는데…….

바로 그 순간, 몸이 뒤로 확 밀쳐졌다.

'망했다!'

왜 순간적으로 누나의 충고가 머릿속에서 지워졌는지, 절뚝거리면서 들어가는 그녀를 더 부축하지도 못하고 멍하니 그 자리에서 있을 수밖에 없었다. 따라갔다가 그녀가 나를 더 무서워하게 될까 봐 이도저도 못하고 안쓰러운 마음으로 지켜볼 수밖에 없었다. 간신히 이만큼까지 거리를 좁혀놓았는데 다시 사랑 씨는 닿을 수 없는 먼 곳으로 가버린 느낌이다. 이제 어떡하지? 모든 게 엉망이 되어버렸다. 다 내 탓이다.

주의부터 행동까지 사로잡아라, 아이드마 법칙

고객이 상품에 대한 커뮤니케이션 메시지를 접한 후 구매를 일으키기까지의 커뮤니케이션 과정인 아이드마AIDMA 법칙으로 나도전의 연애 프로젝트를 설명해보겠습니다.

아이드마 법칙은 광고에서 흔히 쓰이는 것으로, 기업의 커뮤니케이션 메시지를 접한 잠재고객의 구매심리과정을 말하죠. 즉 광고나 상품은 소비자들로부터 관심과 흥미를 촉발시키고, 욕망을 불러일으켜야 하며, 강렬한 기억을 남겨 물건을 사도록 기획되어야 한다는 것입니다.

아이드마 법칙의 각 단계를 나도전의 실행전략에 따라 설명해보면, 상품 나도전은 고객 유사랑이 후천적이나마 개발의 노력을 거친 자신에게 주목할 수 있는 계기를 만듭니다. 예를 들어 깔끔한 차림새로 유사랑의 주의를 끄는 데 상당히 효과적이었습니다. 그리고 바로 점심 모임을 만들어 함께할 수 있는 시간을 마련하고 피트니스 센터에서 운동하면서 고객의 흥미를 이끌어내는 것까지 성공합니다. 거기다가 알레르기가 있는 고객의 정보를 적절한 시점에 활용했습니다.

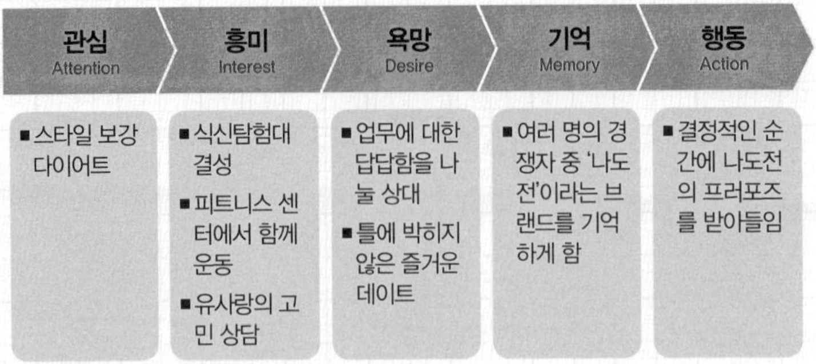

관심 Attention	흥미 Interest	욕망 Desire	기억 Memory	행동 Action
■스타일 보강 다이어트	■식신탐험대 결성 ■피트니스 센터에서 함께 운동 ■유사랑의 고민 상담	■업무에 대한 답답함을 나눌 상대 ■틀에 박히지 않은 즐거운 데이트	■여러 명의 경쟁자 중 '나도전'이라는 브랜드를 기억하게 함	■결정적인 순간에 나도전의 프러포즈를 받아들임

하지만 고객 유사랑은 상품 나도전을 최종선택하고 싶다는 욕망의 수준까지는 쉽게 넘어가지 않고 있습니다. 왜냐하면 고객은 지금 경쟁상품인 송정도와 김필승에게도 똑같은 수준의 관심을 가지고 있는 상태이기 때문입니다. 그러다가 나도전은 경쟁자인 송정도가 유사랑이 필요할 때 곁에 있어주지 못했던 것을 계기로 고객의 마음을 사로잡을 수 있는 기회를 포착하게 되는데, 물론 이런 기회도 준비된 상품에게만 온다는 사실을 명심해야 합니다.

상황을 고려하지 않은 실행은 무용지물!

고객이 구매를 망설이는 시점에서 강력하게 구매를 유도하는 것은 오히려 거부감이나 반발을 살 수도 있다는 사실을 알아야 합니다. 고객이 먼저 방패를 꺼내 들 때도 있기 때문입니다. 또 반대로 고객은 욕망을 느끼지 않았지만 구매시점에 이루어진 판매촉진에 의해 구매하게 되는 경우도 있는 것을 보면 상황에 맞는 실행이 얼마나 어려운지 알 수 있습니다. 그래서 고객은 알다가도 모르겠다고 하는 걸까요?

어쨌거나 여기까지 보면 나도전의 실행전략은 고객의 마음을 얻지 못했으니 실패라고 볼 수 있습니다. 하지만 이 정도의 실패로 시장에서 물러난다면 무한경쟁시장에서 더 이상 기회는 없을 것입니다. 그렇다면 연애 프로젝트의 성공을 위해 나도전은 어떻게 해야 할까요?

5장

특별해야 살아남는다

경쟁자를 밟고 일어설 전략 만들기

불만이 쌓여만 간다, 어찌할 것인가?

유사랑

아침에도 다리는 여전이 욱신거렸다. 숙취도 남아 있었다. 반차라도 내고 병원에 가봐야겠지만, 마음에 걸리는 게 있으면 그대로 묻어두는 게 더 불안한 성격 탓에 평소 신지도 않던 운동화를 신고 절뚝거리면서 출근을 했다. 어젯밤에 대한 원망과 짜증과 불안함이 뒤섞인 기분으로 잠도 거의 이루지 못했다.

한시라도 빨리 나도전 씨와 어색한 관계를 풀어야지, 이대로 묵힌다면 같은 프로젝트팀에서 원활하게 일을 하기 힘들다는 생각이 들었다.

하지만 나도전 씨는 뻔질나게 드나들던 휴게실 근처도 안 오고, 내 근처에 일부러 안 오고, 아무래도 나를 피하는 것 같다. 잘못은 그쪽이 했으면서 왜 날 더 미안하게 만드는 거람? 그리고 봤으면 인사 정도는 해야 하는 거 아니야?

기다리고 기다리던 점심시간, 사랑 씨를 기다렸지만 그녀는 오지 않았다. 어쩌면 좋지? 나는 은근슬쩍 식신탐험대 사람들에게 물어봤다.

"사랑 씨는 오늘 무슨 일 있나?"

"아까 데이트 있다고 점심시간 좀 전에 나가시던데요?"

요새 새 멤버로 우리 식신탐험대에 참여하게 된 업무지원팀 박미리 씨의 대답이었다.

데이트? 하늘이 무너져 내리는 것 같다. 역시 한의사든 김필승이든 사귀는 사람이 있는 거였구나. 그러니 어제 갑작스러운 내 태도가 얼마나 당황스럽고 짜증이 났겠어. 내가 하는 일의 타이밍이 다 그렇지 뭐.

"잘됐네. 역시 사랑 씨 같은 미인은 인기가 넘치는군."

그녀는 지금쯤 누구랑 뭘 먹고 있을까? 밥이 어디로 넘어가는지 모르겠다.

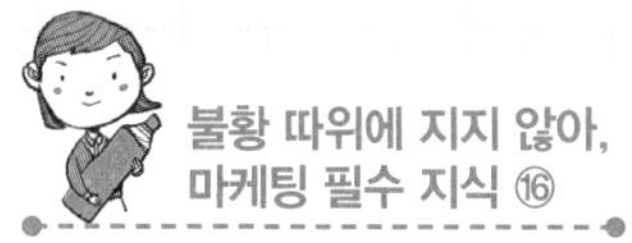

고객 불만에 대처하라

고객의 불만은 위기가 아니라 오히려 기회일 수 있습니다. 고객이 상품 서비스에 불만족할 경우에는 고객에게 최대한 빠르게 실수를 인정하고 사과해야 합니다.

고객들이 불만을 느끼는 경우는 대부분 제품을 구입하는 과정에서 발생합니다. 판매시점에서 불만을 경험한 고객의 96퍼센트가 거래를 중지하며, 서비스에 불만을 느낀 고객의 90퍼센트는 그곳에서 다시 제품을 구입하지 않습니다. 그중 기업을 상대로 불만을 제기하는 고객은 아주 소수에 불과하지만 불만사항이 해결되었을 경우엔 70퍼센트가 다시 고객으로 돌아온다고 하니 희망이 전혀 없는 것도 아니지요?

물론 고객이 불만을 느끼지 않도록 처음부터 실수나 잘못을 하지 않는 것이 중요하지만, 만약 실수나 잘못을 했다면 이를 빠른 시간 안에 바로잡을 수 있어야 합니다. 불만고객은 대부분 불만사항을 기업에 표현하지 않기 때문입니다. 이런 고객들은 기업에 직접 불만을 토로하지 않고 주변사람들에게 이를 알리는 특징이 있다고 하니 더욱 조심해야겠죠?

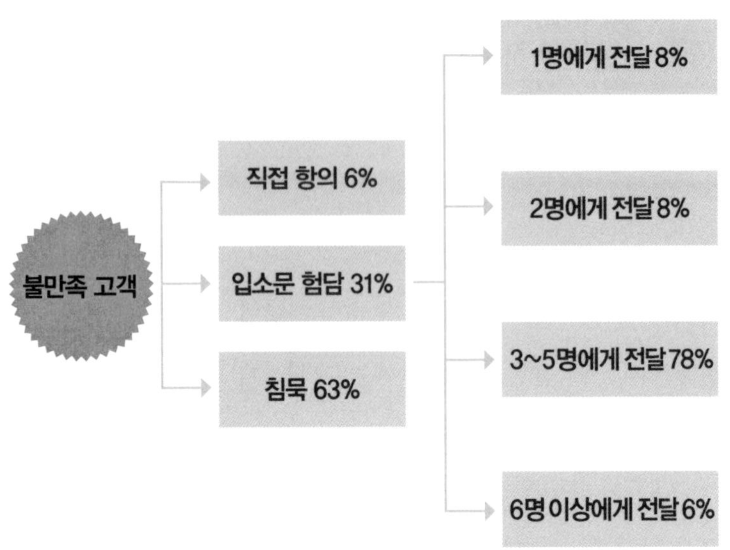

와튼스쿨의 '불만고객 연구보고서'에 의하면 불만을 느낀 100명의 고객 중 32~36명의 고객은 같은 매장을 다시 방문하지 않으며 불만사항을 기업에 알리는 고객은 6명에 불과하다고 합니다.

다시 한 번 짚고 넘어가자면 고객불만을 처리할 때 핵심은 '문제점을 찾는 즉시 대응해야 한다'는 것입니다. 불만을 표시하는 고객은 극히 일부에 지나지 않기 때문에 불만을 나타내는 고객을 소중한 존재로 인식해야 합니다.

쌓아온 노력은 배신하지 않는다

유사랑

도대체 이게 무슨 맛이야? 왜 대낮부터 달팽이 요리를 먹는 거냐고. 왜 한 번도 뭐 먹고 싶은지 안 물어보니, 송정도. 응?

사실 어제의 숙취로 머리가 지끈거리고 입이 깔깔해서 얼큰한 해장국이나 한 그릇 먹고 싶은 마음이 굴뚝같았다.

"어제는 미안했어요."

"뭐가요?"

"전화 갑자기 끊은 거요. 사실은 진짜 바빴거든요. 철마다 일가친척 보약을 다 해가는 단골손님이, 담이 걸려서 목을 움직이지도 못하겠다고 울면서 들이닥쳐서요. 게다가 제가 첫 출근할 때부터 많이 도와주시던 간호사님이 갑자기 남편 지방 발령으로 급하게 그만두게 됐어요. 어제 갑자기 회식이 당일로 잡혀서, 말로만 부원장이지 사실 막내 주제에 함부로 빠져 나오기도 힘들었습니다."

'아, 그러시겠죠. 덕분에 어제 아주 난리가 났습니다. 이것 보세

요, 할 말 있으면 하세요.'

사실 송정도 이 사람 탓은 아닌데 누구라도 원망의 대상이 필요했을 뿐이다. 어차피 속으로 생각만 하는 건데 뭐.

"정도 씨, 달팽이 맛있어요?"

"……."

"솔직히요."

"솔직히, 그냥 그래요."

"저 만날 때 말고도 늘 이런 음식점만 다니시는 건 아니죠?"

"그럼요. 저도 분식집도 가고, 시장 가게들도 좋아하고 그럽니다. 근데 사랑 씨 같은 분을 그런 곳에 모시기가 좀 그래서 그랬죠."

"일어나요. 내가 세상에서 제일 맛있는 해장국 집에 가서 밥 살게요."

나도전

점심식사 후에 모두들 커피전문점으로 몰려갔지만 난 혼자 회사로 돌아왔다. 아무리 달콤한 커피를 마셔도 지금은 지옥의 맛일 게 분명하니까…….

엘리베이터를 타려고 섰는데, 웬 늘씬한 미녀가 옆으로 와서 선다. 우리 건물에 이런 미인이 있었나?

잠깐, 나도전! 넌 어쩜 이렇게 우울한 순간에도 여자에게 눈이 돌아갈 수가 있냐? 천하의 카사노바도 두 명을 동시에 사랑하는 건 불가능하다고 했다. 마음에 둔 한 사람도 제대로 건사 못해서 이렇게 만든 상황에 눈이 가냐!

엘리베이터를 타고 올라가는데 내 앞에 고고하게 선 저 여자는 스마트폰만 바라보면서 버튼을 누를 생각을 안 한다.

"몇 층 가세요?"

먼저 물어볼 수밖에 없지. 왜 또 대답이 없지? 너무 작게 말했나? 다시 한 번.

"몇 층 가시냐고요."

"15층이요."

여자는 살짝 웃으며 말했다.

"고맙습니다. 제가 오늘 여기 처음 오다 보니 층수를 몰라서 좀 찾아보느라고요. 누르는 게 늦었네요."

뿔테안경 너머로 반짝이는 여자의 눈빛이 총명해 보인다. 그나저나 15층이면 나랑 같은 층인데, 무슨 용건으로 온 거지? 괜히 궁금해진다. 이래서 내가 푼수 소리를 종종 듣는 모양이네.

그러고 보니 목에 우리 회사 출입증이 걸려 있다. 출입증에 찍힌 이름은

'디자인 2팀 도연아'

메두사, 아니 도 팀장과 나의 첫 만남은 이렇게 이루어졌다.

유사랑

퇴근하는 사람들로 꽉 찬 엘리베이터 안에 나도전 씨가 있었다. 고개만 까딱 인사를 하고는 최대한 몸이 붙지 않도록 조심했다. 회사를 나와 버스 정류장 쪽으로 걸어가는 나도전 씨를 힐끔 쳐다봤다. 뒷모습이 왠지 모르게 의기소침해 보였다. 괜히 기분이 가라앉는다. 때마침 울리는 휴대전화 메시지.

데이빗: 퇴근했어? 나 지금 역삼역인데 만날까? 지하철 타고 너 있는 데로 갈게.

안젤라: 한국 지하철 잘 탈 수 있겠어?

데이빗: 노선도만 잘 보면 되는데 뭐. 그리고 나 한글 잘 알거든? 도착하면 연락할게.

지하철역에 도착하니 필승이가 입구에서 기다리고 있었다.

"오늘 진짜 예쁘다. 뉴욕 있을 때 같아."

생뚱맞은 필승이의 말에 나 원래 예뻤잖아, 하고 받아쳤다.

"눈이 진짜 예뻐."

계속 내 외모를 칭찬하는 게 조금 의아했다. 얘가 오늘따라 왜 이러지? 캐주얼 차림에 운동화 신고 출근해서 오히려 다른 날보다 후줄근해 보이는 것 같은데.

"술 한잔 안 할래?"

"안 돼. 내일 나 출근해야 돼."

오늘은 필승이의 제안이 선뜻 받아들여지지 않았다. 필승이와 술을 마시면 항상 끝까지 마시게 된다니까. 분위기를 띄우는 데는 선수라 즐겁게 마시다 보면 어느새 주량을 넘기게 된다.

"오케이, 알았어. 그럼 밥 먹자."

필승이는 요즘 종종 예전과 다른 느낌을 풍긴다. 뉴욕에 있을 때는 무척 귀여운 남동생 같은 녀석이었다. 그런데 5년 만에 보니 어엿한 남자가 다 됐다. 어렵게 아르바이트하면서 공모전 준비하고 작품 활동 했다더니, 몸도 훨씬 탄탄해졌고 세상살이 쓴 맛도 아는 녀석이 됐다. 특유의 긍정적인 성격은 변하지 않았지만.

"내가 바래다줄게."

어라? 헤어질 땐 안 하던 배웅까지 해주려 하네? 거절하면 왠지 더 어색해질 것만 같아 그러라고 했다. 도대체 얘까지 왜 날 심란하게 만드는 거야? 세상에서 아빠를 제외하고 가장 편하게 대할 수 있었던 남자인 필승이가 달리 느껴지기 시작한다.

나도전

드디어 사내 재테크 동호회 '알부자'에 가입했다. 사랑 씨가 재테크에 관심이 많다는 걸 알게 된 이후 여러 경로를 통해 가입할 만한 동호회를 찾아봤다. 내가 동호회 활동을 하려는 목적은 사랑 씨에게 걸맞은 사람이 되기 위해 재테크 마인드와 정보를 쌓는 것이지만, 내가 이런 동호회에서 적극적으로 활동한다는 걸 그녀에게 알리려는 목적도 있다. 이러한 조건을 종합해본다면 내게는 사내 동호회가 그만이었다. 게다가 '알부자'는 사내에서도 건전하기로 소문난 비교적 괜찮은 모임이었다. 이름만 그럴 듯하게 걸어놓고 술 마시고 친목만 다지는 모임도 많지만 여기는 제대로 스터디도 꾸려지고, 꽤 그럴 듯한 실적도 올린다는 소문이 있었다. 그러다 보니 신청만 하면 되는 다른 동호회와 달리 가입 조건까지 걸 만큼 깐깐해서 겨우 가입할 수 있었다.

사랑 씨와 자주 부딪힐 만한 사람들에게 내가 이런 동호회에서 적극적으로 활동하는 괜찮은 남자라는 걸 알릴 기회를 호시탐탐 엿보고 있다. 입소문 마케팅이라는 게 별건가. 그리고 사내 인트라넷을 담당하는 후배에게 내가 '알부자' 회원임을 알리고, 관련된 자료 제공이 필요하면 내게 먼저 말해달라고 넌지시 일러두었다. 장래성 있는 남자로 보이기 위한 준비는 조금씩 진전을 보이고 있다.

요즘은 의식적으로 회식도 피하고 있다. 프로젝트를 진행하면서 이번에야말로 내 진면목을 보이려고 신청한 마케팅 전략 온라인 강좌도 들어야 하고, 또 몸 만드는 재미에 푹 빠졌기 때문이다. 그리고 무엇보다 지난번 실수 이후로 사랑 씨를 마주하는 것이 너무 어렵다. 잘못을 만회할 만큼 완전히 달라진 모습을 보이지 않는 이상, 다시는 사랑 씨에게 접근할 수 없을 것 같다.

맥주 한 캔, 삼겹살 몇 점이면 필사적으로 한 운동 효과가 도루묵이 되는 느낌이다. 무엇보다 다이어트 애플리케이션를 만드는 마케터로서 뭔가를 보여줘야 할 것 같았다. 운동을 시작한 날부터 사흘마다 사진을 찍어 비공개로 페이스북에 저장 중인데 매일 매일은 큰 변화가 없는 것 같았지만 처음과 비교하면 지금은 엄청난 차이가 있다. 처음에는 억지로 했지만 시간이 지날수록 몸의 변화가 눈에 띄니 점점 운동할 맛이 난다. 몸짱이 뭐 별거냐. 기다려라.

이렇게 뒤에서 열심히 사랑 씨의 눈에 띄기 위한 노력을 하다가도 문득 그녀가 보고 싶어질 때가 있다. 그 일이 있기 전만 해도 편하게 연락을 하던 직장 동료였는데 이제 더 이상 그녀는 언제든지 전화를 해서 불러낼 수 있는 여자가 아니다. 하지만 좌절할 수 없다. 그녀의 마음을 얻을 수 있는 남자가 되기 위해 다시 차근차근 노력해야 한다.

유사랑

일주일 동안 눈코 뜰 새 없이 바빴다. 메두사는 그동안 추진되었던 다이어트 애플리케이션 디자인 시안을 하나하나 꼼꼼히 체크하며, 잘못된 부분을 발견하면 팀원들을 하나씩 불러 문책했다. 차라리 아예 새로운 디자인을 하고 말지, 하나하나 뜯어고치는 건 훨씬 더 고단한 작업이다. 하나라도 놓치면 당장 팀장의 불호령이 떨어진다. 덕분에 다크서클이 턱 밑까지 내려온 건 물론이다. 이번 주말에는 편하게 집에서 쉬면서 피부관리라도 해야겠다.

물론 나도 욕심이 생긴다. 내가 디자인한 캐릭터가 애플리케이션의 중심 캐릭터로 자리 잡아 다이어트에 대한 관심을 끌고, 캐릭터 자체로 인기를 얻게 되면 얼마나 기쁠까. 우리 다이어트 애플리케이션의 특징과 매력을 돋보이게 할 디자인 아이디어를 꼭 생각해내야 할 텐데.

답답하지만 이런 사정을 이제는 누구와 나눠야 할지 모르겠다. 송정도 씨는 본인뿐만 아니라 집안 전체가 한의사거나 약사여서 회사의 생리에 대해서는 잘 모른다. 필승이는 다른 분야의 이야기를 할 때는 편하지만, 우리나라의 회사 시스템을 아직은 전혀 모르고 있으니 상황을 설명하다 진이 빠질 것 같다.

지금까지는 이럴 때 나도전 씨가 불평과 투덜거림을 들어주고는 했는데……. 사려 깊게 내 얘기를 들어주고 고개를 끄덕이며 조언해주던 그가 그립다. 힘들고 어려울 때 회사 이야기를 털어놓을 수 있는 유일한 사람이었는데……. 지난 번 나도전 씨의 행동은 정말 난감하고 화가 났지만, 고되고 힘들다 보니 떠오르는 게 나도전 씨다.

요즘 들어 나도전 씨는 뭐랄까, 조금 샤프해졌다고나 할까? 살도 빠진 것 같고 옷 입는 스타일도 많이 달라졌다. 밑단이 다 해진 청바지에 체크무늬 남방은 더 이상 찾아볼 수 없다. 훨씬 세련되고 자신에게 어울리는 옷을 찾은 것 같았다. 혈색도 좋아진 걸로 봐서는 계속 운동을 하고 있나 보다. 나는 그날 다친 다리가 계속 아프고, 메두사가 온 이후로 야근이 이어지다 보니 벌써 몇 주째 운동은 꿈도 못 꾸고 있다.

나도전 씨가 달라진 건 외모만이 아니다. 조금 모자라 보이던 모습은 다 어디로 가고, 최근 의욕적으로 프로젝트를 추진하는 모습이 인상적이다. 전에는 멍해 있을 때가 많았는데, 지금은 어쩌다 마주치면 뭔가에 몰두하고 있거나 다른 사람들과 일 관련해서 대화 중이어서 인사를 할 틈도 없다.

이렇게 서로 데면데면하다 멀어지는 사이가 되는 걸까?

나도전

마음 한구석이 허전하다. 도 팀장은 에너지 넘치게 일을 추진하고 있다. 하지만 그 에너지가 너무 과하다는 게 문제다. 모든 사람들이 그 에너지에 맞출 수는 없으니까. 며칠 동안 코빼기도 보이지 않는 사랑 씨가 솔직히 조금 원망스럽다. 그날 이후로는 나에게 완전히 질려버린 것인지도 모른다. 나야 입이 열 개라도 할 말이 없지만 한 마디쯤은 무심하게 걸어줄 법도 한데, 프로젝트팀 전체 회의가 끝나면 자기 자리로 돌아가기가 바쁘다.

그녀는 내 모습을 조금이라도 지켜보고 있는 걸까? 내가 얼마나 많이 변하려고 노력하고 있는지 알아챘을까? 이대로 새롭게 다가온 사랑을 보내버릴 수는 없다. 뭔가 제대로 보여줘야 하는데……. 그녀의 마음이 단번에 풀릴 수 있는 이벤트가 뭐 없을까? 어설프게 시도했다가는 분위기만 어색해질 게 뻔하다.

이러고 있을 때가 아니다. 메두사가 온 이후로 디자인팀의 혹사는 사내에서도 유명하다. 사랑 씨에게는 당장 말하고 싶은 고민과 불평거리가 잔뜩 쌓였을 것이다. 이럴 때 자연스럽게 고민을 들어주면서 분위기를 이끌어야겠다. 우선 장소부터 정하고 건수를 잡아야겠군. 특별하면서도 부담스럽지 않은 분위기의 장소를 물색해야겠어.

누나의 말에 따르면 여자는 스트레스가 쌓이면 탄수화물이 당긴다고 했다. 우리 집에서는 누나가 빵과 쿠키를 한 봉지 가득 사 들고 들어올 때면 비상 사태였다. 사랑 씨도 같은 여자니까 비슷할지도 모른다. 파스타 잘한다는 이탈리아 레스토랑을 예약해야지. 대화가 길어질 수도 있고 요즘 과로로 스트레스도 쌓였을 테니, 사랑 씨 집에서 가까운데다 장소를 옮기지 않고 차까지 마실 수 있는 곳이면 좋겠지.

그리고 발등에 불이 떨어진 다이어트 애플리케이션 프로젝트 디자인에 도움이 될 아이디어를 찾아봐야겠어. 부담스럽지 않으면서 업무에 도움이 될 만한 것들로. 그러다 어느 정도 기분이 풀어졌을 때 그녀에게 진지하게 용서를 빌어야지. 사람이 배가 든든하면 기분이 풀어지는 법이니까. 힘내자, 나도전!

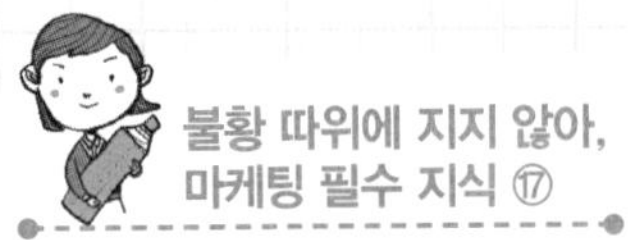

충성고객 만들기

마케팅 실행과정에서 시행착오를 겪게 되더라도 꾸준히 고객의 니즈를 이해하고 실행에 옮기려는 노력을 기울여야 합니다. 한 번 떠난 고객의 마음은 다시 되돌리기 어렵기 때문에 완전히 떠나기 전에 붙잡아야 합니다.

어떠한 마케팅 활동으로 소비자의 구매를 한 번 이끌어냈다고 해도, 장기적인 충성고객으로 만들기 위해서는 다양한 측면의 끊임없는 노력이 필요합니다.

마음을 주면서 구매라는 선택을 해준 소비자에게 있어 '제품 품질 하락', '서비스 만족도 하락' 등은 믿어준 신뢰에 대한 배신으로 느껴지게 됩니다. 떠난 고객의 마음을 되돌리기에는 최초 마음을 사로잡았던 노력보다 몇 배의 수고가 더 필요하게 마련입니다.

그 한 예로, 스타벅스 매장이 급속히 증가했을 때 커피맛을 균일하게 맞추지 못해 커피맛에 대한 고객의 실망과 서비스에 대한 불만이 늘어나면서 고객들이 떠났습니다. 그때 떠난 고객을 잡기 위해 하워드 슐츠가 매장 문을 닫고 커피 만드는 법부터 다시 교육을 시작하는 파격적인 카드를 꺼내야만 했던 걸 기억하세요.

벽을 허무는 공통분모

오랜만에 나도전 씨가 사내 메신저로 말을 걸어왔다.

나도전: 지난번 일은 정말 미안했어요.

유사랑: 아…… 아니에요, 뭐.

나도전: 메두사 일처리 때문에 디자인팀 분위기가 안 좋죠?

유사랑: 네…… 지금까지 해온 시안들이 대부분 백지화되는 바람에 걱정이 태산이에요. 그나마 제 캐릭터는 몇 군데 수정하는 정도로 끝나긴 했지만. 그래도 등장하는 부분들 다 챙기다 보면 손볼 데가 많네요.

나도전: 그럼 얘기 나온 김에 워크숍 저녁식사 어때요?

유사랑: 워크숍 저녁식사라뇨?

나도전: 말하자면 서로의 숙제를 도와주자는 거죠. 디자인과 마케팅, 서로의 업무에 도움을 주는 것. 아까 보니까 메두사도 일

이 있다고 일찍 퇴근하겠다고 하던데, 하루 정도는 야근 빼도 괜찮지 않아요?

유사랑: 아, 좋아요. 정 뭐하면 집에 가져가서 보면 되죠.

나도전: 그럼 오늘 퇴근 후에 괜찮겠어요? 제가 사과하는 의미로 살게요. 대신 술은 안 마시기로 하고요.

딱히 거절할 말이 생각나지 않았다. 만약 여기서 거절한다면 앞으로 내내 어색한 사이를 벗어나기 힘들 것 같았다. 같은 회사에서 불편한 사이로 지내는 게 좋지는 않지. 그런데 왠지 모르게, 말려드는 것 같단 말이야?

나도전

생각보다 분위기는 어색하지 않았다. 그녀는 세심하게 신경 쓴 레스토랑 인테리어를 마음에 들어 했다. 그녀에게 새로운 영감과 아이디어를 제공할 수 있는 공간을 선택하려던 의도는 어느 정도 성공한 것 같았다.

"사랑 씨, 우리 상품이 어떤 의도로 만들어졌는지 알죠?"

"네. 개발업체들 경쟁이 치열하잖아요. 그래도 스타트업 정신으로 새로운 다이어트 애플리케이션을 만들어, 여름에 많은 사람들이 우리 회사 애플리케이션을 이용하도록 하는 거죠. 그러면서 회사의 이미지도 올리고요."

"맞아요. 하지만 그건 우리가 애플리케이션을 만들면서 얻으려는 목적이고, 우리 애플리케이션을 선택할 만한 예상고객이 꼭 다운받게 만들 차별점이 있을까요?"

"음, 사실 다이어트 애플리케이션은 무수히 많아서 그중에 어떤 걸 고르는 게 좋을지 잘 모르겠어요."

"맞아요. 바로 그거예요. 사랑 씨는 우리가 광고할 땐 어떤 고객을 대상으로 하고, 어떤 모델을 선택하면 좋을지 혹시 생각해봤어요?"

"지금까지 다이어트 애플리케이션은 대부분 젊은 여성들의 에스라인이나 한여름 몸짱 되기 같은 걸 내세웠잖아요. 그렇다면 우리 애플리케이션은 좀 더 건강 지향적인 콘셉트여야 하지 않을까요? 이 애플리케이션으로 다이어트를 하면 단순히 살이 몇 킬로그램 빠진다는 것을 넘어서 어떻게 건강해지는가를 보여주는 것, 그리고 친구처럼 격려하지만 강요하지 않는 느낌."

"맞아요, 사랑 씨! 그렇게 고객 입장에서 생각하면 될 거 같아요. 지금까지 우리가 이야기한 제품의 본질이 고객들에게 전달될 수 있는 디자인이 필요해요. 여름에만 잠깐 살이 빠지고 다시 요요가 오는 반복이 아니라, 이 애플리케이션과 같이하면 계속해서 건강함을 유지할 수 있다는 것. '같이 운동하고 다이어트하는 친구'라는 콘셉트가 핵심이에요."

"아무래도 제가 지금까지 너무 단순하게 생각한 것 같아요. 좀 더 친구처럼 느껴지는 디자인을 해야겠어요. 특히 캐릭터는 귀여우면서도 자꾸 보고 싶은 친구처럼 만들어야겠어요."

"좋은 생각이에요. 그러면 확실히 성공할 거 같아요."

사랑 씨가 모처럼 밝게 웃어주니 나도 날아갈 듯 기뻤다. 역시 일에 관한 이야기가 우리 사이에 벽을 허무는 가장 좋은 아이템이다.

유사랑

"그날은 정말 미안했어요."

디자인에 대한 고민을 해결하고 기분 좋게 집으로 걸어오는 길에 나도전 씨는 침을 몇 번이나 삼켰다.

"아까 메신저로 사과하셨잖아요."

"아니죠, 이런 건 직접 만나서 사과해야 하는 거죠. 메신저로 끝낼 수 있나요. 다시는 실수하지 않을게요."

어느덧 제법 따스해진 봄바람이 살랑였다. 기분이 묘했다.

"사랑 씨."

"네?"

"지금까지 제가 먼저 고백하고 싶은 마음이 든 여자가 딱 한 명이 있었어요."

갑자기 이 이야기는 뭐지? 그날 사건을 설명하려고 그러나?

"아, 그래서 그 분이랑은 잘되셨어요?"

"아뇨. 제가 적절한 타이밍을 잡지 못했던 것 같아요."

"사람 만나는 건, 가장 좋은 사람을 만나는 게 아니라 가장 좋은 시기에 같이 있는 사람을 만나는 거라고도 하잖아요. 더 좋은 분 만나실 거예요."

그때 이루지 못했던 미련 때문에 나한테 그랬던 건가? 풀 죽은 모습을 보니까 좀 위로해주고 싶어졌다.

"여자가 세상에 한 명뿐인 것도 아니고, 또 좋은 사람이 나타나지 않겠어요? 그러니까 저한테처럼 분위기에 취해서 가볍게 그런 말 꺼내지 마시고, 진짜 좋은 사람 나타나면 공들여서 사귀세요."

나도전

연일 야근에 피곤하고 지칠 때도 됐지만, 야근 후 유사랑 씨와의 업무 미팅을 빙자한 야식 데이트에 대한 기대감 덕분에 기운이 솟았다. 아쉽게도 그날 이후로는 술은 절대 같이 안 마시는 사이가 되었지만 그래도 밤에 출출함을 달래는 가게 순회도 식도락 취미가 있는 사랑 씨에게는 꽤 어필할 수 있는 기회였다. 심야 푸드 트럭, 새벽까지 하는 일식집들까지 미리 갈 곳들을 파악해두었다.

오늘도 혹시나 하는 마음에 메시지를 보내려는데 현우에게서 전화가 왔다.

"뭐하냐?"

"이제 퇴근하려고."

"아직도 회사냐? 한잔할래?"

"안 돼. 만날 사람이 있어."

"작업 중이라는 그 디자이너? 이 형님이 좀 봐줘야 하는 거 아냐?"

하긴 요즘 들어 부쩍 가까워진 사랑 씨와의 관계를 현우 녀석에게 은근히 자랑하고 싶기도 하다.

"그럼 너 있는 곳으로 갈게. 자연스럽게 만나는 거야. 티 내면 안 돼. 불편해할지도 모르니까. 그리고 술은 안 된다. 그럴 일이 좀 있어서."

"거 공주님 한번 뵙기 되게 힘드네. 알았어, 인마."

전화를 끊고 그녀에게 야식도 할 겸 친구와 동석하지 않겠느냐고 물었다. 새침하게 고개를 끄덕이는 그녀, 이젠 내가 아주 싫지는 않나 보다.

약속장소인 가게에 도착. 현우는 혼자 카운터에서 온갖 폼은 다 잡고 앉아 있었다. 짜식, 왜 지가 폼을 잡는 거야? 서로 소개를 시켰는데 이 사람들 좀 이상하다. 말없이 서로를 바라보는 두 사람. 뭔가 불길한데…….

이 녀석이 남의 여자 뺏은 전력이 있는지라 불안감이 스멀스멀 올라온다. 그래도 친구의 여자 친구한테는 눈독을 안 들인다고 했으니 뭔 일이야 있겠어.

"처음 뵙겠습니다. 민현우입니다."

그녀는 눈을 동그랗게 뜨고 현우를 쳐다봤다. 설마, 현우에게 첫눈에 반한 건 아니겠지?

"네, 유사랑이라고 합니다."

자리에 앉고도 잠시 어색한 침묵이 흘렀지만 현우자식이 너스레를 떨며 다시 분위기를 이끌었다.

"너무 늦어서 술은 못 권하겠고 알코올이 없는 칵테일로 하세요. 골든 메달리스트, 괜찮으시겠죠?"

"네……."

"이 친구한테 뛰어난 디자이너라고 들었습니다. 실제로 보니 디자이너라기보다는 모델 같으시네요."

어느새 현우는 편안하게 대화를 이끌고 있었다. 처음엔 긴장한 것 같았던 사랑 씨도 어느새 웃으면서 대화에 참여했다. 오히려 나보다 두 사람이 더 말을 많이 하는 것 같다. 현우 이 자식, 이미 술을 꽤 마셨을 텐데도 오늘따라 폼을 잡고 멀쩡하다.

아니야, 아닐 거다. 워낙 어느 여자한테나 친절한 녀석이니까. 잠깐 생각에 잠긴 사이 둘은 어느새 전화번호까지 주고받았다. 어라, 이 자식 이거 진짜 작업 거는 거야? 작업이면 나 없는 데서 주고받겠지, 대놓고 앞에서 그러겠어. 설마.

처음 나도전 씨의 친구를 소개받았을 때 난 두 눈을 의심했다.

미선이 생일날 전화기를 찾아줬던 남자. 그 후로 몇 달이 지나긴 했지만 그날의 상황이 워낙 특이했다. 무엇보다 처음 만난 사람인데도 즐겁게 이야기했던 기억이 떠올랐다. 하지만 자신을 민현우라고 소개한 이 남자는 전혀 놀라는 것 같지 않았다. 처음 만난 척하기에 나도 같이 장단을 맞춰주었다.

나도전 씨는 대화에 거의 끼어들지 않았다. 내가 너무 현우란 사람과의 대화에 집중해서 그랬나? 첫 만남 때와 마찬가지로 우린 말이 잘 통했다. 하지만 은근슬쩍 내 눈을 바라보며 웃는다거나 끊임없이 내 관심을 끌 만한 이야기들을 유도해내는 걸 보면, 이 남자 보통은 넘는다.

나를 집까지 바래다주겠다는 나도전 씨를 만류하고 혼자서 택시로 가겠다고 했다. 대신 도전 씨는 택시 부르는 애플리케이션으로 가게 바로 앞까지 택시를 불렀다. 도착하면 메시지를 받도록 해서 안전에도 신경을 쓰는 나도전 씨. 귀가 도중 현우 씨에게서 문자가 왔다.

'아까는 정말 깜짝 놀랐습니다. 이런 게 운명 아닐까요?'

운명? 웃기시네. 이런 접근은 사전에 싹둑 잘라야 한다. 대화가 즐겁긴 했지만, 이런 선수들은 내가 아니라 누구와도 즐겁게 대화를 이끌어갈 거다. 아무리 호감이 가도 능숙한 바람둥이를 가까이 두고 싶지 않다. 거기다 나도전 씨의 친구기도 하고.

민현우 그 사람은 나도전 씨가 고백했다던 여자를 잘 알려나. 이상하게 나도전 씨 옆에서 웃고 있는 여자를 떠올리면 잘 그려지지 않는다. 그 안에 누군가의 얼굴을 채워 넣고 싶지만 조금 겁이 난다. '누군가를 생각한다'거나 '좋아한다'라는 말은 정말 위험한 것 같다.

나도전

요즘 들어 현우 녀석이 부쩍 사랑 씨의 소식을 물어온다.

"사랑 씨는 잘 있냐? 요즘 뭐 하고 지내냐?"

지나가는 말처럼 물어보지만 뭔가 수상하다. 아무래도 안 되겠다. 그녀에게 조금 더 다가가야겠다. 어렵게 마련한 이벤트인 만큼 그녀를 감동시키고 싶다. 설마 약속을 잊어버린 건 아니겠지? 전화를 걸까 하다가 문자로 대신했다.

'토요일 약속 잊지 않았죠?'

30초쯤 있다가 답장이 왔다.

'네. 기대하고 있어요.'

역시!

오랜만에 정도 씨를 만났는데 오늘 따라 태도가 이상하다. 밥을 먹을 때도 슬슬 내 눈치를 보더니, 자기가 잘 아는 야경 포인트가 있다며 드라이브를 하자고 했다. 딱히 할 이야기도 없고, 어색하게 침 넘기는 소리만 오갔다.

차는 꽤 가파른 산기슭을 따라 올라갔다. 도착한 곳은 어느 팔각정이었다.

"야경이 좋네요. 옷을 좀 든든히 입고 올 걸 그랬나 봐요."

계속되는 침묵이 불편했는지 이번에는 그가 입을 열었다.

"음악 들을래요?"

익숙한 음악이 차 안을 메운다.

"사랑 씨."

고개를 돌려 정도 씨를 바라본 순간, 아뿔싸. 키스타임? 어떡하지? 눈을 감아, 말아? 하지만 갑자기 이건 아니야. 내면에서 나도 모르는 내 의지가 소리를 지르는 것 같았다.

"잠깐만요!"

그런데 이 남자 잠깐 움찔하더니 계속 다가온다. 나도 모르게 다가오는 그를 밀치며 말했다.

"소화가 안 돼요. 우리 잠깐 걸어요."

그는 다짜고짜 문을 열고 빠른 걸음을 걷는 나를 차 안에서 한참 바라보더니 곧 따라 내렸다. 사람이 북적대진 않았어도 팔각정 근처에는 우리처럼 야경을 즐기러 온 커플들이 몇 명 있었다.

정도 씨와 함께 있는 시간은 너무나 불편하고 의무감으로 가득하다. 사실 우리에겐 공통분모가 없다. 나름대로 여자를 배려한다고 하는 정도 씨의 행동들도 나에게는 어색하고 불편하기만 하다. 언제나 깍듯하고 반듯할 뿐이다. 오히려 나도전 씨와의 시간들이 더 즐겁다. 이런 상황에서 나도전 씨가 떠오르다니…….

 **나도전**

내일은 그녀와 정식으로 첫 데이트를 하는 날이다. 물론 그녀는 데이트라고 생각 안 하겠지만.

사랑 씨에게 하늘을 선물할 계획이다. 패러글라이딩은 내게 호연지기란 무엇인지 확실히 알려준다. 가슴이 갑갑하고 미칠 것 같을 때 한 번씩 하늘을 날고 오면 신선한 바람이 머릿속을 싹 씻어주는 기분을 느낄 수 있다. 도 팀장 부임 후 스트레스로 자주 머리가 아프다는 사랑 씨에게 그 이야기를 꺼내자 눈을 반짝이며 자기도 꼭 해보고 싶다고 해서, 마음을 바꿀 새라 얼른 예약을 잡았다.

둘이 함께 타는 탠덤 비행도 할 수 있으려나. 사랑 씨를 보호하기 위해서는 당연히 밀착할 수밖에 없는데, 문제는 자주 타질 않아서 내 몸 하나 가누기도 힘든 거지. 연습 좀 해둘 걸. 자연스러운 스킨십에 이르는 길인 것을.

하늘을 이렇게 가까이서 본 건 처음이다.

나는 교관 선생님과 함께 탠덤 비행을, 나도전 씨는 혼자서 비행을 했다. 서로 무전으로 대화를 나누면서.

"여기는 나도전, 바람이 너무 좋다 오버!"

"여기는 유사랑, 바람도 좋고 하늘도 좋다 오버!"

처음 내리막길을 전속력으로 뛸 때는 낙하산 무게 때문에 움직이기가 쉽지 않아서 제대로 뜰 수 있을까 싶었다. 하지만 정작 떠오르자, 무섭던 기분은 거짓말처럼 사라지고 의자에 편히 앉아서 하늘의 경치를 구경하는 느낌이었다. 처음으로 하늘을 날게 해준 나도전 씨가 고맙다. 내가 우울하거나 스트레스가 쌓일 만하면 이런 아이디어를 내주는 나도전 씨의 다양한 관심사가 부럽기도 하다. 다음엔 어떤 아이템을 가져올지 두근거리기도 한다.

그러다 문득 그의 옆에 다른 여자를 상상하니 기분이 좋지 않다. 나도전 씨가 좋아했다는 여자. 하지만 뭐 이제는 과거형이니까. 그리고 나에게는 송정도 씨도 있고 날 즐겁게 해주는 필승이도 있는데 질투를 하는 것도 이상하다.

우선은 오늘 이 하늘을 즐기자. 정말 오랜만에 제대로 숨을 쉬는 기분인걸.

해결 안 된 불만은 1천 번의 광고도 못 이긴다

고객의 마음은 시시각각 변할 수 있습니다. 그러므로 고객변수들로 인해 발생하는 상황에 따라 빠르고 정확하게 전략을 수정하는 것이 중요하지요.

나도전의 첫 번째 실수는 고객이 불만을 느꼈을 때 가능한 빨리 그 문제를 해결하지 못했던 것입니다. 이런 기간이 길어질수록 고객의 마음을 되돌리기는 점점 어려워지게 됩니다. 하지만 왜 실수를 했는지 되짚어본 후 정확한 전략을 재수립하고 빠르게 실행한다면 기회는 충분히 있습니다. 고객이 상품이나 서비스에 만족하지 못한 경우 즉각적으로 불만 사항을 만족할 만큼 해결해준다면 그 고객은 충성고객이 될 확률이 아주 높다는 사실을 기억해야 합니다.

또한 마케팅 프로세스를 실행하면서 실수를 했을 경우 미처 시행하지 못한 다른 전략을 꾸준히 진행하면서 고객의 구매 포인트를 찾아나가는 것을 잊지 말아야 합니다.

광고하는 물건은 다 팔릴까?

그런데 여기서 또 하나의 문제는 경쟁자들도 고객에 대해 적극적으로 프로모션을 하기 시작했다는 점입니다. 프로모션의 원리는 고객의 구매행동 패턴에 맞추어 이루어집니다. 즉 광고만 잘한다고 능사는 아니라는 뜻이죠.

광고를 통해 특정 상품에 좋은 이미지를 갖게 된 고객이 물건

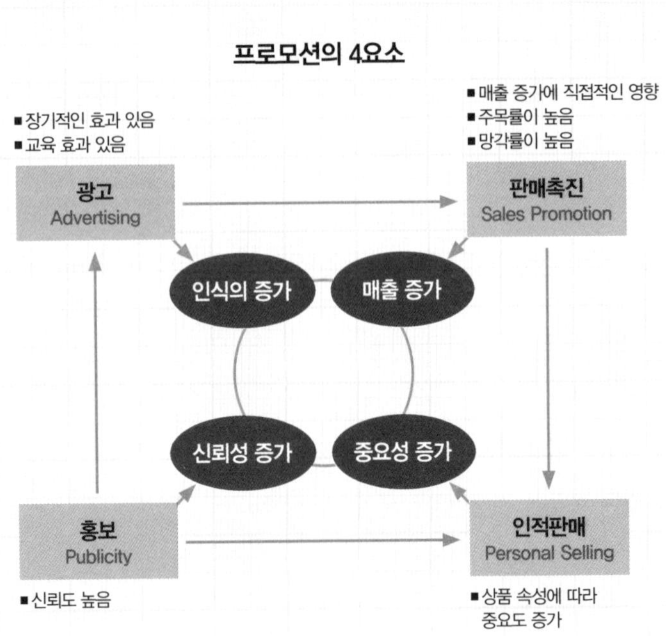

을 사러 가까운 슈퍼마켓이나 마트에 갔는데 찾는 물건이 없다면 고객은 다른 상품을 살 수 있습니다. 반대로 그 상품이 있지만 경쟁상품이 특가 세일을 하고 있거나 믿을 만한 사람이 다른 경쟁상품을 추천할 경우, 혹은 판매원의 서비스가 마음에 안 들 경우 고객은 다른 상품을 구매할 수도 있습니다. 고객이 상품을 구매하고 집에 돌아와서 그 상품을 이용해보기 전반품도 있으므로까지 프로모션 전략의 수립과 실행에 고삐를 늦추어서는 안 됩니다.

MARKE

6장

영원한 적도 동지도 없다

위기의 순간, 속도를 높여줄 협력자를 가졌는가

속도를 2배로 높이는 적과의 동맹

나도전

다이어트 애플리케이션 런칭을 앞두고 마케팅 팀원들은 모두 초긴장 상태다. 장장 세 시간에 걸친 회의를 마치고 자리에 돌아오니, 책상 위에 에너지 드링크가 하나 놓여 있었다. 뭔지 몰라 의아해하는데 사랑 씨에게서 문자가 왔다.

'마시고 에너지 충전! 같이 힘내요!'

패러글라이딩 이후 부쩍 친밀해진 느낌이다.

한껏 좋아진 기분을 원동력 삼아 일에 몰두하다 보니, 어느새 퇴근 시간이 가까워졌다. 물론 퇴근은 언감생심이다. 잠시 머리라도 식힐 겸 휴게실로 들어섰는데 마침 도 팀장이 다가와서 말을 걸었다.

"아, 안녕하세요? 커피 한잔하실래요?"

도 팀장과는 이번 프로젝트 회의에서 계속 부딪치다 보니 꽤 친분이 쌓였다. 우리 팀은 일정 문제로 빨리 진행하자고 하고, 도 팀장은 수정 사항이 많다며 버티기가 일쑤라 회의 때마다 긴장감이 감돈다.

"네, 좋아요."

"저한테 하실 말씀이라도……."

"다름이 아니라 도전 씨가 식도락모임을 만들었다면서요. 저도 그 식신탐험대에 끼워주시면 안 될까요?"

"네?"

"딴 뜻이 있는 게 아니라……, 회사 옮긴 지 얼마 안 되고 프로젝트가 급히 진행되다 보니 사람들하고 친해질 여유가 없었네요. 사적인 자리를 통해서 좀 어울리고 싶어요."

도 팀장이 웃으면서 부탁한다. 사실 일할 때에는 정말 마녀같이 무섭게 일하는데, 워낙 출중한 미모라 미소 짓는 모습을 보면 사랑 씨가 있는 나도 가슴이 두근두근할 정도다.

메두사가 식신탐험대에 들어와서 사랑 씨와 가까워지면 아무래도 회사 생활에도 더 도움이 될 것 같다. 그렇다면 환영할 만한 일이다.

그런데 당장은 사랑 씨가 불편해하지 않을까 걱정이다. 괜히 이러다 소화불량 걸리는 거 아닌가? 그래도 장기적인 관점에서 보면 사랑 씨에게 이익이니 흔쾌히 대답했다.

"신입은 언제나 환영이지요. 대신 신입회원이시니까 들어오실 때 한 턱 내세요."

유사랑

정말 어이가 없어서, 도전 씨는 어떻게 메두사를 우리 식신탐험대에 끼워 넣을 생각을 했을까? 사무실에서 보는 것만 해도 충분하고, 또 내가 얼마나 싫어하는지도 알면서 참여시키다니. 그나저나 메두사는 왜 우리 모임에 끼고 싶어 했을까? 설마 도전 씨한테 관심이 있는 건 아니겠지? 천하의 메두사가? 하긴 저렇게 완벽해 보이는 사람이 도전 씨같이 푸근하고 털털한 사람한테 끌리는 경우도 있으니까.

"도전 씨, 물 좀 주시겠어요?"

"네. 아, 근데 거기 사랑 씨 옆에 있는 거, 물 아니에요?"

변했어. 어떻게 저렇게 무심할 수가. 알아서 먹기나 하라 이거지?

"앞으로 점심에 자주들 봐요."

사람들에 둘러싸인 메두사가 평소와는 다르게 사근사근한 말투로 말했다. 그 반만이라도 우리 팀한테 했으면. 녹음해서 우리 팀 사람들한테 들려주면 기절할 거다.

도전 씨는 오늘따라 나한테는 눈길도 안 주고, 메두사를 사람들과 인사시키느라 정신이 없다. 뭐가 그렇게 좋은 거야? 아주 광대가 성층권 넘어 승천하시겠어.

"커피는 나중에 먹을게요. 약속이 있어서요."

더 이상 함께 있고 싶지 않았다.

"그래요? 할 수 없죠. 그럼 나중에 사무실에서 봐요."

뭐라고? 할 수 없어? 오호, 그렇게 나오신단 말이지? 그래, 계속 할 수 없으시지.

메두사랑 나란히 들어가는 도전 씨를 보니 무언지 모를 불쾌한 마음이 들었다. 일부러 회사와 거리가 먼 테이크아웃 커피전문점까지 가서 아이스 아메리카노에 샷을 두 개나 더 추가해서 주문했다. 벌컥벌컥 한 모금을 들이붓자 뇌 주름 하나하나로 스며드는 듯한 진한 카페인이 느껴졌다. 차가운 커피를 한 모금씩 마시면서 조금씩 열을 식혔다.

요즘 들어 여직원들이 지나가는 말로 도전 씨가 전보다 훨씬 멋있어졌다고 하는 걸 몇 번 들은 적이 있다. 하지만 아직 정도 씨에 비할 바는 아니다. 외모뿐만 아니라, 경제적인 면에서도 도전 씨는 정도 씨를 따라오지 못한다. 그러나 정도 씨는 부모에게 물려받은 자원이 많으니 온전히 자신이 일군 거라고 볼 수는 없다. 물론 한의사라는 직업 자체는 물려받아서 되는 것도 아니고 본인의 머리와 노력도 대단했을 것이다. 하지만 경제적인 뒷받침이 없었다면 부원장 월급 정도로 통 큰 씀씀이를 자랑할 수는 없겠지.

자기 노력으로 개척해나가는 남자, 나도전. 태어나길 운 좋게 태어난 송정도. 그리고 누구보다 더 나를 잘 알고 편하게 해주는 필승이. 알 수 없는 의문부호를 가진 남자 민현우.

선택할 수 있다면 누구의 손을 잡았을 때 가장 행복할까?

 나도전

"내가 술 한잔하자고 해서 놀랐죠?"

도 팀장이 저녁 약속을 제안했을 때, 놀란 건 사실이었다.

"네. 조금요."

"회사 들어오고 나니 처음에 힘들더라고요. 생각보다 팀원들하고 화합도 어렵고, 아무래도 큰 프로젝트를 하는 도중에 들어와서 업무 진행하는 것도 만만치 않고……."

언제나 자신만만한 도 팀장에게서 이런 말을 듣게 될 줄이야. 메두사답지 않게 표정이 쓸쓸해 보이는 건 내 기분 탓일까?

"나도전 씨가 마케팅팀하고 디자인팀 사이에서 분위기 메이커 역할을 잘한다고 다들 그러더라고요."

"제가요?"

도 팀장은 데낄라 한 잔을 원샷하고 나서 말했다. 그래, 이 메두사의 소문 중 하나는 아무리 마셔도 취하지 않는 마녀라는 거였지. 워낙 철두철미한 메두사에게 빈틈을 찾아보려고 억지로 술을 마시게 했던 회사 사람들이 한 명도 남지 않고 다 전사할 때까지 표정 하나 안 변했다는 무용담을 들은 일이 있다.

"그래서 말인데 저 좀 도와주시겠어요?"

무슨 소리지? 도와달라니? 도 팀장의 권한과 능력으로도 해결하지 못할 일이란 게 있단 말인가?

"전임 팀장이 도전 씨와 함께 많은 일을 추진했다고 들었어요.

나도 마케팅팀하고 원활하게 일을 추진하고 싶지만 쉽지 않네요. 아무래도 선입관을 갖고 있어서 제 말을 들으려고 하지 않는데, 도전 씨가 다리 역할을 해줄 수 있을 거 같아서요."

그거라면 어렵지 않았다. 하지만 이를 통해 내가 얻을 수 있는 건 없을까?

"그럼 팀장님은 제게 뭘 해주실 거죠?"

"나도전 씨가 요즘 간절히 바라는 걸 이룰 수 있게 도와줄게요."

도 팀장은 눈을 찡긋 하며 말했다.

"나도전 씨 연애 사업이요. 유사랑 씨 좋아하죠?"

도 팀장의 말에 깜짝 놀랐다. 이렇게 난감할 수가 있나.

"그런데 사랑 씨는 좀처럼 넘어가지 않고요?"

이제 갓 들어온 도 팀장이 아는 정도면 마케팅팀과 디자인팀 직원들은 모두 알고 있는 거 아니야? 이를 어쩌지?

"다른 사람들이 알고 있는 눈치였나요?"

"그건 제가 모르죠. 하지만 안다고 해서 대놓고 이야기하기도 뭐할 테니까요. 잘못될 경우에 서로 불편하고 곤란하니……."

이왕 이렇게 됐다면 할 수 없지. 이 기회를 살리는 수밖에.

"그럼 제가 도와드릴 테니 디자인팀에 업무적으로 드나들 때 자연스럽게 그냥 놔둬만 주세요. 아무런 티 내지 마시구요. 그리고 현재 추진 중인 프로젝트의 마케팅 창구 역할을 제가 할 수 있도록 저희 팀장님께도 말씀해주시면 좋겠어요."

"그걸로 되겠어요?"

"전 사랑 씨에게 제 능력을 보여주고 싶어요. 그럴 기회를 만들어주시는 걸로 충분합니다. 그리고 또 한 가지."

"네, 말씀하세요. 얼마든 도와드리죠."

"이건 사랑 씨 문제는 아니에요. 제가 이번에 기획한 마케팅 이벤트가 있는데 도 팀장님이 적극 지원해주셨으면 합니다."

"물론이죠. 그리고 사랑 씨와 관련해서 내겐 한 가지 계획이 더 있어요."

"그게 뭐죠?"

"고객들은 어떤 상품에 대중의 관심이 집중되면 마음이 급해진다죠? 마케팅할 때 그런 심리를 전략적으로 이용하기도 하고요. 연애도 마찬가지겠죠? 두고보세요."

뭔가 나름 꿍꿍이속이 있는 모양이지만 어쨌든 전략적 제휴를 맺은 이상 일처리 능수능란한 도 팀장에게 맡기는 게 좋겠다. 나보다는 훨씬 더 전략적인 사람이니까.

우린 협력의 뜻으로 가볍게 악수를 나눴다.

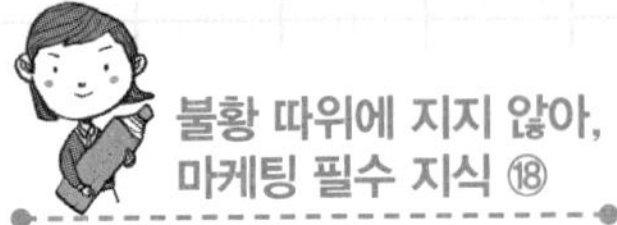

영원한 적도 동지도 없다

"고객을 만족시켜라. 처음에도, 나중에도, 그리고 항상."

세계적인 의류업체 베네통의 경영인 루치아노 베네통Luciano Benetton이 한 말입니다. 마케터들이 결코 잊어서는 안 될 말이기도 합니다. 하지만 늘 고객을 생각하면서 고객만족을 위해 애쓰다 보면 혼자의 힘으로 벅찰 때가 있습니다. 이럴 때 우리는 전략적 제휴라는 멋진 방법을 이용할 수 있습니다. 양사의 윈윈Win-Win을 위한 전략적 제휴는 목적달성에 효과적인 수단이며 사후철수가 용이하다는 장점이 있습니다. 하지만 신뢰를 바탕으로 한 협력파트너를 선정하는 데에는 무엇보다도 신중에 신중을 기해야 한다는 사실 명심하세요.

어제의 동맹이 오늘의 적이 될 수 있다는 무한경쟁시장의 원리는 마케팅에도 적용될 수 있습니다. 그러므로 다른 상품을 팔던 옆 회사가 언제 나와 같은 상품을 팔게 될지 알 수 없지요.

시장에서는 영원한 적도, 영원한 동지도 없답니다.

칼 같은 해결책보다 달콤한 경청을

나도전

오늘도 어김없이 도 팀장을 포함한 식신탐험대는 점심시간을 칼같이 지키며 회사 근처 닭갈비집에 모였다.

오늘따라 나의 그녀, 유사랑은 한층 예뻐 보인다. 닭갈비집에서도 팀장은 자연스럽게 내 옆에 앉았다. 조금 어색했지만 지난밤 전략적 제휴를 맺은 관계니 신경 쓰지 않기로 했다.

반면 항상 내 주변에 앉던 사랑 씨는 멀찍이 떨어져서 앉았다. 도 팀장이 우리 점심모임에 낀 이후로 사랑 씨가 도무지 웃지를 않는다. 사랑 씨랑 이야기해보고 결정할 걸 그랬나? 나는 그래도 사랑 씨 생각해서 한 일이었는데…….

"이거 다 익었어요. 자, 얼른 드세요."

도 팀장이 닭갈비 한 점을 내 접시 위에 올려주었다. 그 모습을 본 여기저기서 환호성을 질렀다. 슬쩍 사랑 씨 쪽을 봤다. 그녀는 내 쪽에는 관심도 없다는 듯 떡만 집어 먹고 있다. 아, 이게 아닌데.

"이것도 다 익었네."

도 팀장은 또 한 점을 접시 위에 올려주었다. 도 팀장의 뜻이 짐작이 간다.

"이거 이거, 두 분 만난 지 얼마나 되셨다고 분위기가 심상찮아요. 우리 몰래 무슨 일이 있으셨던 거 아니에요?"

업무지원팀 박미리 씨의 말에 나도 모르게 웃음이 나왔다. 이게도 팀장이 말한 바로 그 '두고 보면 안다'는 계획이었나? 나는 자연스럽게 사랑 씨 근처에 앉은 사람들과 대화하며 그녀를 지켜봤다. 한 번쯤 얼굴을 돌릴 만도 한데 그녀는 내 쪽을 쳐다보지 않았다. 전략이 먹힌 건가? 아니면 역효과였을까? 여자는 여자가 더 잘 알 테니 잘되겠지?

유사랑

눈꼴시어서 못 보겠다, 정말. 회사에서 대놓고 무슨 짓이야 저게. 자기는 손이 없어 발이 없어. 왜 남이 골라주는 닭갈비만 받아먹는 거야? 아주 입에다 넣어주시지!

도대체 도전 씨는 생각이 있는 거야 없는 거야? 편하게 밥 먹는 자리에 윗사람을 데려오면 사람들이 밥이나 제대로 먹을 수 있겠어? 그런데 나만 빼고 다른 사람들은 참 편하게 잘도 먹는 것 같다. 하긴 다른 사람들은 같은 팀이 아니니 모르겠지. 팀 내에서는 그렇게 악랄하게 구는 메두사가 다른 데서는 그 발톱을 감추니 당신들은 모르는 거지. 그 이중적인 모습을 좀 알아야 하는데. 그래, 아랫사람들한테는 지독하게 굴고 밖에서는 잘하는 것도 능력이지, 능력이야.

닭갈비를 먹는 둥 마는 둥 하고 밖으로 나왔다. 오늘 점심시간 나도전 씨 옆에는 항상 메두사가 있었다. 카페로 향하는 길에도 메두사는 도전 씨 옆에서 계속 떨어지지를 않았다. 도전 씨도 그런 메두사가 싫지 않은 표정으로 자연스럽게 그 상황을 받아들이는 것 같다. 그나저나 저 완벽주의자가 도대체 도전 씨의 어떤 부분에 반해서 저러는 거야?

"안젤라!"

갑자기 등 뒤에서 큰 목소리가 들렸다. 필승이었다. 윽, 그 이름 한국에서 부르지 말라고 했는데. 이따 회사에 들어가면 또 놀림감이 되겠군.

"남자친구?"

점심 멤버 중 누군가 물었다. 머뭇거리며 일부러 대답을 피한 채 필승이에게 뛰어갔다.

"어쩐 일이야?"

"너랑 밥 먹으려고. 전화하려고 했는데 마침 잘됐네."

"나 방금 먹었는데……. 그리고 우리 점심시간 얼마 안 남았어."

"괜찮아!"

필승이는 씩씩하게 말했다. 그래서 이 녀석이 좋다. 상대방이 미안하게 만들지 않으니까.

우리는 좀 전에 식신탐험대 사람들이 들어간 카페에 들어갔다. 도전 씨 옆에는 여지없이 메두사가 앉아 있었다. 나는 그들을 무시하고 조금 떨어진 자리에 가서 앉았다. 도전 씨의 시선이 느껴진다. 뭐가 어때서? 메두사랑 정답게 앉아서 질투하는 눈길 보내지 마시라고요.

나는 아메리카노, 필승이는 달콤한 카페모카와 샌드위치를 시켰다.

"이걸로 배가 차겠어?"

"배고프면 또 먹지 뭐. 사실은 너한테 할 말 있어."

필승이는 피식 웃더니, 크게 한 입 베어 물은 샌드위치를 내려놓고 날 바라봤다.

"진짜 무슨 일 있어?"

"나, 너 좋아."

"나도 너 좋아. 근데 누나라고 하라고. 왜 자꾸 너너 거려. 까불고 있어."

얘가 지금 무슨 소리를 하는 거야.

"아니, 나 너랑 사귀고 싶어. 지금 만나는 한의사, 너 별로잖아. 그냥 나랑 사귀자."

너무 놀라 입을 다물 수 없었다.

"나 뉴욕에서부터 너 좋아했어. 아무래도 이번 일을 계기로 나 한국에서 계속 일할 거 같아. 근데 인터넷이랑 텔레비전으로만 접한 한국. 직접 다녀보니 너무 어색하고 낯설어. 네가 많이 도와줘."

도대체 너까지 왜 이러는 거냐. 김필승, 너 아니라도 지금 내 머릿속이 보통 복잡한 게 아닌데. 게다가 회사 사람들도 있는 데서 고백이라니.

"농담하지 말고 얼른 먹고 가라. 나 점심시간 끝났다."

혹시 회사 사람들이 들었을까 싶어 고개를 둘러보았다. 그쪽 사람들은 이미 자리에서 일어나서 나가고 있었다. 도전 씨도 이 말을 들은 걸까?

나도전

이런 기분을 뭐라고 해야 하나. 페이스북에서 봤던 그 녀석, 김필승임이 분명했다. 사랑 씨가 앉은 자리는 우리 쪽과 꽤 떨어져 있어 뭐라고 하는지는 들리지 않았다. 사무실로 들어와 싱숭생숭한 마음을 가라앉히며 일하려 하는데 메신저가 반짝거린다. 사랑 씨에게서 온 메시지다.

유사랑: 도전 씨, 잠깐 저 좀 봐요.

나도전: 좋아요. 어디서 볼까요?

유사랑: 회사 14층 계단 어때요?

나도전: 오케이.

메신저를 닫고 재빨리 자판기로 가 음료수 두 캔을 뽑았다. 비상구 문을 열고 내려가니, 그녀는 벌써 와 있었다.

"무슨 일이죠?"

무심하게 말했지만 사실 가슴이 두근거렸다.

"아무래도 신경 쓰여서요."

"무슨 신경이요?"

"우리 식신탐험대요."

"식신탐험대가 왜요?"

"나 솔직히 메두사랑 같이 밥 먹는 거 싫어요."

"도 팀장님 본인이 강하게 요청하는데 저로서도 딱히 거절할 방법이 없었어요. 우리 팀과 같이 프로젝트를 하는데 서로 친해둬서 나쁠 것도 없고요."

"왜 그렇게 독단적으로 일을 처리하세요? 이건 우리가 자발적으로 만든 모임이잖아요. 도전 씨가 회장도 아니고, 모두 같이 만든 건데 어떻게 아무런 말도 없이 다른 사람을 끼워 넣어요?"

"아무도 불만 없잖아요. 의외로 도 팀장 붙임성도 좋고요."

"내가 불만이에요! 팀에서는 있는 대로 깐깐하게 굴다가 모임만 가면 살가운 게 가증스러워요."

팀장에 대한 불만을 표시하는 사랑 씨를 보자 충고가 필요하다는 생각이 들었다. 회사를 조금 더 오래 다닌 선배로서.

"사랑 씨, 그렇게 감정적으로 사람을 대하면 회사 생활 오래 못 해요."

그녀는 충격을 받은 표정으로 나를 똑바로 바라봤다.

"도전 씨한테 그런 충고 받을 이유 없어요. 그리고 저 말고 다른 사람도 불편하게 생각할 수도 있어요. 어쨌든 상급자니까요."

"왜 불편하다고만 생각해요? 상사랑 함께 밥을 먹으면서 얻는 것도 있잖아요. 업무에 대한 불만도 자연스럽게 이야기할 수 있고, 다른 팀원보다 빨리 친해져서 편하게 일할 수도 있고……."

"우리 팀에서 일어나는 일, 잘 알지도 못하면서 함부로 말하지 마세요!"

그녀는 비상구 문을 쾅 닫고 나가버렸다.

아, 내가 주제넘었던 건가. 도 팀장이 팀 내에서 어떻게 행동하는지 짐작만 할 뿐 직접 본 것도 아닌데……. 간신히 다시 친해지기 시작했는데 또 속을 뒤집어놓은 것 같다. 이 일을 어떻게 수습하지.

유사랑

차라리 주변에 남자 하나 없던 몇 달 전이 지금보다 외로움을 덜 느꼈던 것 같다.

친구들은 요새 야근이 잦다 보니 만날 시간도 없다. 힘든 회사 생활을 긍정적으로 위로해주던 필승이에게도 이제는 메신저를 보낼 수가 없다. 송정도와는 애초에 안부를 의무감으로 묻는 사이다. 그나마 나의 회사 생활의 애환을 들어주던 도전 씨는 갑자기 메두사한테 홀려서 사람 말을 제대로 듣지 않는다.

도전 씨는 나한테 그렇게 모질게 말해놓고서도 아무렇지 않나 보다. 조금 친해졌다고 꼰대 노릇이라니 정말 실망이다.

한숨을 내쉬며 침대에 누웠다. 잠이 안 와서 내일 업무 보고할 것들과 스케줄을 확인하러 컴퓨터 앞에 앉았다가 회사 사내 인트라넷에 들어가 보았다. 첫 페이지에 '이달의 화제'란 제목으로 도전 씨를 비롯한 몇몇 사람들이 둘러앉아서 간담회를 하는 사진이 있었다. 우리 회사 직원의 현재 관심사 1위가 재테크란 설문조사 결과를 토대로 사내 인기 재테크동호회 '알부자'에 대한 취재 기사였다. 도전 씨가 이렇게 열심히 이 동호회에서 활동하는 줄은 몰랐다. 걸핏하면 한 턱 낸다 하고, 계획적이거나 꼼꼼한 것이랑은 거리가 멀어 보여서 경제관념은 영 없을 줄 알았다. 그런데 단기 · 장기로 나누어 자기 재테크 계획을 설명하는 걸 보니 도전 씨가 다시 보였다. 왠지 나와 공통 관심사가 있는 것 같아서 친근감이 느껴졌다.

전화벨이 울렸다. 누구지? 반가운 마음에 발신자를 확인했다. 설마 도전 씨?

정도 씨다.

"여보세요?"

축 처진 내 마음을 감추기 위해서 일부러 밝은 목소리로 말했다.

"오늘 하루 어떻게 보냈어요?"

'최악이에요. 되는 게 하나도 없네요'라고 말하고 싶었지만 정도 씨에게 내 기분을 솔직하게 표현할 수 없었다.

"잘 보냈어요. 정도 씨는요?"

"야간 진료 마치고 이제 귀가하는 중이에요."

시계를 보니 밤 9시가 넘었다.

"저녁은 드셨어요? 전 간단하게 요기하고 집에 가면 어머니가 저녁 차려 주셔서 가서 먹을 건데……."

어머니도 개업 약사라고 했으니 늦게 귀가하실 텐데 밤늦게 저녁도 챙겨주나? 아들을 정말 예뻐하나 보다.

"내일 만날 수 있을까요?"

정도 씨의 제안을 거절할 이유는 없었다.

"그래요, 만나요. 어디서 볼까요?"

"제가 사랑 씨 회사 쪽으로 움직이겠습니다."

웬일이야. 만날 나보고 자기 쪽으로 오라더니.

"좋아요."

"사랑 씨."

이전 같으면 용건만 간단히 전하고 그냥 끊었을 텐데, 웬일이지?

"왜요?"

"내일 아주 중요한 일이 있을 거예요. 늘 예쁘시긴 하지만, 내일은 특별히 예쁘게 하고 나오시면 좋겠어요."

괜히 민망한 마음에 서둘러 전화를 끊었다. 가끔 보면 은근히 귀여운 구석이 있단 말이야. 그런데 중요한 일이란 게 뭐지? 친구들한테 소개하려고 그러나? 아니면 혹시 부모님이라도 소개시켜 주려는 건 아니겠지? 아직 그럴 사이까지는 아닌 것 같은데. 물론 아버님들끼리 안다고 하지만.

나도전

지금 와서 후회한들 무슨 소용일까. 생각해보면 난 그저 직장 동료일 뿐인데 충고한다는 것부터가 잘못이다. 어쨌든 나는 지금 사랑 씨에게 사랑을 받아야 하는 입장인데……. 매몰차게 돌아서던 사랑 씨의 얼굴이 자꾸 눈에 밟힌다.

함께 만났을 때 사랑 씨에게 은근히 작업을 걸던 현우 녀석이 짜증나긴 하지만, 오늘은 녀석하고 한잔 기울여야겠다 싶어서 불러냈다. 물론 내가 쏘기로 하고.

"무슨 일 있냐?"

"됐어. 그냥 술 생각나서 부른 거야."

현우 자식은 계속 히죽거린다.

"참도 그러겠다. 그러지 말고 솔직하게 말하지?"

"너 요즘 여자 안 만나냐?"

"그러게. 요즘 좀 시들하다."

실실 웃으면서 술을 들이키는 현우 자식. 입가에 팔자 주름이 깊이 패었다. 원래 살이라고는 붙어 있질 않은 얼굴이라 더 눈에 확 띈다. 자식, 너도 늙는구나. 하긴 우리도 세월은 어쩔 수 없지.

"너는 사랑 씨하고는 어때? 잘돼 가?"

"그냥 그렇지, 뭐."

"김칫국 마시는 덴 타의 추종을 불허하는 녀석이 그렇게 말하는 거 보니 어지간히 안 풀리나 봐?"

"나 신경 쓰지 말고 너야말로 좋은 여자 만나라."

"나야 언제든 좋은 여자 만날 수 있지. 아무렴, 너하고는 레벨이 다르지. 그래서 말인데 이 형님이 너한테 충고 하나 하마. 사랑 씨, 아무래도 예전에 남자한테 크게 당한 적 있는 것 같아. 그때 나하고도 친밀하게 말하는 것 같았지만 사실 굉장히 경계하더라고. 너 못 느꼈냐? 그러니까 괜히 배짱 피우지 말고 잘 해줘라. 아니다 싶으면 바로 움츠러들고 뒤돌아설 스타일이야."

그걸 지금 말해주면 어떻게 하냐고! 좀 일찍 말해줬으면 오늘 같은 실수는 안 할 거 아냐! 그런데 이 녀석이 한 번 보고 안 걸 난 왜 여태 몰랐을까? 왜 난 꼭 일이 일어나고 난 다음에야 깨닫는 거지?

정확히 저녁 7시, 정도 씨는 회사 앞으로 찾아왔다. 늘 패션에 신경 쓰는 정도 씨지만 오늘따라 꽤 고급스러운 수트까지 차려입었다.

때마침 문을 나서던 우리 팀 사람들이 호기심 어린 눈초리를 보냈다. 하긴 정도 씨 외모는 길 가던 사람들도 힐끔힐끔 볼 정도니까. 게다가 멀끔히 차려입고서 친절하게 에스코트까지 해주니 으쓱하는 기분도 든다.

"중요한 일이라는 게 뭐예요?"

나는 한껏 기분이 좋아져서 물었다.

"가보면 알아요. 혹시 많이 배고프신가요?"

"아뇨. 오후에 간식 좀 먹었거든요."

사실 정도 씨와 만날 때는 부담스러워서 밥이 잘 안 넘어가는 터라 미리 뭘 좀 먹을 때가 많다. 그런데 그건 왜 묻지? 조금 긴장이 된다. 설마 자기 집으로 날 초대하려는 건 아니겠지?

"그러면 식사 전에 잠깐 어디 들렀다가 갈게요."

정도 씨가 데리고 간 곳은 고급 주얼리 브랜드 매장이었다. 평소 액세서리를 좋아하긴 하지만 이런 고급 매장은 그저 구경만 했다. 그런데 왜 이런 곳에 데려온 거지. 기념일도 아닌데. 내 생일이 가깝긴 하지만 날짜는 아직 말 안 했는데? 아버지들끼리 그런 것도 이야기하셨나?

"여긴 왜요?"

“들어와 보세요. 사랑 씨가 골라줘야 하는 게 있어요.”

골라달라는 것을 보면 어머니 선물일지도 모르겠다. 하긴 그렇겠지. 뭔가 기대한 것 같아서 얼굴이 화끈했다. 우리 사이가 고가의 선물을 주고받을 만큼 가까운 건 아니니까.

“어서 오십시오.”

직원은 화사한 미소로 우리를 맞았다. 워낙 고가의 매장인지라 그런지 한산했다. 어떤 영화에서 남자가 사랑하는 여자를 위해 티파니 매장을 통째로 빌린 장면이 떠올랐다. 마치 영화 속의 주인공이 된 것 같은 기분으로 보석들을 구경했다.

“사랑 씨, 이거 어때요?”

그가 가리킨 것은 큰 보석이 가운데 박힌 반지였다. 가운데에는 다이아몬든지 뭔지 모를 반짝이는 알이 박혀 있었고, 양쪽에는 파란색 빛을 뿜어내는 보석이 점점이 박혀 있었다.

“안목 있으시네요. 가운데는 다이아몬드구요, 양쪽에는 블루 사파이어입니다.”

“어머니께 선물하실 거예요? 아니면 다른 분? 어머니가 끼신다고 해도 이런 건 평소에 끼고 다니기 힘들거든요. 이게 더 좋지 않아요? 심플하고 어떤 옷에도 어울리고.”

정도 씨는 반지를 가만히 바라보고 있다가 말했다.

“이건 프러포즈 반지로는 너무 수수하잖아요.”

“네?”

나는 순간 애니메이션에서나 보던 커다란 10톤짜리 쇠뭉치가 머리 위로 쿵 떨어지는 느낌을 받았다. 청혼이라고?

"그게 무슨 말이에요?"

"아……."

정도 씨는 머리를 쓸어 넘기며 할 말을 골랐다.

"아무래도 본인이 낄 거라 직접 고르는 게 나을 것 같아서 모시고 왔어요."

"뭐라고요?"

갑자기 기분이 싸늘하게 식었다. 그렇게 중요한 말을 왜 이런 곳에서 처음 꺼내는 거지. 이건 아무래도 이상해. 정도 씨가 연애 상대로 별로긴 해도 상식이 없는 사람은 아니다. 뭔가가 있다.

"너무 갑작스럽네요."

"예전부터 결혼할 여자는 함께 반지를 고르며 청혼하고 싶었습니다. 당황스럽게 할 의도는 아니었어요."

하지만 난 지금 상당히 당황스럽거든요? 나는 일단 매장을 나왔다. 정도 씨도 나를 따라 밖으로 나왔다.

"거절하시는 겁니까?"

"아니, 제대로 듣지도 못했는데 어떻게 허락한다 거절한다 말할 수 있겠어요? 이건 길에서 이야기할 일은 아닌 것 같으니, 어디 좀 들어가죠."

나는 눈에 보이는 가까운 커피숍으로 향했다.

나도전

회사 앞에서 어떤 남자가 문을 열어주고, 그 차를 타고 떠나는 사랑 씨의 모습을 봤다. 김필승은 아니었다. 아마도 지난 번 소개팅을 했다던 그 한의사겠지. 옷매무새며 얼굴이며 고급 외제 승용차며, 한눈에 봐도 내가 살고 있는 세상과는 다른 세상의 사람이다. 그런 그의 옆에 서 있는 사랑 씨 역시 아름답고 우아했다. 너무나 잘 어울리는 한 쌍으로 보였다.

애초에 한의사도 김필승도 내가 노력으로 극복할 수 없는 장점들을 너무 많이 가지고 있는 경쟁자들이다. 잘생긴 외모, 경제력이나 공통 관심사, 게다가 앞으로 사회적으로 성공할 가능성도 훨씬 높았다. 내가 노력해서 이만큼 다가갔다면 그들은 벌써 저 앞에서 사랑 씨를 향해 달려가고 있었다.

내 모든 노력과 수고를 다 바친다고 해서 그녀의 마음을 얻을 수 있을까? 나의 고객 유사랑은 내게 어떤 마음을 가지고 있는 걸까? 나를 남자로 보고 있기는 한 걸까? 복잡하다. 왠지 오늘은 술을 마시고 싶어 집 앞 술집으로 들어갔다.

한 잔, 두 잔……. 점점 비워져가는 소주잔과는 달리 내 가슴속은 사랑 씨에 대한 사랑이 점점 타올랐다. 왠지 이대로 있으면 안 될 것 같다. 이렇게 제대로 된 고백도 한 번 못해보고 사랑 씨를 딴 놈에게 보내버리면, 미련을 지울 수가 없을 것 같았다. 나는 자리를 박차고 일어났다.

“저에 대한 확신이 없습니까?”

확신은 무슨 확신? 우리가 얼마나 만났다고! 몇 년씩 사귀어서 뱃살, 충치, 무좀까지 다 알 만큼 이해하고 사랑하는 사이도 결혼하면 전혀 다른 삶이라는데, 난 이 사람에 대해 정말 아무것도 모른다. 물론 상대도 나를 전혀 알지 못한다는 것에 내 새로 산 구두도 걸 수 있다고. 서로 아무런 감정도 확인하지 못한 사이에 결혼?

“확신의 문제는 아니에요. 우리가 얼굴 몇 번 못 보고 결혼하던 부모님 세대도 아니고요. 아무리 나이가 적지 않다지만 결혼을 이렇게 급하게 결정할 수는 없잖아요.”

그는 잠시 생각에 잠기더니 입을 열었다.

“제가 좀 성급했던 것은 사실인 것 같네요. 하지만 제가 잘못된 판단을 했다고 생각하지는 않습니다. 우리 둘 다 충분히 성숙한 사람들이니 노력하면 좋은 결혼 생활을 할 수 있다고 생각해요.”

“하지만 지금은 아닌 것 같아요. 게다가 저는 아직 결혼을 생각해본 적이 없어요.”

“아무래도 우리 둘 다 시간이 좀 필요하겠죠. 제가 노력하면서 기다리겠습니다.”

집으로 가는 내내 우리는 아무 말도 하지 않았다. 음악이라도 좀 틀지 이거야 원 어색해서 숨도 못 쉬겠다. 차는 아파트 골목으로 들어섰다. 그런데 가만, 저기 놀이터 벤치에 앉아 있는 저 남자…… 도전 씨 아니야?

"고마워요."

나는 서둘러 말을 하고 차에서 내렸다. 정도 씨도 덩달아 내리려고 했지만 서둘러서 막았다.

"그냥 빨리 들어갈래요. 조심해서 가세요."

그는 조금 머뭇거리더니 차를 돌렸다. 후……. 차 안에서는 잘 쉬어지지 않던 숨이 그가 돌아서는 모습을 보자 저절로 한숨으로 쏟아졌다. 잠시 숨을 돌리고 도전 씨에게 다가갔다. 술 냄새가 확 풍겼다.

 **나도전**

무슨 정신에 여기까지 왔지. 택시를 탈 때까지만 해도 분명히 집으로 들어갈 생각이었는데 내리고 보니 여기다.

내가 지금 뭘 하는 걸까? 어서 집으로 다시 가야지 하면서 일어났지만 다리에 힘이 풀려서 주저앉았다. 도저히 이대로는 못 가겠다 싶어 겨우겨우 놀이터 벤치까지 가서 앉았다.

사랑 씨와 보낸 지난 몇 달이 빠르게 재생한 동영상처럼 지나갔다. 괜히 눈물이 난다. 그동안 그렇게 노력해놓고 조금 친해졌다고 안이해진 스스로가 너무나 원망스럽다. 아직 난 멀었어.

그렇게 혼자 궁상을 실컷 떨고 있는데 갑자기 헤드라이트 불빛이 눈을 찔렀다.

유사랑

뭐야 이 남자 울고 있었던 거야?

"도전 씨, 도전 씨!"

벤치에서 기대고 있던 도전 씨의 어깨를 몇 번 흔들었다.

"여긴 웬일이에요?"

"으응? 누구, 아, 사랑 씨네. 이런."

도전 씨는 갑자기 내 두 손을 꼭 잡았다.

"뭐하시는 거예요?"

놀라서 손을 빼려고 했지만 도전 씨가 잡은 손에는 묵직한 힘이 들어갔다.

"내가 정말 잘못했어요……."

"뭐라고요?"

"내가 뭐라고……. 다음부터는 잘할게요. 사랑 씨, 내가 정말 사랑 씨 좋아하는 거 알죠?"

지금 뭐야. 또 취중고백이라도 하는 거야?

"도전 씨, 저도 좋아하니까 얼른 가시고 회사에서 봐요. 택시 잡아 드릴게요."

"그게 아니라, 제가 진짜 사랑 씨 사랑한다고요. 제 맘 아시잖아요."

"오늘 이야기는 못 들은 걸로 할게요. 할 이야기 있으면 나중에 맨 정신으로 하세요."

왜 남자들은 하나같이 자기중심적인지 모르겠다. 서로 잘 알지도 못하면서 프러포즈한다는 남자나, 이렇게 중요한 이야기를 술김에 하는 남자나. 그래놓고 다음날이면 기억 안 난다고 발뺌하는 남자 정말 많이 봤다고. 내가 스무 살 대학생이라면 깜박 속겠지만, 이젠 이런 상황은 정말 지친다, 지쳐. 평소 같아선 화라도 냈을 텐데 오늘은 지칠 대로 지쳐서 아무런 마음도 들지 않았다.

하지만 이미 늦은 시간이라 만취해서 홀로 갈 것도 걱정이 되어서, 택시 호출 애플리케이션으로 간신히 차를 불러 태워 보냈다.

오늘 저녁은 정말 길다.

MARKE

7장

결정의 순간 마음이 리드한다

고객은 진심부터 본다

나도 모르게 궁금해지잖아, 입소문의 힘!

나도전

며칠 동안 그녀는 내 쪽으로 눈길도 주지 않았다. 회의가 끝나면 인사조차 없이 바로 자리로 돌아갔다. 술은 마셨지만 필름이 끊어진 건 아니었다. 내가 한 말을 모두 기억하고 있다. 술김이라지만 일단 일은 저질렀다! 없는 말을 한 것도 거짓말을 한 것도 아니다. 하지만 그 말을 들은 사랑 씨는 정작 아무런 반응이 없다.

나도전: 잠깐 얘기 좀 할래요?

기다리다 지쳐 메시지를 보냈다. 하지만 답장은 오지 않았다. 좋다든가 싫다든가 뭐라고 말이 있어야 할 거 아니야? 아니면 내 고백을 그냥 술김에 한 이야기라고 생각하는 건가? 이럴 때는 뭘 어떻게 해야 할지 모르겠다.

그녀는 식신탐험대에도 참석하지 않았다. 일 마감이 급해 샌드

위치로 때우겠다고 했단다. 시무룩해 있는 나를 보고 도 팀장이 잠깐 개인 면담이나 하자고 했더니, 업무지원팀 박미리 씨가 또 태클을 건다.

“두 분 너무 그러실 거면 차라리 커플 선언을 하세요. 너무 티 내시는 거 아니에요?”

정작 사랑 씨는 한마디도 없는데 유독 모임에서 미리 씨만 민감하게 반응하고는 한다.

“업무 관련해서 논의하는 건데 왜 그러세요.”

나는 웃으며 대답하고는 회사 옥상으로 향했다. 옥상에 만들어진 정원에는 점심시간의 한가함을 즐기는 사람들이 몇 명 앉아서 광합성 중이었다.

“무슨 일이에요? 두 사람 싸웠어요?”

“고백했어요.”

“진짜? 후련하겠네. 근데 보아하니 결과는 별로인 모양이네요.”

후련할 리가 있겠는가. 돌아가는 택시 안에서부터 창에 머리를 박으면서 후회했다. 사랑 씨의 놀란 눈과 못 들은 걸로 하겠다는 싸늘한 목소리가 아직도 귓전에 맴돈다.

“그게 좀……. 술 잔뜩 마시고 밤늦게 집에 찾아가서 고백을 했거든요. 그래서 그런가? 완전히 투명인간 취급이네요.”

도 팀장은 어이없다는 표정으로 말했다.

“여자라면 그 상황에서 좋다고 말할 사람은 거의 없을 걸요. 고백받는 것에 대한 판타지가 다 있으니까요. 게다가 술 취한 직장 동료의 고백이라니, 상대를 좋아하든 아니든 얼마나 난감하겠어요. 도전 씨보다 오히려 사랑 씨 머릿속이 더 복잡할 걸요."

"아무래도 그렇겠죠?"

"그래도 전 최악의 상황까지는 아니라고 봐요. 사랑 씨 본인은 인식하지 못했을지 몰라도 요즘 대화할 때 도전 씨 이야기를 정말 많이 했어요. 대부분 좋은 이야기였죠. 그리고 '알부자 동호회' 그거, 우리 팀 김은정 씨랑 같이 하죠? 사랑 씨가 김은정 씨랑 그 이야기를 하더라고요. 인트라넷 인터뷰에서 봤다고. 아무래도 도전 씨 활동이 궁금해서 말을 꺼낸 것 같던데요."

"아, 정말이요? 입소문 마케팅이 효과가 있었네요."

"어쨌든 아직 혼란스러울 테지만, 다시 한 번 고백해 봐요. 이번엔 상대의 취향과 기호를 염두에 두고 진지하게 배려하는 자세와 상황으로요."

"어떻게 하면 될까요? 사랑 씨에 대해 나름대로 많이 알려고 노력했는데, 이렇게 실수를 하고 나니 멍해져서 생각이 안 나네요."

도 팀장은 살짝 미소를 지으며 말했다.

"11일이 사랑 씨 생일인 건 알죠?"

"아…… 네. 벌써 그렇게 됐네요."

"얼마나 좋은 기회에요. 이 기회를 마지막이다 생각하고 바짝 정신 차리고 사랑 씨 맘 돌리는 기회로 삼아요."

"네. 근데 여자들이 선물로 뭘 좋아하나요?"

"여자들이 뭘 좋아하는지는 상관없죠. 사랑 씨가 뭘 좋아하는지 생각해야죠."

"사랑 씨는 맛있는 걸 좋아하고, 귀여운 캐릭터 피규어 모으는 걸 좋아하죠. 독특한 모양의 목걸이나 귀걸이도 좋아하고. 잘생긴 남자 배우들도 좋아해요. 아, 연극이나 뮤지컬 관람도 좋아하고 예쁜 구두도 좋아해요."

"우선 괜찮은 뮤지컬을 내용이랑 공연평 찾아보고 예매하시고, 선물도 잘 생각해봐요. 그냥 '여자들이 좋아하는 거' 말고, 바로 나 도전 씨니까 줄 수 있는 감동의 선물."

"어떻게 감동을 줄 수 있죠?"

이번에도 도 팀장은 슬쩍 웃더니 말했다.

"글쎄, 내가 유사랑 본인은 아니라서……."

"감동을 받지 않으면 어떡하죠?"

"전 어디까지나 조언해주는 사람이고, 유사랑의 마음을 얻어야 하는 건 도전 씨예요. 제가 재료는 다 마련해드렸잖아요. 멋지게 조리해서 유사랑 앞에 차려야 하는 건 본인 몫이죠."

도 팀장은 평소의 딱 부러지는 말투로 말했다. 그래, 사랑 씨에게 감동을 선물하는 거야. 기다려라, 유사랑!

"아, 그리고 도전 씨가 진행하기로 한 이벤트 시안 거의 다 나왔으니 오후 회의 끝나고 나서 같이 점검해봐요."

"너 미쳤니?"

정도 씨의 청혼을 보류했다고 하자 미선이는 엄청나게 흥분한다. 전화기 밖으로 그녀의 콧바람이 느껴질 정도였으니까.

"그런 완벽남을 놓치다니."

그래, 조건은 완벽하지.

"놓친 건 아니고 그냥 킵한 거지. 좀 더 생각해보려고."

"이유가 뭐야?"

글쎄, 이유가 뭘까?

"뭔가 좀 이상해. 정도 씨랑은 꼭 업무상 만나는 사이 같아. 이게 연애인지 뭔지도 잘 모르겠어."

미선이는 답답해 죽겠다는 듯이 대꾸했다.

"연애가 뭐 별 거야? 사랑이 밥 먹여주냐고!"

그 누구보다 심한 사랑 지상주의자였던 미선이가 한 번 크게 데이더니 이렇게 바뀌었구나. 그래, 사랑이 밥 먹여주는 건 아니다. 하지만 사랑 없이 누군가와 함께 사는 일도 보통이 아닐 거다. 어쩌다 하루의 몇 시간이 아니라 24시간을 함께 보내고, 기다리고, 생각하고 그리고 남은 인생을 같이 보내는 것. 정도 씨와 그 모든 시간을 함께 한다고 상상해봐도 전혀 그림이 그려지지 않는다.

"물론 그런 상황이 앞으로 나아질 수도 있지. 시간 지난 다음 웃으면서 되돌아볼 수 있을지도 모르고. 그런데 지금 이 상황이 프러포즈를 할 상황은 아니잖아. 그런 것들이 많이 이상해. 뭔가 꿍꿍이가 있는 것 같아."

"연애가 서툴고 나이도 있으니까 결혼부터 하고 싶은 모양이지. 나이든 전문직 중에 그런 사람 많아. 연애할 시간이나 스킬은 없는데 결혼하고 가정 꾸려서 빨리 안정되고 싶은 사람. 인성 괜찮지, 외모 되지, 직업도 좋지. 그 조건이면 달라붙는 여자도 있을지 모르는데 그렇게 튕기다가 너 닭 쫓는 개 될 수도 있어."

"그럼 할 수 없는 거고."

"결혼을 안 할 거면 모르는데 할 거면 기회 있을 때 노력을 해. 여차하다가 서른다섯 되고, 마흔 되고 한다고. 언제까지 사랑 타령만 할래. 결혼하는 거랑 별개는 아니라도 사랑이 결혼의 전부는 아니라고."

"꼭 사랑 문제만도 아닌 것 같아. 정도 씨와는 생활을 같이 할 사람이라는 느낌이 안 들어. 그저 일정 시간을 같이 보내는 사람. 헤어지는 때도 아쉬움이나 애절함이 아니라 안도감이 느껴져."

"같이 있기 싫은 것도 아니고 살다 보면 정든다더라."

"그게 문제야. 딱 거기까지. 같이 있어서 싫지는 않은 정도."

"그래도 네 주변에 있는 남자들하고 비교해봐라. 그만한 남자 있나."

전화를 끊고 나서 곰곰이 생각해봤다. 그래, 정말 비교해봐?

첫 번째, 송정도.

조건이 아주 괜찮다. 함께 살면 먹고살 걱정은 안 해도 될 거다. 결국 포기하고 말았던 그림을 다시 시작할 수 있을지도 모른다. 부모님끼리 서로 알고 계시니 뒤통수 맞을 일도 없을 테고. 유명한 아버지가 하는 한의원을 물려받을 예정에, 직장에서의 성취도도 높은 사람이다. 나이에 비해 동안이고 훌륭한 외모에 감각도 좋다. 누구에게든 최고의 신랑감이겠지. 하지만 서로 대화도 부족하고 취미도 다르다. 내가 틈을 안 보여서인지는 몰라도 정도 씨도 아주 적당한 선을 유지한다. 그리고 결정적으로 만나는 시간이 나에게는 숨이 막힌다.

두 번째, 김필승.

부모님 사업실패로 이민을 간 터라 경제력은 기대하기 힘들다. 게다가 한국에 들어와서 일을 시작하면 아마 무일푼이나 다름없을 거다. 지금도 친척집을 전전하면서 새로운 프로젝트 계약 건에 목숨을 걸고 있으니까. 오래전부터 알아왔고 세 남자 중에서 가장 대화가 잘 통한다. 연하에다 든든하진 않지만, 허물없이 편안하다. 하지만 쓸데없이 에너지가 넘쳐 가끔씩 피곤할 때가 있다. 철이 좀 없어 보이기도 하고 너무 자유로운 영혼이다 보니 갑자기 자기가 하고 싶은 일이 생기면 훌쩍 떠날지도 모른다는 불안함이 있다.

세 번째, 나도전.

외모로는 셋 중 가장 평범하다. 슬슬 나이가 느껴지는 30대 중반. 정도 씨와 비교하면 경제적인 능력은 딸리지만, 원만한 대인관계에 성실한 편이라 사내 평가가 좋다. 이번 프로젝트를 진행하면서 다음 승진 대상자 명단에도 이름을 올렸다고 들었다. 당장 회사에서 잘릴 걱정은 안 해도 되니까 먹고사는 데는 지장이 없을 것 같다. 좋은 점이라면 남을 배려할 줄 아는 속 깊은 성격에, 다양한 방면에 관심이 있고 상식이 많아 늘 재밌게 해준다는 것. 애써서 약속을 잡지 않아도 자주 볼 수 있다는 것. 요즘 들어 살펴보니 재테크 마인드와 열정도 있다. 나쁜 점이라면 가끔 안 해도 될 말을 해서 사람 질리게 한다는 것, 자꾸 윗사람 노릇한다는 것, 그리고 아무 여자에게나 친절하게 대하는 것. 어떤 계기인지는 모르겠지만 얼마 전부터 업무 태도와 외모 모두 좋아지고 있다. 뭔가 큰 결심을 한 모양이다. 저렇게 의욕적인 자세라면 당장 대단히 좋은 포지션은 아니라도, 함께 꾸려가면 희망이 보이는 삶을 살 수 있을 것 같은 생각이 든다.

도대체 나는 어떤 남자에게 관심이 있는 걸까? 내 마음을 끌어당기는 사람은 누구지? 마음의 소리는 자기 자신이 가장 잘 들을 수 있다고 하던데, 나는 혼란스럽기만 하다.

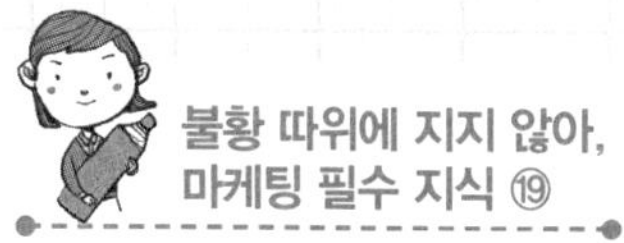

돈 안 쓰고 마음을 빼앗는 입소문 마케팅

고객은 최종구매 직전에 몇 가지 상품을 놓고 고민하게 됩니다. 결국 최상의 만족감이 기대되는 상품에 지갑을 열기 마련이지요.

쇼핑을 할 때 여성은 본인의 구매로 인해 자신이 아끼는 사람들에게 어떠한 영향을 미칠지 고민한다고 합니다. 특히 구매결정을 할 때 실제로는 곁에 아무도 없지만 친구나 가족, 동료들의 의견까지도 고려한다고 하니, 보이지 않는 영향력을 행사할 그 누군가를 활용하는 것도 좋은 방법입니다.

입소문 마케팅Word Of Mouth은 강력한 프로모션 수단 중 하나입니다. 특히 고객이 믿거나 좋아하는 사람들에 의한 것이 효과가 좋으며, 한 번 성공한 입소문 마케팅은 시간이 지날수록 파급효과가 커진다는 사실도 명심하세요.

고객의 구매결정을 앞둔 시점에는 최상의 판매촉진 활동을 보여주고 시현해야 합니다. 고객을 사로잡고 싶다면 당연히 고객이 필요로 하는 최고의 프러포즈를 해야 하겠죠?

판매 촉진의 상위 개념인 프로모션은 소비자가 기업의 제품이나 서비스를 구매하도록 고객을 대상으로 정보를 제공하거나 설득하는 마케팅 노력이라고 정의하고, 그 수단으로는 크게 광고, PR, 판매촉진, 인적판매 등이 있다고 앞장에서 정리를 했습니다.

그중에서도 구매 시점에서 가장 중요한 판매촉진에 대해 좀 더 자세히 살펴보죠. 판매촉진은 소비자로 하여금 지금 당장 사고 싶도록 만드는 활동입니다. 판매촉진의 기법으로는 크게 소비자 판촉과 중간상 판촉으로 나뉩니다. 소비자 판촉은 제조사가 최종 소비자와 직접 접촉해 구매를 증대시키는 활동을 말하며, 중간상 판촉은 푸시전략의 일종으로 중간상이 제품의 거래규모를 증대시키도록 유도하는 활동을 말합니다.

소비자 판촉으로는 샘플링, 무료사용, 쿠폰, 가격할인, 단골고객 보상, 경품추첨 등이 있으며, 중간상 판촉으로는 구매공제, 상품공제, 광고공제, 전시공제, 협동광고, 기념품 증정 등이 있습니다.

물론 판촉활동이 단기간 내 구매를 많이 일으켜 다량구매를 유도할 수 있고, 제조사로 하여금 공급과 수요를 조절 가능하게 해준다는 장점이 있습니다. 하지만 과열판촉경쟁은 기업의 수익구조를 악화시킬 수도 있고 경쟁자의 모방이 쉬워서 장기적인 경쟁우위 전략으로는 부적절합니다. 또한 충성도가 높은 고객에게는 오히려 부정적인 영향을 미친다는 단점도 있으니 시의적절하게 이용해야 함을 명심하시기 바랍니다.

기회가 왔을 때 기회인 줄 아는 능력

 **나도전**

내일이면 사랑 씨 생일이다. 사랑 씨는 업무상 필요한 대화 이외에는 여전히 나를 투명인간 취급한다. 애플리케이션 출시일이 코앞으로 다가와서 매일 업무에 쫓기다 보니 지난 번 고백 이후로는 제대로 대화할 기회조차 없었다.

퇴근 후 집에 도착하자마자 사랑 씨에게 전화를 걸었다.

"여보세요?"

그녀의 맑은 목소리를 듣자마자 가슴이 두근거렸다.

"집에 잘 도착했어요?"

"네."

몇 초간 이어지는 짧은 침묵. 뭐라고 말을 해야 하는데, 시작할 말이 떠오르지 않는다. 하지만 용기를 내어서 단도직입적으로 밀어붙이기로 했다.

"내일 뭐해요?"

내 물음에 사랑 씨는 살짝 당황한 듯 '네?' 하고 반문했다. 하지만 곧 대답이 이어졌다.

"내일 생일이라서……."

용기를 내자, 용기를!

"그래서 전화했어요. 저에게 시간을 좀 내줬으면 좋겠어요."

이번에는 다소 긴 침묵의 시간이 흘러갔다.

"글쎄요……."

사랑 씨의 대답에 나의 용기도 와르르 무너져 내렸다.

"아, 예. 그럼 내일 생일 잘 보내세요. 이만 끊을게요."

사랑 씨가 전화를 끊기도 전에 내가 먼저 끊어버렸다. 뭐야? 나 도전, 겨우 이 정도야? 전달할 내용이 분명했잖아. 준비한 선물은 회사에서 주든지 나중에 전해주더라도, 예매한 표는 어떻게 할 건데?

머리가 복잡해져서 그냥 침대에 풀썩 엎어졌다. 갑자기 담배 생각이 미친 듯 난다. 책상 서랍에서 벌써 몇 달은 된 담배 두어 개비를 찾아냈다. 사랑 씨가 언젠가 담배 냄새가 싫다고 말한 후 끊었던 담배를 다시 입에 물었다. 한 모금 깊게 담배를 빨아들이니 세포 하나하나에 니코틴이 스며드는 듯한 황홀함과 함께 머리가 띵했다. 몇 달간 금단 증상을 버텨가면서 간신히 끊었는데, 내 의지력이라는 게 고작 이거라니. 그래서 사랑 씨에게도 결정적인 순간에 못 참고 실수를 하지.

두어 모금 빨다가 비벼 꺼버렸다. 점점 멀어져만 가는 관계를 어떻게 되돌리지? 나도전, 이 멍청이!

유사랑

도전 씨가 전화를 먼저 끊어버렸다. 하지만 나도 뭐라고 대답을 할 수가 없었다. 내일 내 생일날 만나자고 한 남자만 도전 씨를 포함해서 전부 셋이다. 미선이 덕에 연애하는 줄로만 아는 친구들은 생일날은 데이트하라며 다음날 놀자고 시간을 비워주었다. 하나도 안 고마운 기집애들.

일단 생각도 못한 프러포즈를 한 송정도 씨, 청천벽력 같은 고백 이후로 이전처럼 맘 편하게 보기 힘들어진 김필승, 그리고 가장 가까운 곳에서 날 지켜보며 잘 지내오다가 술김에 고백한 나도전 씨. 왜 하나같이 나를 이렇게 곤란하게 만드는지 모르겠다. 내일 이 세 남자들 중에 누구를 만나야 할까? 나도 내 맘을 잘 모르겠다.

나도전

아침에 눈을 뜨니 오늘도 어김없이 태양은 떴는지 세상이 환하다. 복잡한 내 마음과는 다르게. 오늘은 사랑 씨의 생일날이다. 지금까지의 실수를 없앨 방법은 없다. 하지만 그 실수에 연연한다면 앞으로의 결과를 얻어낼 수 없다. 벌어진 실수를 만회하기 위해서는 몇 배의 노력이 필요하다. 마케팅 연애 프로젝트의 처음 의도를 잊지 말아야 한다.

중요한 건 내 고객, 유사랑의 마음을 얻어내는 것이다. 고객에게 상품이나 기업의 입장을 배려해달라고 하는 건 욕심일 뿐이다. 이럴수록 전략적으로 행동해야 한다. 사랑 씨의 생일은 경쟁자들에게도 좋은 기회일 거다. 분명 각각의 경쟁자들이 자신의 전략을 앞세워 뛰어들 것이다. 이럴수록 기회를 놓쳐서는 안 된다. 어쩌면 사랑 씨는 어떤 선택을 할지 고민하고 있는지도 모른다.

유사랑

정도 씨를 만나자 마자 후회하고야 말았다. 그가 생일 선물이라고 내놓은 지갑은 내 월급의 반절은 될 고가품이었고, 그가 데리고 간 호텔 레스토랑의 음식은 내 복잡한 상황을 잠깐이나마 잊을 정도로 맛있었다. 하지만 그의 눈빛에서 내가 태어난 날을 진심으로 고마워하는 느낌은 받지 못했다. 그저 내 생일은 데이트를 하는 구실을 만들어주는 날일 뿐이다.

"선물 고마워요. 정도 씨도 월급 받으실 텐데 이런 비싼 선물이라니……."

이제 의례적으로 하는 말도 지겹다. 그리고 이런 내 마음이 은연중에 정도 씨에게도 전해지는 것 같아서 미안한 기분도 든다.

"뭐 이럴 때 쓰기 위해서 버는 거니까요. 내년 생일에는 더 좋은 걸로 해드릴게요."

어쩌면 이 남자는 미선이 말대로 정말 괜찮은 남자일지도 모른다. 하루에 몇 번 안부를 물어볼 때 보면, 취미로 하는 골프와 클래식 음악 감상 정도 말고는 집에서 주로 시간을 보내는 것 같다. 나에 대한 감정이 믿기지 않을 뿐, 이 사람이 성실하다는 점은 신뢰할 수 있다.

이 사람에게 필요한 건 단지 결혼 그 자체일 수도 있다. 연애로 질질 끌며 감정의 소모를 원하지 않고, 안정적으로 가정이라는 울타리가 필요하다고 생각하는 남자일 수도 있다. 그런 남자라면? 내 마음속을 헤집고 다니는 다른 남자들과 비교하며 내게 감정을 표현해달라고 강요해봤자 이 사람이 바뀌지는 않을 것이다. 이래서는 안 된다. 나는 단호하게 말했다.

"우리, 당분간 만나지 않는 게 좋을 것 같네요."

그는 예상과는 달리 담담한 표정으로 나를 바라봤다.

"생각할 시간이 필요하군요."

"네."

"그렇다면 어쩔 수 없죠. 긍정적인 쪽으로 생각을 굳혔으면 좋겠어요."

하지만 이번엔 그의 말에 대답할 수가 없었다.

나도전

시간은 잘도 흘러간다. 사랑 씨 집 앞 놀이터 벤치에서 기다리기 시작한 지가 벌써 세 시간 째다. 시간은 10시를 넘어가고 있었다. 후드득 빗방울이 떨어지기 시작했다. 준비한 선물을 가슴에 꼭 껴안았다. 비가 더 오면 선물이 젖을 텐데…. 잠깐 편의점에 가서 우산을 사올까 생각도 했지만 사랑 씨와 길이 어긋날까 싶어서 자리를 뜰 수가 없었다. 냉기는 살갗을 파고들다 못해 뼛속까지 스며드는 것 같았다. 떨다 보니 이게 추위 때문인지 두려움 때문인지 구분이 안 갔다. 또 사랑 씨에게 부담을 줘서 멀어지게 만드는 건 아닌지, '글쎄요'라고 무미건조하게 말하던 사랑 씨 목소리가 생각나서 머리가 복잡했다.

고민이 계속되는 중에 집 쪽으로 다가오는 사랑 씨가 보였다.

"잘 다녀왔어요?"

좀 더 멋있는 말을 하고 싶었는데, 입 밖으로 이 말이 제일 먼저 나와버렸다. 여기가 우리 집도 아니고 사랑 씨 집 앞인데 잘 다녀오긴 뭘 잘 다녀오냐고.

"여기서 뭐하세요?"

"사랑 씨 기다렸어요."

"왜요?"

사랑 씨는 나를 빤히 바라보며 물었다.

"이거 주려고요."

나는 가슴에 꼭 껴안고 있던 선물상자를 건넸다.

"비도 오는데. 얼른 들어가서 풀어 봐요. 별건 아니에요."

사랑 씨는 말없이 상자를 건네받더니 한동안 그 자리에 서 있었다. 뭔가 말을 하려다가 입을 다물었다. 그러고는 우산을 내 손에 쥐어 주었다.

"이거 쓰고 가세요."

"그리고 그 안에 티켓이 있어요. 좋아할지 모르겠어요. 내 마음은 거절해도 돼요. 하지만 직장 동료로서 나하고 공연조차 같이 보고 싶지 않은 게 아니라면 공연 시작 20분 전에 공연장 앞 분수대로 나와줬음 해요."

우산을 쥐어주고 바로 뒤돌아선 사랑 씨의 등 뒤에서 소리쳤다. 추운 데서 계속 떨면서 있었더니 목소리가 잘 나오지 않았다. 쏟아지는 비를 맞으며 그녀는 아파트 현관으로 발걸음을 재촉했다.

유사랑

집 앞에서 비에 젖어 떨고 있는 도전 씨를 보자마자 눈물이 왈칵 쏟아질 뻔했다. 반가움, 안쓰러움, 미안함 여러 가지 기분이 머릿속에서 뒤엉켰다. 복잡한 감정을 건드리면 폭발할 것 같아서 일부러 냉정하게 돌려보냈다. 방으로 들어와 도전 씨가 준 선물상자를 풀어봤다. 크기에 비해 상자가 꽤 묵직했다. 리본을 풀고 포장을 뜯었다. 상자를 열자 순간 눈이 살짝 부셨다. 반짝이는 구두 모양의 크리스털이었다. 영롱하게 빛나는 구두 모양의 펜던트가 체인에 걸려 있었다. 안에는 카드도 함께 들어 있었다.

'마음에 들지 모르겠네요. 좋아하는 사람에게는 구두를 선물하면 떠나간다는 속설도 있다지만, 그래도 당신이 이 구두로 원하는 어디로든지 자유롭게 갈 수 있었으면 좋겠어요.'

도전 씨의 마음을 느낄 수 있었다. 그냥 나를 묶어놓거나 하지 않는, 내 행복을 진심으로 바라는 따뜻한 마음이 전해지는 것 같았다. 통화 목록을 찾아 버튼을 눌렀지만 신호가 가기 전에 끊었다. 전화로 고마운 마음을 표현하는 것보다 내일 회사에서 목걸이를 건 모습을 보여줘야겠다. 따뜻한 기운이 온몸에 퍼지는 게 느껴졌다.

그런데 그때 엄마의 외마디 비명이 들렸다.

"여보!"

나도전

사랑 씨에게 받은 우산을 쓰고 한동안 그 자리를 떠나지 못했다.

10분 만 더, 5분 만 더, 하다가 어느새 한 시간 가까이 그곳에 있었다. 이젠 감각이 아예 마비가 된 건지 추운지 아닌지조차 느껴지지 않을 지경이었다. 사랑 씨가 사는 아파트 라인의 현관문이 열릴 때마다 혹시 하는 마음에 쳐다보았다. 워낙 늦은 시간이라, 드나드는 사람들은 많지 않았다. 분명히 선물을 뜯어봤을 텐데 전화 한 통 없었다. 선물을 보고 실망한 걸까? 하긴 이 시간에 귀가하는 거 보면 분명 그 한의사든 김필승이든 누구라도 만났을 거다. 멋진 저녁 시간을 보냈을 테고, 좋은 선물을 받았을 테니 내 선물 같은 건 비교도 안 됐을 테지. 쓸쓸히 돌아서서 집으로 발길을 돌렸다.

터벅터벅 아파트 문을 지나 밖으로 나가는데 전화벨이 울렸다. 사랑 씨였다. 너무나 반가워서 눈물이 날 지경이었다. 혹시나 끊을까 싶어 서둘러 받았다.

"여보세요?"

그녀는 몇 초간 아무 말도 없더니 곧 흐느끼기 시작했다. 전화 너머로 소란스러운 소리도 들렸다.

"환자는 어딥니까?"

웅성거리는 소리가 더 커졌다.

"사랑 씨?"

"이따 연락드릴게요."

가슴이 두근거리기 시작했다.

유사랑

8분 안에 도착한다고 한 119 구급차는 10분이 지나가도 아무런 소식이 없었다. 1, 2분이 한도 끝도 없이 길게 느껴졌다. 도대체 뭘 어떻게 해야 할지 정신이 없었다. 병원을 가려면 짐을 챙겨야 하나? 뭘 하지? 아버지를 어떻게 해드려야 하나.

스마트폰을 집어 들어 무작정 통화버튼을 눌렀다. 누구라도 좋았다. 제발 나와, 말을 해줘. 뭘 어떻게 할지 정신이 없었다. 통화목록 가장 위에는 방금 전 도전 씨에게 전화를 걸려다 말았던 기록이 남아 있다.

신호음이 몇 번 울리지 않았는데 도전 씨는 바로 전화를 받았다.

그 순간 119 구급대원이 집으로 들이닥쳤다.

나도전

서둘러서 길을 되돌아 뛰어가면서 여러 가지 생각이 머리를 스쳤다.

등 뒤로 환자를 찾는 목소리. 사랑 씨가 어딜 다친 건가. 아니 본인이 다쳤으면 전화를 하진 못했을 거다. 그럼 부모님 중 누가 다치신 건가? 혼자서 일을 처리해야 하는 건가. 나한테까지 전화를 한 거면, 무슨 일이 일어난 거지. 제발 사랑 씨가 혼자서 충격 받고 있으면 안 되는데, 제발.

유사랑

다행히도 아빠는 쓰러지신 후 빨리 병원으로 옮겨졌고 바로 수술을 마쳐서 위기를 넘길 수 있었다. 아직도 중환자실에 계시긴 하지만 생명에는 지장이 없으시고, 검사에서도 다행히 더 이상의 문제는 발견되지 않았다고 한다. 아직 의식은 돌아오지 않으셨지만, 조치가 빨라서 후유증도 크게 없을 것이라는 말을 들었다.

어제 아버지를 구급차에 태우려고 할 때, 도전 씨가 뛰어오는 모습을 보았지만 워낙 급했기 때문에 그냥 구급차에 올라탔다. 아마도 선물을 전해주고, 가지 못하고 서성이고 있었던 모양이다. 나와 엄마가 탄 구급차를 택시로 쫓아 달려온 도전 씨는 당황하고 놀란 우리 모녀 대신 병원 수속 및 여러 가지로 편의를 알아봐주었다.

이렇게 큰일이 닥치고 나니 도전 씨가 얼마나 마음 편하게 의지할 수 있는 든든한 사람인지 새삼스레 느낄 수 있었다. 다음 날, 회사에 갈 수 있는 정신이 아니라 연차를 냈는데 도전 씨도 병가를 냈다고 한다. 한밤에 쏟아지는 빗속에서 내가 오기 전부터, 그리고 들어간 후까지 얼마나 오랜 시간을 기다렸던 걸까. 게다가 정신없는 응급실에서 밤샘까지 했으니 회사에 출근하는 건 도저히 무리였을 거다. 많이 아프지 말아야 할 텐데…….

입원실에서 필요한 물건을 챙기러 집에 들러서 도전 씨가 준 목걸이를 목에 걸었다. 상자 속에는 봉투 하나가 또 들어 있었다. 어제 갑자기 벌어진 일로 미처 열어보지도 못한 봉투였다. 열어보니 이번에 큰언니가 기획한 뮤지컬 티켓 두 장이 들어 있었다. 세상에, 어떻게 알았지?

언제나 내게 세심한 관심을 보이고 내가 어려울 때는 무엇이라도 하려고 하는 남자. 100을 가지고 있더라도 나에게 30을 쓰는 남자가 아니라, 50을 가지고 있어도 50 모두를 나에게 기울이는 남자가 바로 도전 씨다. 갑자기 마음이 초조했다. 요 근래 도전 씨의 옆에서 떨어지지 않는 메두사가 생각났기 때문이다. 계속 내가 도전 씨를 멀리 하면 언제 그녀가 낚아챌지 모른다. 자기가 원하는 것을 얻기 위해서는 수단과 방법을 가리지 않는 사람이니까.

나도전

그날 이후로 감기 몸살로 사흘을 앓아 누었다가 간신히 출근했다. 그것도 일요일 새벽 6시에. 몸 상태가 여전히 정상은 아니지만 당장 애플리케이션 출시일이 코앞인데 계속 쉴 수는 없다. 무엇보다 오늘은 애플리케이션 홍보를 위해 내가 기획한 이벤트가 처음 있는 날인데, 책임 담당자가 되어서 빠질 수는 없는 노릇이다. 부족한 인력 때문에 우리 마케팅팀 외에도 디자인팀과 업무지원팀에서도 지원을 나오기로 되어 있었다.

사랑 씨는 아버지 병환 때문에 아직 나올 수 없다. 다행히 아버지가 의식을 찾으신 후 일반 병실로 옮기셔서 내일부터는 출근할 거라고 했다.

새벽부터 출근한 이유는 오늘의 애플리케이션 출시를 홍보하는 첫 이벤트가 시작되는 장소가 여성 마라톤 대회의 출발지였기 때문이다. 사실 어제도 준비할 것이 많았지만 도저히 몸을 움직일 수가 없는 상태였다. 하지만 평소 쌓아놓은 인덕 덕인지 팀원들은 내 몫 이상으로 철저하게 일처리를 해주었다.

이런 큰 행사에는 메인이 아니라 협찬 스폰서로 참가하는 것도 꽤 비용이 드는 일이었지만, 확실한 자신감이 있었기에 끈질기게 임원진을 설득했다. 우리가 다양한 타깃을 노리고 있긴 하지만 어쨌든 다이어트 애플리케이션 홍보에서 가장 파급력 있는 집단은 젊은 여성들이다. 그리고 그중 운동을 생활화하는 사람들이 참가하는 행사다. 꾸준하고 건강한 자기 관리를 콘셉트로 하는 우리 애플리케이션의 소비 계층과 일치한다. 그리고 우선 이런 큰 대회에서의 효과를 토대로 다음 홍보 이벤트를 준비할 수 있는 자료를 얻을 수 있다. 그리고 이런 종류의 행사에 나온 사람들은 자신이 직접 경험한 성취감에 대한 기념으로 받은 물품들을 버리지 않고 보관한다는 점 등을 바탕으로 설득해 결국 승인을 받아냈다.

참가자 기념품에는 바로 애플리케이션을 다운받을 수 있는 QR 코드를 붙여서 나눠주었다. 그리고 기념품을 나눠주는 행사 진행자는 디자인팀에서 제작한 티셔츠를 입도록 했다. 티셔츠 앞면에는 사랑 씨가 고안한 앙증맞은 대표 캐릭터를 넣었고, 등에는 임팩트 있게 큰 궁서체의 유머러스한 문구를 넣었다.

'일단 살부터 빼겠습니다'

'제대로 뺀 5킬로, 요요 올 10킬로그램 안 부럽다'

'먹고 죽은 귀신은 다이어트도 못한다'

'네 앞에만 서면 내 가슴은 바운스바운스 - 체중계 앞'

'#다이어트#나도할줄알아요#다만안할뿐'

마라톤 참가자들의 반응은 의외로 폭발적이었다.

"이거 파는 거예요?"

"아뇨, 저희 애플리케이션 출시 기념으로 만든 거라 따로 팔거나 드리는 건 아니에요."

"아, 아깝다. 사고 싶은데."

"나중에 이벤트할 때 참고할게요."

참가자들은 깔깔거리며 열심히 우리의 이벤트 티셔츠를 찍어댔다. 그리고 SNS에 재밌는 걸 발견했다며 올리기 시작했다. 바로 우리가 노린 홍보 효과였다.

몇 시간 뒤, 팀원들이 다시 홍보 부스로 모였다. 저녁시간이 가까워오고 있었지만, 예상과는 달리 다들 꽤 지친 표정이었다. 생각보다도 폭발적인 사람들의 반응에 무척 고무되긴 했지만 그만큼 피로도가 쌓였던 것이다. 그래서 주말은 가족과 함께 보내야 하는 거라며 사람들을 돌려보냈다.

나 역시 오늘 저녁에 뮤지컬 공연을 보기로 한 약속이 있기 때문이다.

유사랑

오늘은 회사에서 큰 이벤트가 있는 날이다. 그리고 담당자는 나도전 씨.

아무 일도 없었더라면 나도 같이 홍보하러 나갔을 텐데, 안 그래도 며칠을 감기몸살로 앓아누웠다고 하는데 하루 종일 야외에서 활동을 하는 게 얼마나 힘들지 하루 종일 신경이 쓰인다.

아버지는 어젯밤에 의식이 돌아오셨다. 처음에는 잠시 멍하게 계셨지만 금세 식구들도 알아보고 기억에도 큰 이상이 없으셨다. 얼마나 감사한 일인지. 며칠 사이에 너무 많은 일들이 일어나서 혼란스럽고 정리가 안 되었지만, 지금은 그 모든 게 꿈같고 그저 나와 내 가족이 무사하다는 사실에 너무 감사하다.

나도전

사랑 씨에게 건네준 뮤지컬 공연 티켓은 예술의 전당에서 7시 반에 시작이었다. 마침 사랑 씨의 큰언니가 기획한 공연이 있는 것을 발견했을 때는 하늘이 나를 위해 다 준비해주고 있는 것만 같았다. 좀 부담이 됐지만 가장 좋은 자리를 골랐다. 게다가 그 뮤지컬의 첫 공연이니 더 의미 있을 것 같았다. 하지만 사랑 씨가 오지 않으면 아무 소용없는 일.

불안한 마음을 억누르며 공연 시간 40분 전부터 분수대 앞을 서성였다. 공연시간 20분 전, 그녀는 아직 나타나지 않았다. 이대로 그녀를 놓치는 걸까? 초조한 마음에 전화를 만지작거리는데 문자가 왔다.

'도전 씨, 뒤를 보세요.'

돌아보자마자 그녀가 어깨를 톡톡 쳤다. 그 어느 때보다 눈부시게 아름다운 그녀가 서 있었다. 그것도 내가 선물한 목걸이를 걸고!

"안 오는 줄 알았어요."

"길이 막혔어요. 미안해요."

"아버지는 괜찮으세요? 이렇게 될 줄은 몰라서……."

"네, 완전히 의식도 회복하시고 식사까지 하시는 거 보고 왔어요. 그리고 언니 공연이라 가보라고 하시더라고요."

"다행이네요."

"어서 가요. 오늘 언니한테 도전 씨 소개시켜 주기로 했어요."

"어? 정말?"

"그럼요. 자기가 기획한 뮤지컬 첫 공연을 동생한테 선물한 센스 있는 남자 얼굴 좀 보고 싶다고요. 어서 가요."

사랑 씨는 내 손을 잡고 계단을 뛰어 올라갔다. 드디어 그녀가 내 손을 잡았다. 지금 꼭 잡은 두 손을 언제 놓을지 모르지만 그녀가 놓지 않는 한 난 깍지를 풀지 않을 거다.

실패는 성공의 밑거름, 리포지셔닝

마케팅 실행Marketing Implementation은 수립된 마케팅 계획을 그 목적과 순서에 따라 임무로 나누고 마케팅 목표를 달성할 수 있도록 하는 과정입니다. 훌륭한 전략을 세우는 것도 중요하지만 시시각각 변하는 시장과 고객의 상황에 따라 전략을 수정하고 그 전의 진행과정보다 더 세심하게 체크해가며 수행해야 마케팅 목표를 달성할 수 있습니다. 따라서 마케팅 실행과정에서 행한 마케팅 프로그램이 성공적으로 수행되지 못했을 때에는 전략을 잘못 수립한 것인지, 전략은 문제가 없는데 실행방법이 문제였는지 규명할 필요가 있습니다.

나도전은 한 번의 실패에 좌절하지 않고 유사랑과의 틀어진 관계를 개선할 새로운 전략을 세우고 실행합니다. 사내 재테크 동호회에 가입해서 유사랑이 원하는 상품가치를 얻기 위해 노력했고 긍정적인 입소문 마케팅도 유도해냈습니다. 틀에 박힌 데이트를 싫어하는 고객을 위해 하늘을 나는 이벤트를 선사한 것이나 도 팀장과 전략적 제휴를 맺는 등의 프로모션 전략 강화를 통해 고객에게 자사의 상품또는 자사을 리포지셔닝Repositioning시켰습니다. 또한 회식을 자제하면서 체중을 감량해 상품의 가치를 높였을 뿐만 아니라, 패키지 디자인 때문에 스트레스를 받고 있는 유사랑을 위해 워크숍 저녁식사 자리를 마련, 고객의 문제를 해결할 수 있는 멋진 솔루션을 함께 찾아보았습니다. 이렇게 새롭게 무장한 전략으로 고객과의 관계를 개선하고, 고객에 대한 모든 정보들을 활용해 과거의 실수를 되짚어 부족했던 부분을 보완하며 확실히 고객의 구매를 유도해야 합니다.

최종구매 선택을 앞둔 마케터의 자세

마케터들은 고객의 마음을 얻었다거나 고객을 잘 알고 있다고 방심한 나머지 마케팅에 실패하기도 합니다. 도 팀장을 신경 쓰는 유사랑의 마음을 제대로 파악하지 못하고 원치 않는 충고나 하는 나도전을 보면서 마케터들은 지나친 설득이나 강요 등의 잘못된 커뮤니케이션으로 고객을 놓쳤던 경험을 떠올릴 수 있을 것입니다.

마케팅 프로세스를 거치며 이제 고객의 최종구매선택의 순간을 앞둔 나도전. 고객 유사랑은 나도전이라는 단일상품을 놓고 선택하는 것이 아니라 송정도과 김필승이라는 경쟁상품 둘을 후보에 올려놓고 있습니다. 이 시점에서 고객은 어떤 상품도 선택하지 않을 수도 있습니다. 그러므로 나도전의 도전과제는 두 가지입니다. 고객 유사랑에게 연인이라는 존재에 대한 필요성을 느끼게 하고 구매를 결심하게 만드는 것, 그리고 그 결심의 결과물로 자신을 선택하도록 하는 것입니다. 다행히 유사랑은 초반부터 남자친구의 필요성을 느끼고 있습니다. 만약 그렇지 않은 경우나 새로이 출시된 도입기의 상품이라면 고객이 구매 니즈를 느낄 수 있는 곳에서부터 마케팅 전략을 펼쳐야 합니다.

구매,
그리고 또 다른 시작

경쟁자들의 최종 프러포즈를 분석해봅시다. 고객 유사랑은 송정도의 프러포즈를 먼저 받지만 결국 그 상품을 선택하지는 않았습니다. 본연의 특성이나 혜택보다는 포장이나 디자인 등 부가적인 특성이 강조되었고, 사용자의 입장을 충분히 고려하지 못한 상품이었기 때문입니다. 고객의 니즈에는 맞을 수 있으나 원츠에는 부합하지 못했죠.

한편 김필승을 구매선택하기에는 무리가 많았습니다. 친하다는 이유만으로 구매선택을 강요하는 방식인 것입니다. 과자가 맛있어서 A사의 상품을 구매한 고객에게 갑자기 A사의 자동차를 사라고 하는 격입니다.

나도전의 프러포즈는 화려하거나 세련되지는 않았지만 환경 분석정보를 적절히 활용함으로써 최고의 감동을 전하는 데에 성공했습니다. 하지만 한 번의 구매를 유도하는 것만으로 마케터의 임무가 끝나는 것이 아니듯 성공적인 연애 마케팅을 위한 나도전의 임무는 아직 끝나지 않았습니다.

한 번 제품을 구매한 고객이 변심하지 않도록 견고한 관계를 구축하는 것은 매우 중요합니다. 새로운 고객을 찾아 고객으로 만드는 비용이 기존의 고객을 유지하는 비용에 비해 무려 5배나 더 든다고 하지 않았던가요. 고객과의 진실한 관계를 구축해 고객의 충성도를 확보하는 일은 또 다른 마케팅의 영역CRM: Customer Relationship Management, 또는 CEM: Customer Experience Management입니다.

MARKE

8장

안심하는 순간 매출은 없다

고객에게 부족한
1%를 채워주는 노하우

화난 이유를
왜 꼭꼭 숨기니?

나도전

늦게 배운 도둑질이 무섭다고 했던가. 연애 생활이 이토록 행복한 줄을 모르고 어떻게 살아왔나 싶다. 요즘은 눈뜨고, 숨쉬고, 눈감고, 잠들 때까지 행복의 연속이다.

연애만이 아니다.

다이어트 애플리케이션은 성공적이었다. 마라톤 대회로부터 시작해 대학가 및 번화가에서도 이벤트를 통한 홍보는 계속되었고 매우 효과적이었다. SNS를 타고 퍼지기 시작한 입소문을 따라, 삽시간에 10만 건이 넘는 다운로드를 기록했다. 매일 신규 다운로더들도 늘어나고 있다. 애플리케이션 평가란에는 다 읽어보기도 벅찰 만큼 호평이 올라온다. SNS는 회사에서 홍보하는 것 몇 배의 효과가 이어지고, 공유하기를 통해 애플리케이션의 정보가 퍼지고 있다.

나는 특별승진 대상자로 선정되어 마케팅 팀장으로 승진했다.

입사 7년 만에 이룬 팀장의 꿈! 결과적으로 마케팅에서 배운 것을 활용해 고객이 바라는 핵심적인 부분을 읽어내고, 최우선으로 배려하는 마음을 실행에 옮겨 사랑 씨의 마음도 얻고 업무성과도 높일 수 있었던 것. 하지만 고객의 마음을 사로잡는 애플리케이션의 개발이 마지막 단계인 줄 알았던 건 오산이었다. 아직도 마케팅 연애 프로젝트는 진행 중!

"어제 시장조사 봤어요? 우리 애플리케이션의 콘셉트를 본 딴 미투me too 애플리케이션들이 등장하기 시작했다고 해요. 다운로드 경향을 봐요. 금방 이렇게 표시가 난단 말이죠. 애플리케이션이라는 게 유행이 얼마나 빨리 지나가는지 잘 알고 있지 않아요? 차별화되는 기능 업데이트가 조금만 늦어져도 바로 다른 애플리케이션을 찾아가는 게 사용자들이란 말입니다. 특히 나 팀장님! 이 애플리케이션의 담당 마케터로서 좀 더 확실하게 알릴 수 있는 대책을 세워보세요. 그냥 누구나 다 하는 소셜 마케팅을 넘어선 우리만의 방법이 필요합니다!"

오늘 아침 급히 온라인 회의가 소집되었고, 모니터 너머의 대표는 태블릿으로 매출 현황을 보여주며 한소리를 했다.

이때 책상 위에 올려놓은 휴대전화가 진동했다. 아마 사랑 씨일 거다. 사랑 씨와 난 사내에 교제사실을 가급적 드러내지 않기 위해 거의 모든 의사소통을 SNS의 폐쇄 커뮤니티와 메신저로 하고 있다.

'갑자기 급한 약속이 생겼어요. 저녁 같이 못 먹을 거 같아서, 미안. 그리고 회사 사람들이 우리 만나는 거 눈치 채지 못하게 하는 거 알죠?'

물론 우리 둘 사이에 처음부터 정해놓은 룰이었다. 하지만 굳이 다시 한 번 못 박듯이 강조하는 어투가 심상치 않다. 대표의 질책에 이어 사랑 씨의 예기치 않은 문자가 들뜬 마음에 찬물을 끼얹은 것 같았다.

유사랑

처음에 같이 다이어트 애플리케이션 개발팀에서 일을 시작할 때와 비교하면 도전 씨는 다른 사람이 된 것만 같았다. 더 의욕에 넘치고 외모도 세련되어졌고 자신감이 생기니 자세마저 꼿꼿해졌다.

도전 씨와 데이트를 처음 시작할 때는 정말 신선했다. 마치 대학 시절, 첫 연애할 때처럼 두근거리는 마음이 가득했다. 편안하게 사람을 대해주면서도 배려심이 가득했다. 내 행동 하나하나마다 감동을 표시하는 세심함도 느껴졌다. 첫 연애의 신선함과 사회인으로서 어느 정도의 안정감이 같이 느껴지는 연애라 즐거웠다.

스타일이 바뀌고 가장 주목받는 애플리케이션의 마케터로 방송까지 타게 되자, 회사 여직원들끼리의 대화에서 전혀 등장하지 않던 도전 씨가 심심치 않게 화제의 인물이 되었다. 호감을 표시하는 여직원들도 많아졌다. 우리 연애가 비밀이다 보니 내 앞에서 관심 있다는 말을 꺼내는 경우도 종종 있다.

그럴 때면,

"어우, 눈 좀 높여요. 것보다 새로 들어온 직원 중에 배우 뺨치게 생긴 남자 직원 있던데 그 정도는 돼야죠."

라며 은근히 견제 모드로 들어가곤 했다.

특별승진으로 인해 회사에서의 업무 능력도 인정받으면서 도전 씨는 카리스마까지 생긴 것 같았다. 자신감이 생기니 행동에도 여유가 생기고, 나아가 나에 대한 관심, 스킨십, 표현, 배려 모두 좋았다.

가만 왜 자꾸 과거형으로 생각을 하지?

그러게. 요 근래 들어 이상하게 연애를 시작할 때의 도전 씨 같지가 않다. 재미나 설렘도 많이 떨어지고 있고 무엇보다 무척이나 거만해진 것 같다.

애플리케이션의 이용자 요구를 수용하여 새로운 마케팅 전략을 세워야 하고, 새로운 프로젝트 준비 등으로 바빠진 건 알겠다. 나도 같은 회사라 잘 안다. 이유 없이 그저 징징거리는 게 아니다. 다만 예전처럼 내가 최우선이 아니라는 느낌이 든다. 도전 씨만큼은 잡은 고기에게도 밥은 챙겨줄 사람 같았는데, 요새는 밥 주는 게 귀찮아서 한 번에 왕창 주고 모른 척하는 것 같은 느낌에 섭섭한 마음이 드는 건 어쩔 수 없다. 프로젝트팀 모두가 노력해서 만든 애플리케이션이고 자기 혼자만의 작품도 아닌데 자신감을 넘어서 거들먹거리는 느낌까지 든다.

홧김에 오늘 문자를 보냈다.

'갑자기 급한 약속이 생겼어요. 저녁 같이 못 먹을 거 같아서, 미안. 그리고 회사 사람들이 우리 만나는 거 눈치 채지 못하게 하는 거 알죠?'

그랬더니 온다는 문자.

'어, 그래요. 알았어요.'

예전 같으면 무슨 일이라도 있었냐고 물어 보고, 누구를 만나는지 조마조마해하면서 달려왔을 사람이 심드렁한 한마디만 남겼을 뿐이다. 그러더니 퇴근 시간이 되자마자, 회식 간다며 우리 팀 옆을 떠들썩하게 지나가는 게 아닌가.

기가 막히고 화가 난다. 오히려 오늘 약속 깨려고 했던 건 혹시 도전 씨 아냐?

나도전

오늘은 일진이 사나운 날이다.

회사에서도 깨지고, 사랑 씨와의 약속도 깨지고. 사랑 씨는 오늘 약속이 생겼다고 하는데 도대체 누구를 만나는 걸까? 퇴근 시간 다 돼서 취소 연락을 주는 일은 없었는데. 메시지를 보내도 읽지 않는다.

무슨 일이 생긴 걸까? 나한테 섭섭한 일이라도 있었던 걸까?

조금 걱정이 되긴 하지만 사랑 씨가 나를 두고 딴 생각을 할 리 없다. 오랜만에 동창이라도 만나서 기분 전환이라도 하고 있겠지. 아무래도 요즘 바빠서 데이트를 잘 못하다 보니 스트레스도 쌓였을 거다.

일찍 들어가려고 짐을 챙기는데 마침 팀원들이 새로운 아이템의 반응이 좋은 것 같다며 기념해서 한잔하자고 한다. 이렇게 일이 하나 둘, 잘 되기 시작한 것도 다 사랑 씨를 만나면서부터다. 지금 이 시점에서 머뭇거려서는 안 된다. 팀원들을 더 다독여 더 나은 프로젝트로 발전시켜야 신임 팀장으로서의 능력을 인정받을 것이다.

인정받고 있을 때 더욱 능력을 보여주고 팀장으로서 자리에 걸맞게 일하는 게 지금 나에겐 가장 중요한 일이다. 회사에서 인정받는 프로의 모습, 이게 바로 여자들이 바라는 남자 아니겠는가. 사랑 씨도 지금은 조금 섭섭할지 몰라도 한 단계 업그레이드된 내 모습을 보면 또 생각이 달라질 테지.

오늘은 다음 프로젝트를 같이하게 될 동료들과 미리 친목을 다져두기 위해 한잔하고 들어가야겠다.

고객은 부메랑이 아니야!

CRM에 대해 알아보기에 앞서 퀴즈 하나!

Q. 나는 누구일까요?

나는 정말로 좋은 고객입니다. 나는 어떤 종류의 서비스를 받더라도 불평을 하는 법이 없습니다.

음식점에서는 조용히 앉아 종업원이 주문 받기를 기다리고, 그 사이에도 절대로 종업원에게 주문을 받으라고 요구하지 않습니다. 때로는 나보다 늦게 들어온 사람에게 먼저 주문을 받더라도 불평하지 않습니다.

무언가 사기 위해 상점에 갈 때는 고객의 지위를 휘두르려고 하지 않습니다. 대신 사려 깊게 행동하려고 노력합니다.

만약 무엇을 살 것인지를 결정하지 못한 채 물건 앞에서 고심하고 있을 때, 옆에 서 있는 판매원이 귀찮다는 식으로 행동하더라도 최대한 예의 바르게 행동합니다.

나는 절대로 흠을 잡거나 잔소리를 한다거나 비난하지 않습니다. 그리고 시끄럽게 불평을 늘어놓지도 않습니다. 나는 그런 행동들이 쓸데없다는 것을 잘 알고 있기 때문입니다.

솔직히 말해 나는 좋은 고객입니다.

나는 누구일까요?

정답은 '불만족한 고객' 또는 '돌아오지 않는 고객'입니다

일반적으로 불만족한 고객 중 불만을 드러내는 경우는 겨우 4~6%에 불과합니다. 나머지 90% 이상의 불만 고객은 그야말로 말이 없는 고객 집단이며, 이들 중 상당수는 다시는 돌아오지 않는 고객이 됩니다.

불만이 있었으나 제때 해결이 된 경우 고객이 다시 거래를 계속할 가능성은 무려 70~90%에 달합니다. 따라서 불평하는 고객은 우리의 잘못을 개선하게 만들어주고 충성고객이 될 수 있는 고마운 고객입니다. 불만을 만족스럽게 해결한 고객은 불만족스러운 감정이 없었던 고객보다 오히려 기업에 대한 충성도가 높아진다고 합니다.

따라서 우리는 고객의 불만, 불평을 회피의 대상으로 생각할 게 아니라 전략적으로 활용하고자 하는 적극적인 사고를 가져야 하며, 고객의 불평을 처리하고 해결할 수 있는 시스템을 갖추어야 합니다.

CRM을 본격적으로 이야기하기에 앞서 일반적인 불만고객들의 행동 패턴에 대해 이야기해보았습니다. 일단 불만 고객 자체가

한 번이라도 물건을 구매한 고객층에서 나타나기 때문입니다. 일부 구매 고객들은 불만에 대해서 어느 정도 신호말이든 행동이든를 줍니다. 그것을 잘 알고 개선해야 이탈고객이 생기지 않고, 나아가 충성고객으로 만들 수 있는 기초를 쌓을 수 있습니다.

당신이 눈치 채지 못한 유혹의 덫

유사랑

도전 씨에게 메시지가 왔지만 일부러 읽은 표시가 나지 않게 확인을 했다. 답장을 하기도 귀찮고 좀 짜증이 나기도 했다.

오래간만에 메신저 단체방에서 친구들에게 번개 모임을 주도해보았다. 마지막으로 얼굴 본 지가 한참이라 다들 들뜨긴 했지만 갑자기 모이기는 역시 쉽지 않았다. 어린애를 맡길 데가 없어서 오기 힘들다는 친구도 있고, 회사 상사에게 붙잡혀 야근하느라, 내일 외국 주재원으로 출국하는 애인과 있어야 한다는 둥, 다 각각의 사정들이 있었다.

그때 메신저 메시지가 들어왔다.

데이빗: 요새 살아 있는 거야?

도전 씨와 연애를 시작한 이후로는 아무래도 만나기가 머쓱해서 계속 연락을 하지 않았던 필승이에게서의 연락이다.

데이빗: 그동안 나도 바빴지만 그렇다고 한 번도 연락을 안 하는 거야? 암만 내가 차였다지만 너무하네. 그래도 몇 년 동안이나 친구였는데.

하긴 예전에는 갑갑할 때면 속 시원히 대화할 수 있는 상대는 늘 필승이었다. 연애를 하면서는 도전 씨와 주로 대화를 하느라 아쉬운 마음이 없었다. 하지만 요 근래 도전 씨와는 거의 대화를 주고받는 일이 없다. 나는 그저 도전 씨가 어쩌다 시간이 빌 때 시간 채워주는 사람인 것 같다.

데이빗: 그러지 말고 나와라. 나 작업비 받았어. 맛있는 거 사줄게.

그래, 뭐 어때. 오랜만에 필승이랑 실컷 수다나 떨어야지.

나도전

그럼 그렇지. 며칠 전에 대표에게 깨진 것은 별일 아니었다. 새롭게 시작되는 프로젝트는 다시 시장조사를 해나가고 있고 진도도 상당히 빠르다. 이게 다 팀원들과의 원만한 관계를 유지하고, 각각을 독려하느라고 정성을 들인 결과다. 새로 합류한 팀원들이 노력할 수 있도록 최선을 다해 돕느라 요샌 내 사생활도 없는 것 같다.

그래도 이런 나를 더욱 자신 있게 만드는 것은 직원들, 특히 여직원들이 나를 대하는 태도다. 이전에는 '관심 없던 나 대리'에서 이제는 '나 팀장 정도면 꽤 괜찮은 남자'로 바뀌어가고 있는 것이 피부로 느껴진다.

특히 업무지원팀의 박미리 씨는 특별히 부탁하지도 않았는데 비품 같은 게 떨어지거나 필요한 건 없냐며 자주 확인을 하고는 한다. 식신탐험대에도 그 누구보다 열심히 나오고 자꾸 말을 걸곤 하더니 지난주에는 고향에 다녀오면서 특산품이라며 과자 세트를 내민다.

"나 팀장님, 줄까지 서서 사 온 한정판 과자예요. 특별히 나 팀장님 생각해서 챙겨왔어요. 대신 밥이라도 한 번 사주세요."

워낙 싹싹하고 붙임성 있는 친구라 예전에 한 번 관심을 가져본 적도 있었다. 하지만 나이 차이도 많이 나고, 일하다가 그 앞에서 푼수를 떤 적도 많고 해서 애초에 포기를 했었다. 그런데 요즘 나한테 은근히 관심 있다는 표시를 한단 말이지.

그동안 몰랐던 인기 있는 남자의 세상이란 이런 것이구나! 하지만 나 나도전도 이제 그 세상에서 살아가고 있단 말이지. 열 살 가까이 어린 여직원에게 중년 아저씨가 아니라 매력적인 남자로 보이고 있지 않은가.

 유사랑

도전 씨에게 연락이 왔다.

저녁에 만나자고 하는데, 서운한 건 서운한 거지만 어쨌든 저번에 내가 먼저 약속을 깼으니 사과하는 의미로 내가 저녁을 사겠다고 했다. 게다가 필승이랑 둘이 만난 게 은근히 미안하기도 하다. 뭐 그냥 식사만 하고 수다만 떨다 헤어졌지만.

연애 관계라는 게 일방적으로 주기만 하거나 일방적으로 받기만 하는 게 아니니까. 도전 씨가 일에 바쁜 건 내가 이해해야지. 업무가 몰려서 눈코 뜰 새 없이 바쁜 건 같은 회사에 있는 내가 아님 누가 알겠어? 그렇다고 해도 전과는 달리 나를 향한 반응이 뜨뜻미지근한 것이 내심 섭섭하긴 하지만, 연애라는 게 뜨겁기만 하면 타죽는다고 누가 그랬던가. 그런 사람 없나? 그럼 내가 그렇게 말하지 뭐. 내가 이해하지 않으면 나만 힘들어지니 어차피 이해하는 거 화끈하게 저녁도 사는 거다.

그나저나 며칠 후면 우리가 사귄 지 100일째다. 몇 달 전만 해도 우리가 이런 사이가 될 거라고는 전혀 생각도 못했는데 사람 일이란 모르는 것이다. 또 앞으로 몇 달 후에는 무슨 일이 벌어질지도 또 알 수 없다.

당연히 도전 씨는 기억하고 있겠지? 우리가 어떻게 사귀게 됐는데…… 아무리 바빠도 그걸 잊을 리는 없겠지.

나도전

오늘 저녁은 모처럼 사랑 씨와 저녁을 먹는다. 지난 번 연락 때 뭔가 삐친 구석이 있는 게 아닌가 했더니 흔쾌히 저녁을 사기까지 한다고 한다. 괜한 걱정을 했나 보다. 원래 여자들이란 이렇게 변덕이 심한 걸까?

단둘이 본 지가 오래된 만큼 데이트가 기대된다. 뭘 먹자고 할까? 복잡하게 생각하기 귀찮다. 지난번 친구들 모임에서 갔던 곱창집 먹을 만하던데 거기 가자고 해야겠다. 그러고 나서 오랜만에 만난 걸 만회할 수 있도록 꼭 안아주고 그동안 바빠서 미안하다고 말하면 기분이 좀 나아지겠지? 연애 관계에서 스킨십은 중요한 거니까.

퇴근 시간에 맞춰 바로 뛰어나가려는데 메신저가 반짝거린다. 업무지원팀 박미리 씨의 메시지다.

'지난 번 과자 값, 이번 주말은 어떠세요? 눈여겨 봐뒀던 맛집이 있는데 혼자 가기는 좀 그래서요. 꼭 한 번 가보고 싶은데, 같이 가실래요?'

CRM이란 무엇인가?

이제 CRM에 대해서 짚고 넘어갈 시간이 된 것 같습니다.

CRM은 고객관계관리Customer Relationship Management의 약자로, 고객에 대해 정확하게 이해하고, 고객중심의 제품, 서비스의 제공, 전사적인 프로세스와 마인드 변화를 추진하는 기업의 활동입니다.

CRM이란 수익성 높은 고객을 유지하고 충성고객을 확보하여 기업의 경쟁 우위 선점 및 지속적인 유지를 목표로 합니다. 현재 고객과 잠재고객에 대한 자료를 지속적으로 수집해 가치 있는 마케팅 정보로 변환하고, 고객 행동을 분석하고 예측하기 위해 고객의 행동 확률을 고객 개인별로 점수화하죠. 또한 고객 점수를 바탕으로 고객을 세분화하고 그룹화해서 그 그룹별로 효과적이고 효율적인 마케팅 프로그램과 전략을 개발, 검증, 구현, 측정 및 수정케 하는 일련의 과정을 말합니다.

비즈니스 측면에서 CRM은 기술적인 접근방법의 변화를 통해

① 고객지향의 비즈니스 프로세스를 얻고

② 고객과의 상호작용에 대한 완벽한 이해를 얻으며

③ 고객의 수익성과 평생가치LTV를 계산할 수 있습니다.

그래서 효과적인 CRM 구현을 위해선 기술이 필수요건입니다.

즉 CRM이란 다양한 마케팅 방법들을 통해 초기구매로 유도하고, 초기구매 고객들의 이탈방지 활동을 통해 우수고객으로 유지시키고, 다시 충성고객을 만들어 평생고객으로 유지하는 일련의 과정입니다. 이를 더 강화시켜야 하는 이유는 다음과 같습니다.

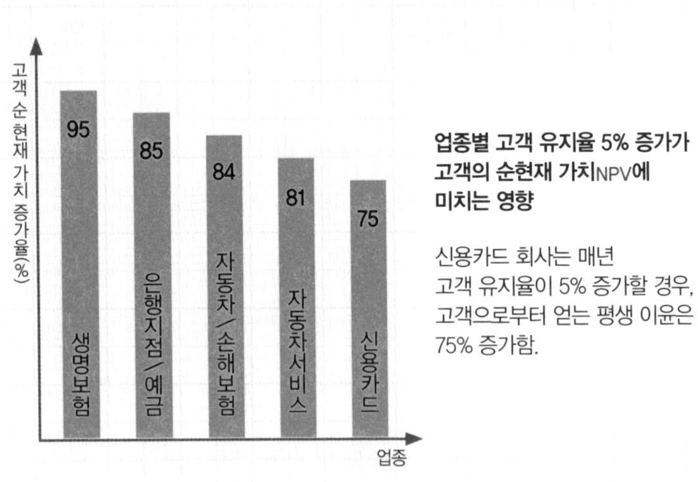

업종별 고객 유지율 5% 증가가 고객의 순현재 가치NPV에 미치는 영향

신용카드 회사는 매년 고객 유지율이 5% 증가할 경우, 고객으로부터 얻는 평생 이윤은 75% 증가함.

위의 도표는 업종별 고객 유지율 증가가 기업에 얼마나 많은 이익을 주는가에 대한 간략한 내용입니다. 즉 어떤 활동이든 새로운 고객을 만드는 작업은 기존고객의 이탈을 막는 것보다 몇 배의 노력이 들어가기 때문에 지금이라도 기존 고객에 대해 간과하고 있는 부분은 없는지 검토해봐야 합니다. 이탈고객을 다시 충성고객으로 만드는 것은 더 어렵기 때문입니다.

처음의 간절함은 어디갔죠?

유사랑

저녁은 갑자기 곱창을 먹자고 하네.

곱창을 싫어하는 건 아니지만 데이트 코스로는 별로다. 동료들이랑 편하게 먹기는 좋지만, 오늘은 정말 오랜만에 같이하는 저녁이지 않은가. 좀 고요한 분위기 좋은 곳에서 그동안 서먹서먹해진 사이도 되돌리고 싶고 좀 더 많은 대화를 나누고 싶었다. 하지만 얼마 전 방송에 나왔다는 그 곱창집은 맛은 있으나 너무 시끄러웠다. 도저히 로맨틱하고 분위기 있는 대화를 나눌 분위기가 아니었다. 빨리 조용한 곳으로 자리를 옮기면 좋겠는데 도전 씨는 혼자 웃고 떠들면서 취해가고 있다.

슬슬 짜증이 올라오는데 웃고 있는 얼굴이라 화도 못 내겠다. 제발 그만이라는 소리가 목구멍까지 차올랐다. 잔이나 만지작거리면서 있는데도, 도전 씨는 계속 자기 분위기에 취해 한잔하라고만 한다.

내가 뭘 좋아하는지 골몰하면서 분위기 있는 가게를 찾아다니던 그 도전 씨는 어디로 간 거지?

나도전

오늘 사랑 씨는 조용히 내 말을 들으며 웃어주었다. 얼굴만 보고 있어도 술맛이 이토록 좋을 수가 없다.

나의 남자다움에 더욱 끌려오는 것 같다. 성공한 남자 곁에는 미인이 있는 거지.

사랑 씨가 점점 더 사랑스러워지는데…….

회식에서는 정신 바짝 차리고 상사의 비위를 맞추거나, 거래처 사람들을 접대해야 하고, 요새는 동료나 후배 직원까지도 챙겨야 한다. 맘 편히 술도 못 마셨는데 오랜만에 긴장이 풀려서 술이 술술 넘어간다.

사랑 씨가 따라주는 술이라 그런가? 사랑 씨와 있으면 마음이 편하다.

유사랑

어젯밤은 생각하기도 싫다. 날 알기를 너무 우습게 아는 거 아냐?

가뜩이나 요새 너무 많은 부분이 실망스러워져가는 중인데, 이제는 사람을 막 대하기까지 하는 것 같다. 결국 어제 나누고 싶은 이야기는 하나도 하지 못했다. 도전 씨는 내 이야기는 듣지도 묻지도 않고 혼자 장황하게 떠들었다. 적당히 마시라고 말려도 술이 너무 맛있다며 계속 마셔댔다.

마지막에는 술에 완전히 취해서, 집에 가지 말라고 붙잡고 늘어지고 소리 지르고, 길바닥 한가운데에서 뽀뽀에……. 창피해서 죽을 것만 같았다. 날 도대체 뭘로 보는 거야?

너무 화가 나서 부른 택시에 도전 씨를 태우는 대신 내가 그냥 타고 와버렸다. 취해도 집에는 잘 들어가는 사람이니 알아서 하겠지.

도전 씨에게 이제 나는 이 정도의 대접을 받아도 되는 사람이 된 것 같다.

아무래도 이 만남 다시 생각해야 할 것 같아.

나도전

머리가 지끈거린다. 필름이 끊겼는지 사랑 씨와 어떻게 헤어졌는지 잘 기억이 안 난다. 곱창도 맛있었고, 사랑 씨도 조용히 내 이야기 잘 들어주면서 끄덕거리고, 술도 술술 넘어갔다. 곱창집에서 나와 우리 예쁜 사랑 씨하고 떨어지기 싫어서 좀 붙잡은 기억이 중간중간 나긴 하는데 가물거린다.

조금쯤 실수를 했을지도 모르지만 남남도 아니고 애인 사이 아닌가. 사랑 씨가 잘 이해해주겠지. 원래 애인 사이란 좀 실수도 받아주고 그러는 거 아닌가? 게다가 잘 들어갔냐는 메시지가 와 있는 거 보면 안 좋은 일이야 있었겠어?

그나저나 오늘은 박미리 씨와의 점심식사 약속이 있으니 얼른 서둘러야겠다. 사랑 씨 말고 다른 여자랑 개인적으로 단 둘이 밥 먹는 게 얼마만인지 모르겠다. 사랑 씨가 괜히 신경 쓸 것 같아서 친구 만난다고 말해뒀는데, 뭐 늦은 시간에 만나는 것도 아니고 점심만 먹고 들어올 거니까 괜찮겠지. 어차피 미리 씨도 회사에서 같이 프로젝트를 하고 있는 사람이니까 다 관리해두는 것뿐이라고.

그런데 뭘 입고 나가야 좀 젊어 보이지? 새로 산 하늘색 가디건을 입고 나가볼까? 지난번에 사랑 씨가 잘 어울린다면서 골라준 옷인데 말이지.

유사랑

어제 도전 씨만큼 만취해서 인사불성이 되었던 것은 아니지만 나도 술을 몇 잔 해서 컨디션이 별로인 상황에서, 미선이가 주말이니 바람이나 쐬러 나오라면서 점심을 먹자고 했다. 너무 귀찮아서 화장이고 뭐고 옷만 대충 챙겨 입고 모자를 쓰고 나섰다. 술 때문인지 입이 바짝바짝 마른다. 해장은 뭐로 하지?

지하철로 서너 정거장 지났을 무렵 여자 한 명이 전화를 받으면서 탔다.

"오늘은 회사 아저씨 한 명 만나서 밥이나 얻어먹을까 하고."

어디서 들은 목소리다 싶어서 보니 회사 업무지원팀의 박미리 씨였다. 한껏 차려입은 그녀는 회사에서의 수수한 차림일 때와는 딴 사람 같았다. 막내랍시고 얌전한 척하더니, 평소와는 완전히 분위기도 말투도 다르다. 화장도 안 하고 대충 입은 내 모습이 초라해 보여서, 알아볼까 싶어 모자를 푹 눌러쓰고 말았다.

"확 꼬셔서 내 애인 만들어볼까?"

"없을걸? 회사에서 누가 그런 말 물어볼 때마다 소개나 시켜달라고 노총각 되겠다고 그러던데……."

"요즘 두세 명 정도 만나는 건 기본이지. 언제 헤어질지도 모르는데 한 명만 믿고 어떻게 있어. 보험 들어두는 거지 뭐."

깔깔대며 이야기하는데, 평소의 얌전한 척하는 박미리와는 사뭇 달라서 자꾸 전화 내용이 귀에 들어왔다. 하긴 나도 회사에서 진짜 내 모습만 보이는 건 아니니까. 연애도 비밀로 하고 있는 걸. 박미리 씨가 개인적으로 뭘 하고 다니는지 알게 뭐람.

나도전

박미리 씨는 뭐랄까, 적당한 애교가 있어서 누구라도 반할 수밖에 없는 스타일인 것 같다. 그렇다고 아무데서나 누구에게나 살살거리는 스타일도 아니고 때와 장소를 잘 가린다고 할까? 회사에서는 싹싹하기는 했어도 아무한테나 웃어주는 스타일은 아니었는데, 이렇게 단 둘이 이야기를 나누니 애교가 넘친다. 미리 씨와 말하다 보면 내가 대단한 사람이 된 것만 같아서 으쓱하게 된다. 여우같은 스타일이 이런 거구나 하는 생각이 들었다. 이런 친구라면 어떤 남자라도 옆에 두고 싶을 것 같다.

다만 내 옆에는 이미 사랑스러운 사랑 씨가 있으니 거리를 좀 두어야겠다고는 생각했지만, 자꾸 옆에서 말을 거니 나도 모르게 입이 귀에 가서 걸린다. 아니다. 바짝 마음을 다잡자.

그런데 창 넘어 누가 저렇게 바라보고 있는 거지? 어떤 여자야. 가만, 저거 사랑 씨 아냐? 왜 이 시간에 여기 있는 거지? 도대체 언제부터 보고 있었던 거야.

아우, 이거 괜한 오해 사는 거 아니야?

유사랑

미선이는 지가 만나서 밥 먹자고 하더니 메시지로 좀 늦을 거라고 연락이 왔다. 어디 들어가서 기다리기도 애매한 시간이라 서성이고 있는데, 건너편 음식점 창 안에 어디서 많이 보던 사람이 앉아 있다. 내가 사준 하늘색 가디건을 입고 있는 거 보니 도전 씨가 확실하다. 아무리 요새 관계가 소원하긴 해도 반가운 마음이 울컥 올라왔다. 하지만 그 앞에 앉아 있는 여자를 발견하고 얼어붙을 수밖에 없었다.

박미리? 업무지원팀 박미리?

아까 지하철이 떠나가라 이야기하던 밥 얻어먹을 아저씨가 도전 씨였다고?

갑자기 다리가 풀릴 것 같았다. 이게 무슨 일이지. 잠깐 바라보는데 도전 씨는 입이 귀에 가서 걸려 있다. 계속 웃느라고 정신이 없다. 그리고 박미리 저 계집애는 도전 씨 옆에 달라붙어서 계속 살짝살짝 터치까지 해가면서 일부러 끼를 부리는 게 눈에 확 들어온다.

아, 요즘에 나를 홀대하고 함부로 대하더니 이유가 있었구나.

나도전, 네가 지금 바람을 피우시겠다고?

이럴 때일수록 의연해야 해. 유사랑! 괜히 울고불고 난리치다가는 질투에 눈먼 노처녀로 몰릴지도 모른다. 근데 박미리 씨는 우리가 연애하는 걸 모르고 있으니 그럴 수 있다 치지만, 나도전! 너는 아니지!

미선이와의 점심은 무슨 정신으로 먹었는지 모르겠다. 커피 한 잔 하자는 미선이 말을 뒤로 하고 집으로 돌아와서 온갖 생각이 다 들었다. 분노와 배신감만 떠오르는 건 아니었다. 연애 초기의 달콤하고 따뜻한 기억들도 뒤엉켜 생각들이 맴돌았다.

하지만 결국 내린 결론은 깨끗하게 여기서 정리하자는 것이었다. 괜히 질질 끌 것도 없다. 저 인간이 또 다른 여자들 집적거리는 거 보는 게 눈꼴시고 마주칠 것이 괴로웠다. 하지만 이런 일 물고 늘어져봤자, 저 정도밖에 안 되는 인간 몰라본 내가 더 초라해질 뿐이다.

여기서 깔끔하게 헤어지자. 우리는 인연이 아닌 것 같으니 미리 씨와 잘 만나길 바라고 앞으로 연락하지 말자고 메시지를 보낸 후, 메신저를 차단했다.

나도전과의 연애는 이렇게 끝이 났다.

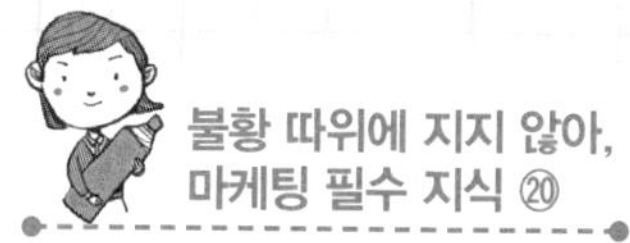

충성고객으로 잡아라

고객에는 여러 유형이 있습니다. 충성고객부터 한번 살펴볼까요?

충성고객이란 정기적으로 제품이나 서비스를 재구매하는 고객, 해당 기업의 다양한 품목과 서비스를 포괄적으로 구매하는 고객, 다른 사람들에게 해당 업체를 추천하는 고객, 경쟁업체의 유인 전략에 동요하지 않는 고객을 일반적으로 말합니다.

또한 충성고객은 마케팅 비용의 절감신규 고객 유치 비용 대비, 거래 비용의 절감, 고객 이탈 감소로 고객 전이 비용의 절감, 교차 판매Cross-Sell의 증대, 긍정적인 구전 효과, 판매 실패에 따른 비용의 감소 등 기업에 막대한 이익을 가져다줍니다.

따라서 신규고객을 충성고객으로 돌리는 것은 기업이 우선적으로 해야 할 가장 중요한 일이기도 합니다.

다만 앞서 말한 것처럼 불만고객이 생겼을 때 그 처리를 잘 못한다면 이탈고객이 한 명 생기는 것뿐만 아니라 그 불만족한 경험을 주위에 널리 알리는 파급 효과는 무서울 정도입니다. 특히 요즘같이 SNS가 발달한 시대에서는 말이죠.

그렇다면 이탈고객이 생기는 주요 원인은 무엇일까요?

고객이 이탈하는 이유

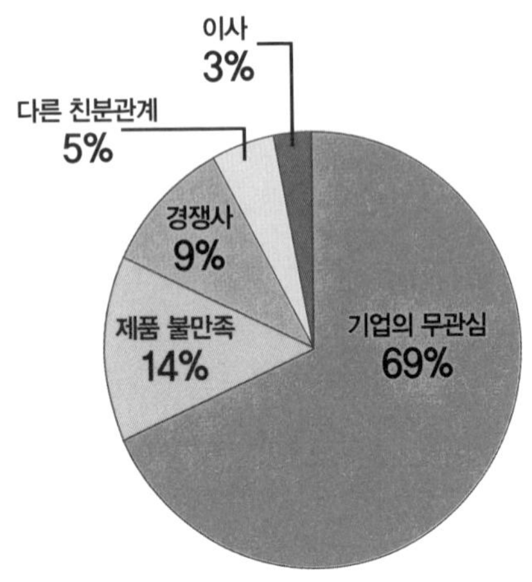

모든 업종에 해당되는 이야기는 아닐 수 있지만 위 그림처럼 이탈고객의 80% 이상은 이미 기업 또는 개인이 방지할 수 있었던 고객입니다.

그런데도 우리는 왜 사업이나 정치나 연애 분야에서 '잡은 고객'에 대한 관리를 소홀히 하는 것일까요?

한 술에
배부른 사람은
없다!

나도전

사랑 씨가 헤어지자는 메시지를 보내더니 갑자기 연락이 안 된다.

박미리 씨와는 아무 일도 아니었다고 변명을 할 기회조차 없다. 회사에서도 싸늘하게 고개를 돌릴 뿐, 말을 걸 틈도 주지 않는다.

내가 말없이 만난 거야 잘못이지만 그저 밥 한 번 같이 먹은 게 이렇게까지 죽일 놈 취급받을 일이냐고. 나한테 제발 말할 기회 좀 달라고!

답답한 마음에 누나에게 상담을 요청했다.

"왜 여자들은 별거 아닌 일을 가지고 오해를 하고 그래. 물어보면 되잖아. 무슨 일인지."

"야, 마케팅 공부한다며 전략을 짜고 어쩌고 하면서 좀 정신 차린 것 같더니 그 사이에 허접한 남자로 다시 돌아간 거냐?"

"나, 공부 열심히 했는데? 요새 회사에서도 전략적으로 잘 움직인다고 그런다고……."

"그걸 왜 연애에서 못 써먹어! 소비자의 마음이라는 게 간단한 실수 하나로 바로 돌아선다고 생각해? 물론 그럴 수도 있어. 하지만 대부분은 평판, 본인이 생각하는 이미지, 그리고 직접 겪은 상품의 기능과 서비스에 이르기까지 전반적인 상황을 보면서 상품에 대해 애정을 갖게 되지. 그러고 나서 상품에 신뢰가 생긴 고객이라면 한 번의 오해 또는 실수가 있을 경우, 적극적인 참여를 통해 오해를 풀거나 용서를 해준단 말이야."

"그래서 내가 신뢰를 잃었다는 거야?"

"여자랑 밥 먹다 걸린 거, 그거 하나가 문제일까? 그건 많은 실수 중에 하나일 거란 말이야. 그 일로 정점을 찍은 거고……."

누나에게 마케팅 전공한 것도 아니면서, 잘난 척 그만하라고 짜증을 내고 말았지만 가면 갈수록 이상하게 마음에 콱 박히는 것이 있다.

허접한 남자로 다시 돌아갔다는 말.

새로운 나도전으로 거듭나려고 아둥바둥 노력했는데 다시 제자리로 돌아갈 수는 없다!

유사랑

도전 씨가 언제 다녀갔는지 책상 위에 메모가 놓여 있다.

'이따 3시 30분쯤 15층 계단에서 잠깐 봐요. 올 때까지 기다릴

게요. 나도전.'

연애를 비밀로 할 때는 신나게 잘 지키다가 몰래 바람까지 피우더니, 남의 눈에 띄면 어쩌려고 이런 짓을 하는지 모르겠다. 이토록 배려가 없는 사람을 나는 지금까지 좋다고 만났다니 짜증난다.

사람이 한 번 싫어지면 한도 없이 계속 싫어진다고 하더니 모든 게 눈에 거슬린다. 업무가 바쁘다면서 아침 운동을 게을리하더니 배도 다시 나오는 것 같은데 무리해서 젊은 애들 입는 달라붙는 옷만 입어댄다. 옷이 이제 터지려고 한다. 헤어지자는 연락을 받고도 주위에 여직원들만 모이면 실실 웃는 꼴 하고는. 사람이 가벼워도 너무 가볍다. 아무리 아버지가 아프셔서 정신이 없을 때라지만 어쩌다 저런 인간한테 넘어갔는지 한심하기 짝이 없다.

그런데도 마음 한쪽이 왠지 모르게 쓰라리다.

나도전

계단에서 30분이 넘게 기다렸지만 사랑 씨는 나오지 않았다. 허공에 붕 떠 있는 듯 현실감각이 없다.

오늘 팀장 회의에서는 데이터 분석에 관한 발표를 하다가 호되게 질책을 당했다. 우리의 기존 고객층을 분석한 것이 전혀 효율적이지 못하다는 것이었다. 분석 시작점에서부터 잘못되어 있으니 분석 결과가 마케팅에 적용되지 못하고 쓸모가 없다는 것이다.

점점 일에 자신감이 떨어지는 것 같다. 같이 분석한 팀원들도 왜 그런 점에 대해서 미리 말하지 못한 거지. 내가 권위적인 팀장도 아니고, 함께 일하는 사람들을 위해서 내 개인 생활까지 포기해가면서 얼마나 인간관계에 힘쓰는데. 심지어 내 연애까지도 깨질 지경이란 말이다.

답답한 마음에 동맹을 맺은 디자인팀 도 팀장에게 커피 한 잔을 빌미로 도움을 요청했다.

"요즘 우리 회사에서 제일 잘나가고 행복한 나 팀장이 어쩐 일로 나에게 도움을 요청하죠? 짐작 가는 게 있긴 해요. 도전 씨도 그렇지만 사랑 씨도 감정을 잘 감추는 사람이 못되니까요. 연애 또 꼬였죠?"

도움을 요청하려면 제대로 이야기를 해야 하는 법. 그간의 사정을 간단하게 요약해서 말했다. 누나에게 말했던 것처럼 사랑 씨 탓을 하지 않고 실제 있었던 상황만 묘사하려고 노력했다. 가만히 듣고 있던 도 팀장은 나에게 몇 가지 질문을 던진다.

"아직도 사랑하고 있죠? 일도 사랑 씨도요?"

"그럼요. 제가 정말 맘이 변했으면 뭐하러 이러겠어요."

"그렇다면 사랑하는 사람에게 마케팅을 잘하고 있어요? 그리고 더욱더 절실하게 유지하고 계세요?"

뭔가 아차 하는 마음이 들었다.

"요즘은 한 번 사게 만드는 것보다 고객을 유지하고 관리하는 게 더 힘들다고 들었어요. 너무 많은 경쟁자들이 생겨서요. 특별한 명품이 아닌 이상은 구매고객들에게 더욱더 애절하게 매달려야 한다고. 그것도 구차하지 않고 세련되게. 사랑 씨는 더하죠. 여러 사람들이 마음에 둘 정도로 좋은 사람이잖아요. 게다가 정을 막 주는 사람도 아니고."

"그렇죠. 사랑 씨는 특별한 사람이에요. 그렇게 좋은 사람이 없는데……."

"좋은 사람이라면 더 아껴줘야죠. 우리가 VIP고객들에게 신경을 쓰는 것보다 더."

VIP고객을 대하듯 소중하게 대하라고? 무언가 실마리를 잡은 느낌이 들었다. 연애를 시작할 때도 현우랑 누나한테 마케팅 강의를 들었는데 이번에는 디자인팀 팀장에게 듣다니. 그래도 배운 건 확실히 활용하는 게 내 장점 아닌가.

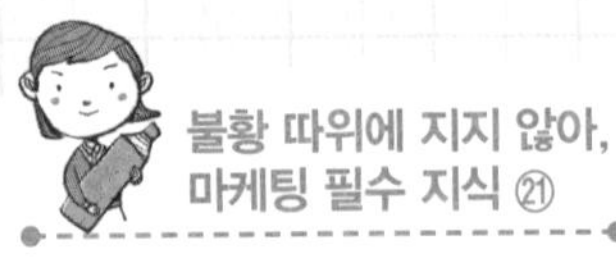

수많은 고객을 유형별로 세분화하라

마케팅 전략을 수립할 때 전체 시장을 여러 개의 세분 시장으로 구분했던 고객 세분화 작업이 필요했듯이, CRM에서도 고객을 정의하고 세분화하는 과정이 필요합니다. 단 CRM에서의 고객 세분화는 고객을 관리한다는 것보다는 모든 고객을 충성고객층으로 끌어올리기 위한 세분화임을 꼭 기억해야 할 것입니다.

CRM에서의 고객세분화

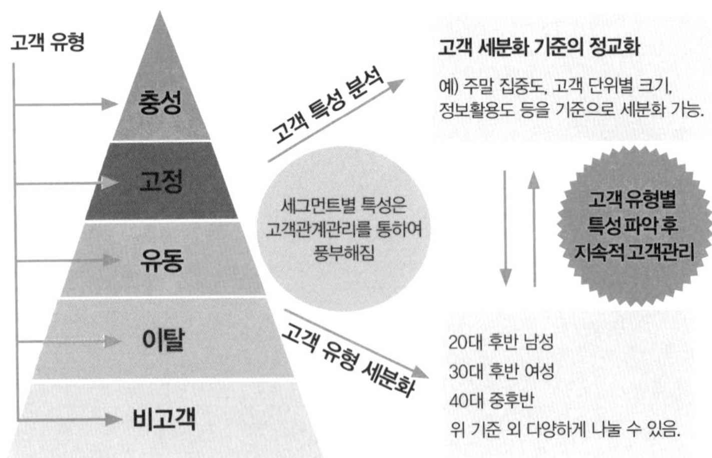

아래 그림처럼 고객을 이해하고 고객관계관리에 필요한 정보는 고객의 신상 정보, 구매이력, 접촉이력, 서비스이력 정보에서부터 출발해, 고객을 이해하고 관계를 심화시킬 수 있는 고객 정보의 집합으로 구성됩니다. 이러한 정보들은 영업활동 전반에 필요한 정보로 그 기능을 다 할 수 있어야 합니다.

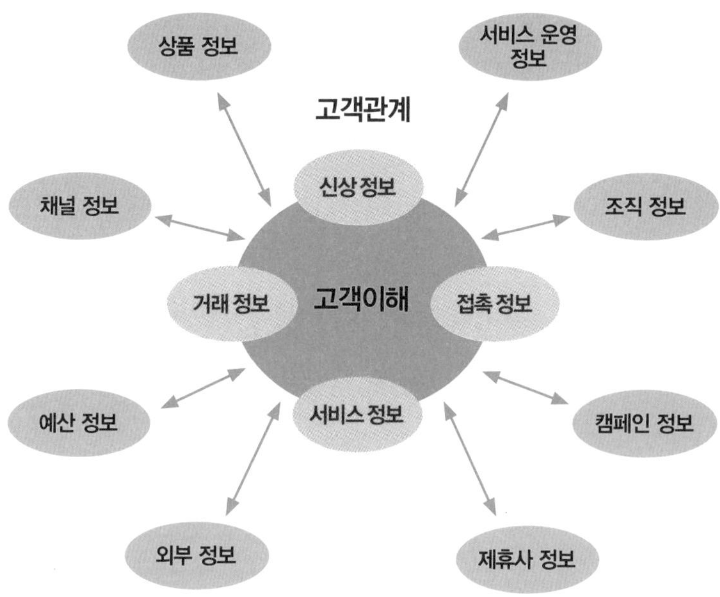

어디서부터
어떻게
잘못된 걸까?

유사랑

울적한 마음에 가볍게 바람을 쐬러 여행을 다녀왔다. 하지만 출근을 하니 다시 복잡한 마음이 되살아난다. 도전 씨를 스치는 것도 불편하고 무언가 할 말이 있는 듯 내 주위를 돌아다니는 것도 불편하다. 이래서 사내연애를 하는 걸 주변에서 그렇게들 말렸는지도 모르겠다. 잘되도 곤란하고 잘 안 되도 곤란하다더니 최악이다.

이미 끝난 사이인데…….

들리는 소문에 박미리 씨는 행정고시 패스한 남자하고 선을 봐서 결혼 이야기까지 나오고 있다고 한다. 도전 씨와는 별 말이 안 나오는 것 보니 잘 감추고 바람을 피운 건지, 아니면 실제로 별 사이 아니었는지는 잘 모르겠다. 하지만 어차피 그 일이 우리 관계가 여기까지 오게 된 전부는 아니었다. 박미리 씨는 자기 입장에서도 맘에 드는 남자 잡았는데 뒷말 나오는 거 별로 바라지 않을 테니 조용히 있겠지.

이러저런 일로 도전 씨의 회사 내 입지가 점점 좁아지는 것 같다. 외모만 예전으로 돌아간 게 아니라 다시 예전처럼 멍한 표정도 자주 보인다. 나는 참여하지 않는 새 프로젝트의 타깃 마케팅도 잘못되어 윗선에서 엄청나게 질책을 받았다는 이야기도 들었다. 어찌됐든 나랑은 상관없는 일이다. 정말 이젠 관심 없다. 우리 팀 일도 아니고.

이런저런 꼴 다 보기 싫다. 회사를 그만두고 다시 제대로 그림이나 그릴까 하는 생각도 든다. 아니면 미선이네 부서에 다정하고 인물 좋은 남자가 있다는데 소개팅이나 한번 해볼까?

우선 오늘은 필승이나 만나서 맥주나 한잔해야겠다.

걔랑 있으면 정말 유쾌하다니까. 아직도 가끔 어린애 같지만 그만한 친구가 없다. 그리고 그런 고백 사건 후에도 질척거리지 않고 깔끔하게 다시 예전처럼 대해준다.

우선 볼링이라도 한 판 치고 나서 마시자고 해야겠다.

스트레스 해소부터 해야 해.

나도전

일단 기억나는 대로 내가 사랑 씨를 실망시켰을 만한 것들을 생각해봐야겠다.

원인이 뭘까?

그러고 보니 요새 데이트를 거의 하지 않았다. 일이 먼저랍시고 회식은 일주일에 두세 번씩 해도 우리 둘은 일주일에 하루 보기가 힘들었다. 사랑 씨가 좋아할 만한 장소는 생각도 안 했지. 그때그때 눈에 띄는 맥주집이나 가고, 밥집에서 소주만 마시고, 시간이 없다는 핑계로 영화 한 편도 같이 본 지가 오래됐다. 밤에도 접대나 회식한다면서 연락 안 하고 잠든 적도 많았고. 사랑 씨가 걱정돼서 전화했을 때는 친구들하고 당구치는 중이니까 끊으라고 한 적도 있었다. 다시 연락하겠다고 해놓고 연락 안 한 적도 수두룩하다. 한 달에 두어 번 시간 빼기도 힘들어 했으면서 친구는 만나고 술은 마시러 다녔다. 게다가 오해를 불러일으킬 상황까지 눈앞에서 접했으니 얼마나 충격이 컸을까.

더 일찍 안 차인 게 용하다 용해.

지금까지 내가 한 행동들을 되돌아보니 다시 사랑 씨를 잡을 수 있을까 덜컥 겁이 난다.

그래, 이제부터 제대로 다시 한 번 해보자. 도대체 근데 뭐부터 해야 하는 거야? 도저히 감이 안 잡힌다. 최선을 다 한다면 그래도 기회는 생기지 않을까?

일단 사랑 씨를 초기구매에 성공한 고객이라고 한다면 나는 일단 CRM에서 고객 유지와 충성고객을 못 만들고 이탈고객을 만든 치명적인 오류를 범했지. 핵심 유지대상 고객임에도 불구하고. 에효, 답답한 나도전, 이 인간아!!

일단 기초적인 정의는 알고 있으니 다시 한 번 절실함을 가지고 방법론을 찾아보자고. 알고 있는 내용이지만 일단 고객의 유형화부터 다시 한 번 볼까?

그러면 이탈고객은 어떻게 다시 고객으로 만들 수 있지?

어떻게 보면 마케팅에서 진행한 초기분석과 비슷한데 문제는 사랑 씨가 지금은 이탈고객이라는 거지. 초기의 고객 유치보다 훨씬 힘들다는 이탈고객의 마음을 돌리는 방법에는 무엇이 있을까? 처음 사랑 씨의 마음을 얻는 데도 그렇게 힘이 들었는데 몇 배의 노력을 해야 한다니 눈앞이 아득하다. 하지만 그렇다고 포기할 수는 없다.

어떻게 하면 사랑 씨를 다시 내 옆으로 돌아오게 만들 수 있을까?

고객 유행에 따른 관계 관리 전략 수립

■ 기존 고객 구성을 전략적인 방향에 맞는 새로운 고객 구성으로 유도하기 위해 마케팅 조치 수행.

	고정고객	유동고객	이탈고객	비고객
고수익 고객	우량고객		재활성화 대상 고객	선택적 영업 대상 고객
저수익 고객				

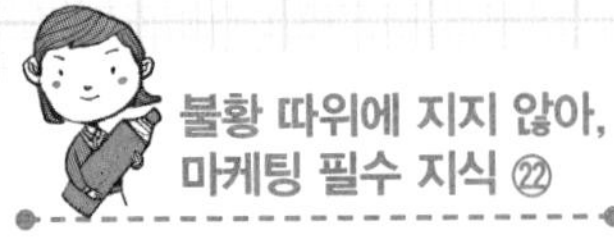

고객 확보보다 관리가 더 어렵다

고객 관리의 시작은 기본적으로 신규고객을 이탈시키지 않고 지속적으로 유지하는 것입니다. 그러한 고객 유지 전략에는 구매한 제품에 대한 여러 정보를 제공함으로써 구매제품에 대해 호의적인 태도를 지속적으로 가질 수 있도록 만들어주는 것이 가장 기본이며, 이를 위해서는 고객에게 맞는 개별화된 관심을 표현하는 것이 중요합니다.

예를 들어 특정 의류를 구매한 고객에게 적절한 시점에 관리법을 알려주는 등의 방법으로 고객이 우리 브랜드 또는 상품에 대한 호감을 지속적으로 가질 수 있도록 지원하는 것이 필요합니다.

이런 과정을 잘못했다면 고객은 이탈고객으로 변하게 됩니다. 또는 우리 기업보다 좋은 마케팅 전략을 쓰는 경쟁사에게 빼앗기게 되지요.

이탈고객을 다시 고객으로 되돌리는 것이 신규고객 한 명을 만드는 것보다 반드시 더 어려울까요? 그 이유가 단순 변심에 불과하다면 꼭 그렇지는 않습니다.

하지만 나도전의 경우는 다릅니다. 불만고객이 이탈로 이어진 것이기 때문에 이 고객을 다시 돌아오게 만드는 과정은 신규고객 확보보다 어려운 일이라고 볼 수 있습니다.

그렇다면 이탈고객을 돌아오게 만드는 방법은 무엇이 있을까요? 마케팅 전체 프로세스와 유사한 측면이 있습니다. 고객과의 소통을 통해 이탈의 주요 요인을 분석해 해결하는 것이죠.

꼭 기억하세요. 이탈의 원인은 마케터의 머릿속에 있는 것이 아니라 고객들의 목소리에 있습니다.

구체적인 미래상을 설계하라

유사랑

심란하다.

정말 마지막이라고 한 번만 만나달라고 하더니 꽃다발과 브랜드 구두를 들고 왔다. 구두는 보기에만 예쁘다고 마음에 드는 게 아닌데 도대체 이걸 어쩌라고 사들고 왔는지 모르겠다. 내가 구두에 관심이 있다는 것, 도전 씨가 알고 있는 건 고작 딱 거기까지다. 어떤 구두를 왜 신는지를 알고 싶어 한 적은 없다. 내가 신어보지 않고는 절대 구두를 사지 않는다는 것조차 알지도 못하고, 또 알려고 하지도 않는다.

기분이 나쁜 정도는 아니지만 솔직히 다시 마음을 주고 싶지는 않다. 이런 식으로 그저 내 마음을 얻기 위해서 잠깐 노력했다가 내가 마음을 주면 다시 해이해지는 패턴이 계속 반복될 것만 같다. 뮤지컬 관람만 해도 언니 공연을 같이 본 것, 딱 한 번뿐이었다. 그러고 나서는 언니가 어떤 뮤지컬을 공연하고 있는지, 새로 기획하는 공연은 없는지 물어본 적조차 없다. 나의 관심사를 같이 나누고 싶은 것이 아니라 그냥 나에게 관심을 얻어내는 것 그게 다였던 것 같다. 또 다시 반복된다면 이번에는 더 큰 상처가 될 것 같다.

역시 이대로가 좋다. 자꾸 되돌리려고 하면 할수록 부담이 된다. 제발 나를 놔뒀으면 좋겠다. 이제 그만 이 회사를 떠나야 하는 건가.

나도전

마케팅 책도 읽어보고 CRM책도 읽어보아도 딱히 방법이 없다. 이탈고객들에게 뭐 무료 이용권을 보내? 난 그것보다 더한 것도 했다. 무슨 좋은 방법이 없을까?

사랑 씨와 떨어져 있어 보니 그녀가 얼마나 소중한 사람이었는지 절실하게 느껴진다. 내 인생에서 다시는 사랑 씨처럼 나를 포용해주고 기다려주는 여자를 만날 수 없을 것 같다. 다시는 한눈 팔지 않고 사랑 씨를 위해 평생을 바치고 싶은데 정작 그녀가 옆에 없다.

나의 미래를 같이할 사람은 그녀밖에 없다.

미래?

그래 이거다. 여자는 꿈을 꾼다고 했던가?

현우 녀석이 해준 말이 있었는데, 여자는 각자 다른 꿈을 꾼다고 했지. 사랑 씨가 꾸는 미래의 꿈이 조금씩 생각났다. 큰 부자이길 바라지는 않지만, 적어도 돈 때문에 끌려다니지 않아도 될 만큼 노후가 보장되는 경제적인 안정, 꼭 대단한 화가가 되지 못하더라도 자기 작업실이 있어서 마음껏 작업하고 싶다고 했지. 그리고 보지 못한 풍경들을 담아올 수 있는 여행도 종종 다니고 싶다고 했어.

이거다! 꿈! 미래!

유사랑

회사 책상 위에 책 같기도 하고 일기장 같기도 한 물건이 놓여 있었다. 이게 뭘까 열어보니 페이지마다 삽화들과 더불어 빼곡하게 글이 적혀 있다. 표지를 다시 봤다.

'당신과 함께하는 시간'

이게 뭐야? 으윽, 제목이 너무 유치하잖아. 시집인가? 근데 글쓴이가 없다. 도대체 무슨 내용이지?

2025년 1월 1일

새해를 맞아 특별한 일출을 보기 위해 보라카이에 왔다.

우리만의 좀 더 특별한 여행지로 떠나고 싶었지만, 역시 아이들과 같이 가려면 대중적인 곳이 좋다고 하는 사랑이의 말에 따라서 왔다. 그래도 12월 31일 카운트다운을 하고 나서 잠들었다가 아침에 해돋이를 보러 일어나는 건 정말 힘들었다. 사랑이가 흔들어 깨우지 않았으면 아마 침대에서 계속 일어나지 못했을 거다. 하지만 정말 아름다운 일출이었다. 올 한 해의 시작을 정말 느낄 수 있었다. 올해도 내가 열심히 아이와 사랑이를 위해 뛰어야지!

나도전 씨가 쓴 것처럼 보이는 책은 3~4일 단위의 일기로 채워져 있었다. 기념일들, 아이의 생일, 육아 문제로 티격태격하는 것까지 다양한 내용들이었다. 대략 어림하건데 아마도 100개 정도일 것이다. 그러더니 마무리는 다음과 같았다.

2025년 12월 30일

올 해도 이틀밖에 남지 않았다. 사랑이와 많은 시간을 더 같이하지 못해서 늘 아쉽다. 언제나 모자라는 내 옆에서 늘 같이 있어주는 사랑이가 너무나 고맙고 미안하다. 하지만 그저 같이 있는 것만으로도 내게는 이보다 더 큰 행복이 없다. 작년에는 보라카이에서 아이들과 같이 아침을 맞았지만 올 해는 따로 휴가를 내지는 못할 것 같다. 하지만 사랑하는 우리 가족과 더 좋은 시간을 보내고 싶다.

글쓰기에 그다지 자신 없어 하는 도전 씨답게 마치 초등학생 일기를 보는 듯한 내용도 많아서 읽으면서 피식 웃음이 나왔다. 글쓰기 싫어하는 도전 씨가 100일이나 되는 미래일기를 일일이 쓰고 그림을 골라서 책으로 제작하는 데는 정말 보통 공이 들어간 것이 아닐 거다.

그런데 왜 12월 31일이 아니라 30일이 마지막이지? 실수인가?

하지만 우선 일부터! 자세한 내용은 나중에 다시 봐야겠다. 그런데 오늘 근무하는 내내 무척 궁금할 것 같다.

나도전

지금 나는, 더 이상 사랑 씨가 나의 행동에 대해 의심하지 않고 평생을 신뢰할 수 있는 사람이라는 것을 보여줘야 한다.

누나 말마따나 하루 이틀로 사랑 씨의 마음을 얻어낼 수 없었던 것처럼, 사랑 씨의 마음이 멀어지는 데도 하루 이틀이 걸린 게 아니다. 그걸 다시 한 방에 얻을 수 있는 방법은 없겠지. 그래서 우선 일기장으로 사랑 씨의 마음을 녹이려고 한 것이다. 그리고 사랑 씨의 마음을 돌리기 위한 마지막 이벤트를 준비 중이다. 단순히 오면 그만이고 아니면 말고 하는 마음이 아니다. 내 회사 생활과 내 미래, 아니 내 목숨을 걸고라도 그녀의 마음을 얻어야 한다.

처음에는 회사에서 하는 공개 프러포즈 이벤트도 생각해봤다. 그래서 도 팀장에게 조언을 구했더니 황당하다는 표정이었다.

“나 팀장님, 다시는 사랑 씨 안 보려고요?”

“왜요? 많은 사람들에게 우리의 사랑을 축복받을 수 있는 기회인 걸요.”

“이 사람이 정말 큰일 날 사람이네. 어쩜 그렇게 사람 마음을 모르는지. 두 사람이 사전에 동의한 게 아닌 이상, 공개적인 장소에서 프러포즈하는 거 여자들 끔찍하게 싫어해요. 완전히 최악이라고요.”

“야구장 같은 데서 프러포즈 하고 그러잖아요.”

“아니 그러니까, 그 사람들은 미리 어느 정도 이야기가 된 거라고요. 결혼 날을 잡았든지, 상견례라도 마쳤던지. 게다가 모르는 사람들도 아니고 계속 다닐 회사에서……. 어휴, 나 같으면 회사는 커녕 그 업계에 다시 발도 들여놓기 싫을 걸요.”

“그럼 어떻게 해야 할까요?”

“이벤트를 하고 싶다면 두 사람이 가장 뜻깊게 추억할 수 있는 곳, 앞으로도 추억할 수 있는 곳에서 조용히 해요. 나중에 둘 사이 문제가 다 정리되고 나서 공개하고 축복받아도 늦지 않아요.”

우선은 내가 준 일기를 버리지 말고 전부 읽어줬으면 고맙겠는데……. 물론 지금도 그 내용을 보면 얼굴이 화끈거린다. 이럴 줄 알았으면 어디 글쓰기 강좌라도 들으러 다닐걸. 일기장 제작 사이트에서 한 장 한 장 채운 내 글을 보고 있자니, 내가 봐도 참담한 글솜씨였지만 그래도 정성과 진심을 담았다. 정말로 사랑 씨와 내가 했으면 했던, 그리고 사랑 씨가 원한다고 말한 결혼 생활을 합친 내용.

이번에는 고객이 원하는, 아니 잘 모르고 있었던 원츠도 파악했다고 생각했는데 과연 맞게 파악한 것인지 모르겠다.

유사랑

책의 마지막 장에는 날짜와 시간, 그리고 '부디 나와주시길 간절히 바랍니다'라는 쪽지가 있었다. 다른 내용은 하나도 없었다.

몇 번이나 고민을 했다. 장소는 도전 씨를 다시 보게 만든 패러글라이딩 장이었다. 그런데 이 시간에 패러글라이딩은 못할 텐데, 왜 지금 오라고 했지?

도전 씨와 둘이 이야기하면서 걸어 올라갈 때는 이 길이 이렇게 길다는 생각을 하지 못했다. 하지만 혼자 올라가는 길은 정말 길게만 느껴졌다. 낑낑대며 올라가 도전 씨를 발견했을 때는 얼마나 반가웠는지 모른다. 그런데 내가 도착하자마자 도전 씨가 소리를 질렀다.

"사랑 씨, 뒤돌아서 하늘 좀 보세요. 바로 지금이요!"

뒤를 돌아보니 말로는 표현할 수 없을 만큼 아름다운 석양이 나뭇잎을 황금색으로 물들이며 빛나고 있었다. 나도 모르게 감탄사가 나왔다.

"사랑 씨에게 이 석양을 보여주고 싶었어요. 내가 평생에 본 두 번째로 아름다운 것이었거든요."

"두 번째요?"

"제 평생에 가장 아름다운 것은 바로 사랑 씨니까요."

"……."

"사랑 씨에게 이 하늘 전부를 선물할 수는 없지만, 앞으로 내 인생의 시간들을 당신과 모두 함께할게요. 전 둔하기도 하고 눈치가 없기도 해서, 뭐든지 다 당신의 마음에 들게 할 수는 없을지도 몰라요. 하지만 다시는 믿음을 잃지 않도록 노력할게요."

그러고는 봉투 한 장을 건넸다.

"이게 2025년 12월 31일의 일기에요. 이 일기에 쓰여 있는 대로 미래에 사랑 씨와 함께하고 싶어요."

"지금 뜯어봐도 돼요?"

"네. 지금 뜯어보세요."

길지 않은 내용이지만 오랫동안 편지에서 눈을 뗄 수가 없었다. 자꾸만 주체할 수 없는 눈물이 쏟아졌다. 편지를 들고 도전 씨에게 다가가 아무 말 없이 꼭 껴안았다. 미래를 같이할 단 한 사람임을 확신하면서…….

에필로그

2025년 1월 1일

우리는 그때 남편이 썼던 일기처럼 보라카이에 와 있다. 나와 남편을 반반씩 닮은 딸 하은이와 함께. 우리는 특별히 닭살 돋는 부부도 그렇다고 데면데면한 사이도 아니다. 그때 이후로 남편은 단 한 번도 한눈팔지 않았고, 성실하게 일과 연애에 집중했다. 일기장을 받고 1년이 지나 결혼을 했고, 지금 우리 부부는 스타트업 회사를 차려서 독립을 했다. 단지 사업이 멋있어 보이거나 막연한 아이템이 로또 맞듯이 대박을 치길 바라면서 시작한 것은 아니다. 직장 생활에서의 오랜 경험을 통해 기획하고, 시장조사를 해 마케팅 포인트를 잡고, 그동안 쌓아온 도전 씨의 풍부한 인맥을 이용해서 우리에게 필요한 인력을 끌어오는 등 많은 부분을 고려한 다음 시작한 사업이다.

처음에는 이 일로 다툼도 있었다. 경제적인 안정을 중요시하는 나는, 안정적인 직장 생활을 버리고 사업을 하겠다는 남편을 이해할 수가 없었다. 게다가 내가 이전에 알던 남편은 재테크 동아리 활동을 하기는 했지만 금전적 일처리를 빠릿빠릿하게 하지 못했기 때문이다. 하지만 남편은 내 의사를 무시하지 않고 나를 끝까지 설득하기 위해 여러 가지 자료를 제시하고, 같이할 사람들을 나에게 소개했다. 결국 나도 남편과 같이 하기로 했다.

초반에는 어려움도 많았다. 나라도 고정 수입을 유지해야 한다고 생각해서 계속 회사를 다니면서 남편 회사 일도 돕다 보니 아이는 생각할 겨를도 없었다. 내가 바라던 결혼 생활은 이런 게 아니었는데 싶어서 서글프기도 했지만, 그래도 어느 정도 지나자 남편의 일은 조금씩 자리를 잡아가기 시작했다. 초반부터 무리하게 남의 돈을 끌어 쓰지 않았고, 화려한 사무실이니 겉치장보다 콘텐츠와 마케팅에 집중했다. 2~3년이 지났을 때는 업계에서 주목받는 스타트업 회사로 자리 잡고 꽤 조건이 좋은 투자유치도 받을 수 있었다.

그러고 나서야 예쁜 딸 하은이를 낳을 여유가 생겼다. 사업은 어느 정도 궤도에 올랐고, 하은이는 어느새 재롱을 떨 나이가 됐다. 한참 부모의 손이 필요하다 보니 남편과 나는 재택근무를 번갈아가면서 아이를 돌본다. 우리 회사는 업무만 확실히 수행한다면 직원 누구라도 얼마든지 재택근무를 신청할 수 있다. 그렇다고 임금을 따로 책정하는 것도 아니다. 주변에서는 걱정하는 목소리도 많았다. 그렇게 하면 누가 제대로 일을 하겠냐고 하기도 하고, 누가 출근을 하겠냐고 하기도 한다. 그러다 마감을 못 지키는 일이 생기면 어떻게 하냐고도 했다.

하지만 아직까지 한 번도 우리 회사에서는 그런 직원이 없었다. 믿는 만큼 직원들도 일을 했고, 이런 좋은 제도를 없애지 않기 위해서 본인들이 더 노력했다. 앞으로는 스스로 출퇴근을 결정할 수 있는 스마트워크 제도까지도 도입해볼 생각이다. 스스로가 자기가 업무할 장소와 업무량을 정할 수 있는 제도, 서로 간의 신뢰가 있고 개인의 능력에 대해 자신감이 있어야만 제대로 돌아갈 수 있는 제도다.

이런 미래는 사실 10년 전에는 생각하지 못했다. 그때는 그저 10년 후에도 막연히 회사를 다니고 있고, 월급이 대강 어느 정도 오를지 예상하고, 아이가 생기면 육아 휴직을 했다가 다시 다니는 등 직장인으로서의 미래만 그리고 있었다. 하지만 사람의 미래는 어떻게 될지 모른다. 차근차근 준비했기에, 새로운 미래가 펼쳐져도 흔들리지 않고 대처할 수 있었다.

그리고 한 달 전 남편은 나에게 갑자기 보라카이 행 티켓 세 장을 내밀었다.

"기억나? 내가 그때 쓴 일기. 거기에 쓴 대로 연말에 일출 보러 보라카이에 가야지."

"기억은 나지만……."

“내가 당신에게 약속한 모든 걸 다 지킬 순 없겠지만, 그 일출만큼은 꼭 같이 보고 싶었어. 우리 세 식구 같이 가려고 내가 용돈 아껴가면서 모아둔 돈이 좀 있었어.”

그리고 오늘 우리는 함께 이곳 보라카이에 있다.

남편이 쓴 미래일기의 내용과 다가올 현실은 많이 다르겠지만 꼭 한 가지만큼은 일기 속 예언과 같을 것임을 믿는다. 우리 세 식구가 같이 연말을 또 행복하게 맞을 것이라는 것!

그래서 도전 씨의 12월 31일의 일기에는 어떤 내용이 있었냐고?

그건 비밀!

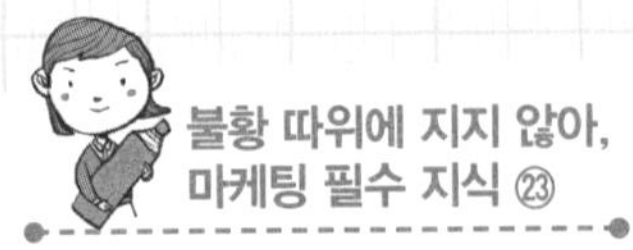

CRM의 성공요소

CRM의 목표는 신규고객을 유치하고, 그 고객들을 분석하고 이해하고 관계를 잘 유지해서 장기적으로 고객의 수익성을 극대화하는 것입니다.

마케팅의 처음은 고객을 유치하는 일에서 시작했습니다. 그 다음은 확보된 고객들을 유지하는 고객 유지 전략이 필요한데, 이것은 고객의 불만을 잘 관리해 고객과 지속적으로 좋은 관계를 유지하는 것과 기업에 도움이 되지 않는 고객을 정리하는 일까지 포함됩니다. 그 다음 단계는 우량고객 관리 및 로열티 프로그램을 통

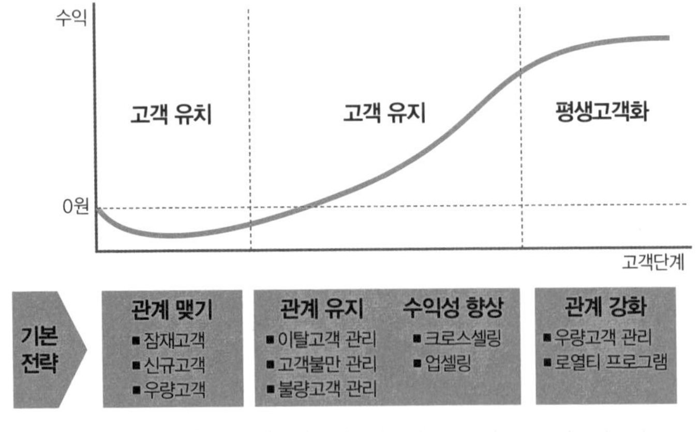

해 고객을 평생고객으로 유지하는 일입니다.

꼭 기억해야 하는 것은 5가지입니다. 이 5가지를 잊지 마세요.

1. CRM이 성공하기 위해서는 프로세스가 통합되어야 합니다.
   시스템 도입, 데이터웨어하우스 구축 등만으로는 성공할 수 없습니다. 기업의 모든 채널 및 고객 데이터베이스가 하나의 프로세스로 통합되어야 시너지가 납니다.
2. 단계별로 진행해야 합니다.
   도입 전에 최종 결과물을 먼저 구상하고 단계별로 진행해야 합니다. 즉흥적인 접근은 곤란합니다.
3. 세분화 기준을 먼저 만들어야 합니다.
   세분화된 부분별 타깃 마케팅 실행이 중요합니다. 세분화 기준에 따라 마케팅 대상과 결과가 달라지기 때문입니다.
4. 가장 중요한 것은 마케팅입니다.
   시스템은 CRM 구현에 없어서는 안 될 요소이지만, 가장 중요한 것은 마케팅의 프로세스를 CMR실행에도 반영해야 한다는 것입니다.
5. 고객에 대한 애정이 매우 중요합니다.
   마음으로 고객이 무엇을 원하는지 찾아보세요. 그리고 그것을 실행하세요.

나가며

마케팅 기초와 원론이 탄탄하면 어떤 상황도 두렵지 않다

지금까지 마케팅과 연애로 더 이상 풀 수 없을 정도로 많은 생각을 했고 이야기를 했다. 들어가며에서 이야기했듯이 『마케팅을 부탁해』에는 마케팅 이야기만이 아니라 원론 측면에서의 마케팅 뼈대 역시 가능한 많이 담아냈다고 생각한다.

쉽고 재미있지만 실무에 도움이 되는 책을 만들기까지 결코 쉽지만은 않았다. 복잡한 산식을 아무리 쉽게 이야기해도 결국 산식이기 때문이다. 그래도 좀 더 쉽게 풀어볼 수는 있고, 응용할 수 있도록 인사이트를 줄 수 있겠다고 생각했기에 최선을 다했다.

이 책을 통해 바라는 점은 독자들이 원론에 대한 중요성을 알고, 이해한 다음, 응용하기까지 인사이트를 가질 수 있게 되는 것이다. 산수를 못하고 수학을 할 수 없는 것처럼 기본을 모르고 하는 응용은 당첨 확률이 좀 높은 복권일 뿐이며, 지속 또한 안 될 것이다. 나 역시 학교 전공 공부에서부터 이 책을 쓰기까지의 경험치 기간을 합하면 25년이 넘어간다. 이제 원론을 내려놓을 때라고 생각하지만 그게 될지는 아직 모르겠다.

이 책은 초기 구상부터 전면 개정이 되기까지 만 10년 정도가 걸렸다. 고치고 수정하고 고치고 수정하는 과정을 거쳤고 그동안 저자도 변하고 우리 SERI.org & 네이버의 온라인 포럼 마귀&4Ps 회원들도 변하고 모든 게 변했다.

이 책은 전작보다 조금은 어려워질지 몰라도 좀 더 실무에 도움이 될 수 있도록 충분히 이론적 보완을 거쳤다. 그럼에도 원래의 콘셉트를 벗어나지는 않도록 구성하는 것이 목표였다. 원래의 콘셉트는 충분한 마케팅 원론에 대한 내용이고 원론에 기반한 다양한 해석 방법(연애)이다. 그만큼 원론은 가치 있다고 생각한다. 마케팅 원론을 연애에도 응용하는데 자사 제품에 응용하지 못할까?

마지막으로 늘 내 옆에서 같이 성장하는 SERI.org와 네이버 온라인 마케팅 포럼 마귀&4Ps 식구들과 바쁜 와중에 원고를 봐준 곽문정, 이선옥 위원과 행복한 성공 컨설팅 그룹의 양용훈 대표 그리고 사랑하는 가족들, 다산북스에 특별한 감사를 전한다.

마지막으로 이 책을 끝까지 읽어주신 독자 분들께 무한한 감사의 말씀을 드린다. 여러분들이 하는 지금의 노력이라면 10년 뒤에는 최소 한 분야에서는 분명 위대한 분들이 되어 있으리라 확신한다. 안타깝게도 지금 하는 노력은 내일 당장 나타나는 것이 아니다. 오늘, 내일의 노력들이 쌓이고 쌓여 몇 년 뒤에 나타나기 시작한다. 그러므로 절대 포기하지 말고 오늘도, 이번 주도, 이번 달도, 올해도 파이팅 하시길 모든 독자 분을 응원한다.

추천도서

마케팅이 더 궁금하다면 이 책들을 읽어보세요.

- 데이비드 오길비 지음, 강두필 옮김, 『나는 광고로 세상을 움직였다』, 다산북스, 2012
- 도모노 노리오 지음, 이명희 옮김, 『행동 경제학』, 지형, 2007
- 돈 도맨 등 지음, 봄바람 옮김, 『마케팅 리서치』, 국일증권경제연구소, 2005
- 레오나드 베리 외 지음, 전행선 옮김, 『CRM전략』, 21세기북스, 2010
- 로버트 B. 세틀·파멜라 L. 알렉 지음, 대홍기획마케팅컨설팅그룹 옮김, 『소비의 심리학』, 세종서적, 2014
- 세스 고딘 지음, 남수영·이주형 옮김, 『보라빛 소가 온다』, 재인, 2004
- 세스 고딘 지음, 안진환 옮김, 『보라빛 소가 온다 2』, 재인, 2005
- 쉬나 아이엔가 지음, 오혜경 옮김, 『쉬나의 선택실험실』, 21세기북스, 2010
- 스캇 데밍 지음, 황부영 옮김, 『유니크 브랜딩』, 지앤선, 2008
- 시어도어 레빗 지음, 이상민·최윤희 옮김, 『마케팅 상상력』, 21세기북스, 2016
- 알 리스·잭 트라우트 지음, 박길부 옮김, 『마케팅 불변의 법칙』, 십일월출판사, 1994
- 알 리스·잭 트라우트 지음, 안진환 옮김, 『마케팅 전쟁』, 비즈니스북스, 2006

■ 알 리스·잭 트라우트 지음, 안진환 옮김, 『포지셔닝』, 을유문화사, 2006

■ 에이드리언 J. 슬라이워츠키·칼 웨버 지음, 유정식 옮김, 『디맨드』, 다산북스, 2012

■ 오세조·김동훈·김영찬·박충환 지음, 『마케팅원론』, 박영사, 2010

■ 정재윤 지음, 『나이키의 상대는 닌텐도다』, 마젤란, 2006

■ 제프 콕스·하워드 스티븐스 지음, 김영한·김형준 옮김, 『마케팅천재가 된 맥스』, 위즈덤 하우스, 2003

■ 조 지라드 지음, 김명철 옮김, 『누구에게나 최고의 하루가 있다』, 다산북스, 2012

■ 존 퀄치 외 지음, 현대경제연구원 옮김, 『브랜드전략』, 21세기북스, 2009

■ 켈로그 경영대학원 교수진 지음, 원유진 옮김, 『마케팅바이블』, 세종연구원, 2002

■ 필립 코틀러 지음, 방영호 옮김, 『필립 코틀러의 마케팅 모험』, 다산북스, 2015

■ 필립 코틀러·케빈 레인 켈러 지음, 윤훈현 옮김, 『마케팅관리론』, 석정, 2006

처음 배우는 마케팅의 기본
마케팅을 부탁해

초판 1쇄 인쇄 2016년 7월 26일
초판 1쇄 발행 2016년 7월 29일

지은이 김기완, 차영미
펴낸이 김선식

경영총괄 김은영
사업총괄 최창규
기획·편집 봉선미 **디자인** 김희연 **크로스교정** 박지아 **책임마케터** 최혜령
콘텐츠개발1팀장 류혜정 **콘텐츠개발1팀** 한보라, 박지아, 봉선미, 김희연
마케팅본부 이주화, 정명찬, 이상혁, 최혜령, 양정길, 박진아, 김선욱, 이승민, 김은지
경영관리팀 송현주, 권송이, 윤이경, 임해랑, 김재경
외부스텝 **일러스트** 김세중

펴낸곳 다산북스 **출판등록** 2005년 12월 23일 제313-2005-00277호
주소 경기도 파주시 회동길 37-14 2~4층
전화 02-702-1724(기획편집) 02-6217-1726(마케팅) 02-704-1724(경영관리)
팩스 02-703-2219 **이메일** dasanbooks@dasanbooks.com
홈페이지 www.dasanbooks.com **블로그** blog.naver.com/dasan_books
종이 한솔피엔에스 **출력 · 제본** 갑우 **후가공** 이지앤비 특허 제10-1081185호

ISBN 979-11-306-0914-0 (03320)

• 이 도서의 국립중앙도서관 출판시도서목록(CIP)은 서지정보유통지원시스템 홈페이지(http://seoji.nl.go.kr)와 국가자료공동목록시스템(http://www.nl.go.kr/kolisnet)에서 이용하실 수 있습니다. (CIP제어번호 : CIP2016017656)